आत्मकथा की संस्कृति

सन्दर्भ : 'अपनी ख़बर'

पंकज चतुर्वेदी

वाणी प्रकाशन

वाणी प्रकाशन

4695, 21-ए, दरियागंज, नयी दिल्ली 110 002

शाखा

अशोक राजपथ, पटना 800 004

फ़ोनः +91 11 23273167 फ़ैक्स: +91 11 23275710

www.vaniprakashan.in
vaniprakashan@gmail.com

AATMAKATHA KI SANSKRITI
Sandarbh : 'Apni Khabar'
by Pankaj Chaturvedi

ISBN : 81-8143-055-7

Criticism

संस्करण 2003
आवृत्ति 2011
मूल्य : ₹ 300

आर. टेक ऑफ़सेट, दिल्ली-110095 में मुद्रित

वाणी प्रकाशन का लोगो मक़बूल फ़िदा हुसेन की कूची से

"आलोचना, तुम थीं
राजगीर का
हाथ
स्पिरिट लेवल का बुलबुला, इस्पात की रेखा,
सामाजिक तबक़ों की धड़कन।"

—पाब्लो नेरूदा

सम्मान्य गुरुवर
डॉ. मैनेजर पाण्डेय के लिए

आत्मकथा क्यों

हिन्दी साहित्य में आत्मकथा-लेखन की न तो समृद्ध परम्परा है और न मजबूत वर्तमान। उल्टे इसका आश्चर्यजनक अभाव है। मगर जब हम इस अभाव के सांस्कृतिक कारणों में जाते हैं, तो आश्चर्य नहीं भी होता है। अतीत में 'आत्म' को नश्वर और महत्वहीन माना गया है, तो आधुनिक काल में आत्मबद्धता और आत्ममुग्धता का साम्राज्य है। अलबत्ता एक चीज सर्व-सामान्य है—यह कि पूरी भारतीय परम्परा में आत्मकथा विधा के अन्तर्गत 'आत्म' के सच को उघाड़कर रख देने का नैतिक साहस प्रायः नहीं मिलता। जिस समाज में आत्म-निर्मम यथार्थ-चेतना की रचनात्मक अभिव्यक्तियों का ऐसा भयावह लोप हो, उसमें आत्मकथा की जरूरत का सवाल उठना ही चाहिए।

साहित्य में आत्मकथा एक ऐसी विधा है, जिसे हर हाल में जीवन-वास्तव के अधीन रहना होता है। जिस तरह एक नैसर्गिक जिन्दगी का पहले से सोचा-समझा कोई शिल्प नहीं हो सकता, उसी तरह उसको जीने की कोई सुनिश्चित 'कला' भी नहीं हो सकती। वहाँ अप्रत्याशित परिस्थितियों से सीधी मुठभेड़ होती है, जिसमें सीखे हुए दाँव-पेंच बराबर बेकार जा सकते हैं। यह जरूर है कि इस संघर्ष में से रीते हाथ लेकर कोई नहीं लौटता। सबके पास कुछ-न-कुछ मार्मिक निष्कर्ष होते हैं। इनसे जुड़ा कोई प्रश्नाकुल आवेग होता है, जिसे हम अपने में थामे हुए नहीं रह सकते। रहते हैं, तो भाव और भाषा की सम्भावनाएँ कुंठित हो जाती हैं।

कथा का सौभाग्य है कि वह कही जाती है और अभिशाप यह है कि उसे हम कहते नहीं। कहें तो वह औरों के काम की साबित होगी। उनकी सोच और संवेदना का आश्रय पाकर उसकी सार्थकता विकसित होगी। कही जाकर वह अपनी मुक्ति भी बनती है। सामाजिक जीवन की जटिलता और रहस्यमयता—उसके दुख के अँधेरे कोनों और उसके सुख के निभृत स्रोतों की संश्लिष्ट दुनिया के साक्षात्कार तक हमें आत्मकथा ही ले जा सकती है। यों आत्मकथा की विशिष्टता के लिए जैसे सामान्य के असामान्य अनुभव चाहिए,

वैसे ही असामान्य के सामान्य अनुभव भी। दूसरे शब्दों में, हमारे लिए अच्छे लोगों के खराब अनुभव जानने ज्यादा जरूरी हैं और खराब लोगों के अनुभव 'अच्छे लोगों' के अनुभवों से अधिक मूल्यवान हैं। यही सच हमें प्रत्यक्ष हो जाये तो आत्मकथा-लेखन का हमारा संकोच जाता रहेगा।

जीवन से सीधे सम्बद्ध होने के कारण आत्मकथा किसी एक विन्यास के बन्धन स्वीकार नहीं करती—किसी भी शिल्प में वह हो सकती है और होती है। लेखक को इतनी छूट कोई विधा नहीं देती। इसलिए वह सिर्फ लेखक की होती भी नहीं। 'आत्मकथा' का विग्रह करें, तो पाएँगे कि 'आत्म' अपना है और 'कथा' सबकी है। दोनों के संघात से वह चीज तैयार होती है, जिसे हम इतिहास का मर्म कह सकते हैं। इस मर्म की प्रामाणिक रचना के लिए कलागत प्रतिभा से ज्यादा निश्छल मनुष्यता की जरूरत है—

''हृदयँ सराहत सीय लोनाई। गुर समीप गवने दोउ भाई।
राम कहा सबु कौसिक पाहीं। सरल सुभाउ छुअत छल नाहीं ॥''

इसलिए आत्मकथा कोई भी लिख सकता है और कैसे भी वह कही जा सकती है। इस अर्थ में वह सबसे ज्यादा लोकतान्त्रिक विधा है। इसीलिए सबसे ज्यादा परिवर्तनकामी भी यही विधा है। इतिहास को बदलने-बनाने की क्षमता और जिम्मेदारी से सम्पन्न व्यापक जन-समाज के लिए आत्मकथा का यही अपरिहार्य महत्व है। रघुवीर सहाय की एक कविता के तर्क को उसके चरम पर ले जाएँ, तो कहना लाज़िमी है कि 'जहाँ सबसे कम 'कला' होगी, वहाँ सबसे अधिक परिवर्तन होगा'। मसलन सदियों से हमारी पुरुषवादी और सवर्ण-वर्चस्ववादी संस्कृति की सबसे ज्यादा प्रताड़ना स्त्रियाँ और दलित जन सहते आ रहे हैं। आज यही लोग आत्मकथा के जरिए अपने दारुण अनुभवों का विषण्ण संसार उद्घाटित करेंगे, तो हमारा भाव-लोक भी बदलेगा और हमारा वस्तु-जगत् भी। सब-कुछ वैसा ही चलता न रह पायेगा। आत्मकथा इसी दुहरी क्रान्ति की कामना से जन्म लेती है—वह साहित्यिक संस्कृति और सामाजिक संस्कृति को एक साथ बदलने का काम करती है। भारत में मराठी साहित्य की आत्मकथाओं ने इस बात को सबसे आगे जाकर सत्यापित किया है। कुछ और भारतीय भाषाओं में भी कई विचारोत्तेजक आत्मकथाएँ लिखी गई हैं।

...मगर हिन्दी साहित्य के इतिहास में गिनी-चुनी आत्मकथाएँ ही हैं। यह बड़े दुखद अचरज की बात है कि अब तक स्त्रियों की आत्मकथाएँ प्रकाश

में नहीं आयी हैं। इससे हमारे सामाजिक जीवन में स्त्रियों की साहित्यिक हैसियत का पता चलता है। दूसरी ओर किसी दलित द्वारा लिखी गई हिन्दी की पहली आत्मकथा सन् 1995 में छपी है। मोहनदास नैमिशराय ने 'अपने अपने पिंजरे' लिखकर एक महत्वपूर्ण पहल की है। ओमप्रकाश वाल्मीकि की 'जूठन' और मैत्रेयी पुष्पा की 'कस्तूरी कुण्डल बसै' एक नया विमर्श लेकर उपस्थित हैं। सम्भव है कि निकट भविष्य में आत्मकथा की बेहद क्रान्तिकारी सम्भावनाओं को हिन्दी-समाज की आत्मीयता हासिल हो। इस सन्दर्भ में रचना और विचार के स्तर पर कोई हलचल ही हमारे 'समकालीन' होने को प्रमाणित कर पायेगी। भारत के अन्य साहित्यिक समाजों में आत्मकथा-लेखन की तो पुष्ट परम्परा है, लेकिन उस पर गम्भीर विचार का सिलसिला इन्हीं दिनों शुरू हुआ है। हिन्दी में दोनों ही तरह की सक्रियता अभी अधिकांशतः प्रतीक्षित है।

प्रस्तुत पुस्तक के पहले निबन्ध में मैंने आत्मकथा की विशिष्ट सांस्कृतिक भूमि और भूमिका को समझने की कोशिश की है। दूसरे में हिन्दी आत्मकथा की परम्परा और भारत में उसकी सांस्कृतिक पृष्ठभूमि का विवेचन है; आत्मकथा के अभाव और प्रादुर्भाव के कारणों की पड़ताल है। समकालीन सृजनात्मक परिप्रेक्ष्य में हिन्दी आत्मकथा की प्रासंगिकता और उसकी सम्भावनाओं को भी उद्‌घाटित किया गया है। यों मेरे अध्यवसाय की केन्द्रीय उपलब्धि, सन् 1960 में छपी पाण्डेय बेचन शर्मा 'उग्र' की 'अपनी ख़बर' हिन्दी की एक अद्वितीय आत्मकथा है। कई दृष्टियों से वह आत्मकथा की संस्कृति का आदर्श कहलाने के योग्य है। चौथे और पाँचवें निबन्ध में मैंने 'अपनी ख़बर' की तमाम विशेषताओं का विस्तृत बहुआयामी विश्लेषण किया है; इसलिए यहाँ उसके संक्षेप में भी जाना पुनरुक्ति-दोष के भय से मेरे लिए कष्टकर है।

...अगरचे यह बहुत गौरतलब है कि हिन्दी में आत्मकथा-लेखन की जो उपेक्षा हुई है, उससे कम उपेक्षा न तो 'अपनी ख़बर' की हुई है और न स्वयं उग्र के समूचे व्यक्तित्व और कृतित्व की। निश्चय ही इस गैर-आकस्मिक उपेक्षा के साहित्यिक से अधिक साहित्येतर कारण हैं। मैंने तीसरे और चौथे निबन्ध में इन कारणों को सामने रखा है और 'उग्र' के प्रति कुछ अहम्मन्यता-ग्रस्त आलोचनाओं में निहित अतार्किक रोष की असलियत उजागर की है। तीसरे निबन्ध में उग्र के सम्पूर्ण रचना-कर्म में मौजूद क्रान्तिकारी वैचारिक चेतना का समीक्षात्मक जायजा लिया गया है, क्योंकि 'अपनी ख़बर' के समुचित पाठ को निर्मित करने के लिए वह अनिवार्य था। उग्र का जीवन-संघर्ष और उनका रचना-संघर्ष आपस में इस कदर घुले-मिले हैं कि वे एक-दूसरे के पर्याय ही

हैं। उग्र की आत्मा में जो उद्वेलन था, वही उनके लेखन का सात्विक आक्रोश है। रचना में आदर्शों और मूल्यों की जो लड़ाई उन्होंने लड़ी, जीवन में निहायत व्यक्तिगत स्तर पर उसकी कीमत उन्हें हमेशा चुकानी पड़ी। सच पूछिये तो उनके अत्यन्त प्रिय रचनाकार ग़ालिब की ये पंक्तियाँ उनके यहाँ चरितार्थ हुई दिखती हैं—

"रगों में दौड़ते फिरने के हम नहीं क़ायल
जब आँख ही से न टपका, तो फिर लहू क्या है?"

और तो मैं यही कहूँगा कि मैंने इस पुस्तक के जरिए हिन्दी-समाज में आत्मकथा-सम्बन्धी बहस के समारम्भ की एक छोटी-सी कोशिश की है। अगर वह प्रभावशाली न भी साबित हो, तो भी मुझे उतना दुख नहीं होगा; जितना मेरे प्रयत्न की अपर्याप्तता और असंगतियों की आलोचना के न होने से होगा। जाहिर है कि कुछ लोगों के कुछ सरोकार होते हैं और कुछ के होते ही नहीं हैं। मुझे कहना नहीं है कि मैं किन लोगों को अपने साथ महसूस करता हूँ—बहस में और बहस के बाहर भी!

इस किताब में सम्मिलित निबन्ध इससे पहले 'बहुवचन' (अंक-8), 'अभिप्राय' (अंक-26), 'उत्तर प्रदेश' (अंक-मई, 2002), 'नया मानदण्ड' (अंक-12) और 'सम्मेलन पत्रिका' (भाग-88, संख्या-1) में छप चुके हैं। इसके लिए मैं श्री अशोक वाजपेयी, डॉ. राजेन्द्र कुमार, श्री विजय राय, श्रीमती कुसुम चतुर्वेदी और डॉ. सत्यप्रकाश मिश्र के प्रति अपनी हार्दिक कृतज्ञता व्यक्त करता हूँ।

अन्त में, मैं अपने अग्रज मित्र एवं युवा आलोचक श्री अपूर्वानन्द के प्रति अतिशय आभारी हूँ, जिनके निश्छल आत्मीय सौजन्य की बदौलत मेरा यह काम प्रकाशन की प्रक्रिया में आया और 'वाणी' के संचालक श्री अरुण माहेश्वरी के प्रति भी, जिन्होंने एक लम्बी स्क्रीनिंग के अनन्तर इसे प्रकाशन के योग्य पाया। मित्र एवं युवा इतिहासकार श्री अविनाश कुमार से इस सम्बन्ध में जो सहयोग और प्रोत्साहन मिला, उसके लिए भी मैं शुक्रगुज़ार हूँ।

पंकज चतुर्वेदी

203, उत्सव अपार्टमेण्ट;
379, लखनपुर;
कानपुर-208024

क्रम

आत्मकथा की संस्कृति

आत्मकथा की एक स्वाभाविक आधारभूत परिभाषा यही हो सकती है कि उसमें व्यक्ति समूचे समय और समाज के सन्दर्भ में रखकर अपने शब्द और कर्म, अपनी वैचारिकता और व्यक्तित्व की गहन और पारदर्शी पड़ताल करने की रचनात्मक कोशिश करता है। गहनता 'आत्म' के आद्यन्त विश्लेषण के लिए जरूरी है, तो पारदर्शिता औरों की आत्मीयता अर्जित करने के लिए; क्योंकि आत्मकथा 'दूसरों' के साथ 'अपने' जीवन-प्रसंगों का साझा है। वह एक साथ दोनों को सम्बोधित होती है। इस तरह रचनाकार के व्यक्तित्व और उसके समाज के व्यक्तित्व के बीच लगाव और तनाव की द्वन्द्वात्मक प्रक्रिया में वह सम्भव होती है। पहले वह अपने जरिए, फिर अपने पाठकों के जरिए 'आत्म' की समझ को कोई पुख्ता और गम्भीर रूप देना चाहती है। यों वह अपनी व्याख्या का साहस है और दूसरों में अपने को खोजने की विकलता है। दरअसल आत्मकथा का यह उभयनिष्ठ चरित्र आत्म-विश्लेषण की अपर्याप्तता के बोध से निर्मित है। निराला की मशहूर कविता 'सरोज-स्मृति' को आत्मकथा के तत्वों से बुना हुआ स्वीकार करें, तो मलयज के शब्दों में एक विशिष्ट और महत्वपूर्ण अर्थ में यह कहा जा सकता है कि आत्मकथा ''छायावादी दुख की स्वनिर्भर दुनिया से बाहर आने की चीख़ है।''

मगर यह चीख इसलिए है कि अपने किए और भोगे हुए के लिए सिर्फ हम जिम्मेदार नहीं होते। हमारे पीछे खड़ा सारा समाज इस जिन्दगी का साक्षी और सहभोक्ता ही नहीं; इसकी हालत के लिए उत्तरदायी व्यूह-रचना भी वह है। आत्म-विश्लेषण अधूरा रह जाता है, क्योंकि समाज जितना हमारे भीतर है, उतना ही बाहर है। इसलिए आत्मकथा में जब हम स्वयं मर्माहत होते हैं, तब अपनी दुनिया को भी चोट पहुँचाते हैं। जीवन-वास्तव के दबाव में यह दुहरा संघर्ष घटित होता है। मलयज ने 'सरोज-स्मृति' में निराला की इस लड़ाई को पहचाना था—''अभी तो यह यथार्थ का बड़ा-सा पत्थर, कवि के हृदय पर। इस पत्थर

से कवि कभी खुद लहूलुहान होता है, तो कभी इसे बाहर फेंककर अपने परिवेश को घायल करता है।''

आत्मकथा में हम जीवन के सुख-दुख को तय करती आयी ठोस सामाजिक-सांस्कृतिक परिस्थितियों तथा शक्तियों और उनसे अपनी सत्ता के सम्बन्धों की प्रकृति को उजागर करने का काम करते हैं। अपनी आस्था और अध्यवसाय को हम अपने संवेदनात्मक विवेक की कसौटी पर परखते हैं। चूँकि यह कसौटी सामाजिक संसर्ग में निर्मित होती है, इसलिए आत्मकथा का समाज को मुखातब होना लाज़िमी है। उसके साथ हम अपने दुख और खुशियाँ, अपने साहस और भय, अपने पुरुषार्थ और पराभव, अपनी प्रतिभा और असहायता को बाँटना चाहते हैं। इस तरह हम अपनी क्षुब्ध और उद्वेलित चेतना को कुछ राहत तो दे ही पाते हैं, अपने आप से एक व्यापक और सजग संवाद में भी शरीक होते हैं। मुंशी प्रेमचन्द ने जब आत्मकथा को ''अपने हृदय-पट को, अपनी ठोकरों को, अपनी हारों को प्रकट करना'' कहा; तब यह भी कहा कि उसके माध्यम से ''एक आदमी अपने जीवन के तत्व आपके सामने रखता है, अपनी आत्मा के संशय और संघर्ष लिखता है, आपसे अपनी बीती कहकर अपने चित्त को शान्त करना चाहता है, आपसे अपील करके अपने उद्योगों के औचित्य पर राय लेना चाहता है... ।''

आत्मकथा की संरचना में एक लोकोन्मुख बहसधर्मिता निहित है। वह अपने मिजाज से ही आभिजात्य के विरुद्ध है, क्योंकि उसमें अपने अंतरंग का निश्छल उद्‌घाटन होता है। न वह किसी से पर्दा करती है, न किसी को अछूत मानती है। आत्मकथा में हम अपने सब-कुछ को सार्वजनिक कर देने के साहस और फिर इस सार्वजनिकता में से अपने को दुबारा पा लेने के अचरज के बीच लगातार आवाजाही करते हैं। इस तरह आत्मकथा एक बाह्यान्तर जनतन्त्र की बुनियाद पर खड़ी होती है। महात्मा गाँधी का लेखन इस जनतान्त्रिक 'स्पिरिट' से अनुप्राणित है। उन्होंने जब अपने 'सत्य के प्रयोग' अथवा 'आत्मकथा' शब्दबद्ध की, तो उसका आधार उनका यह विश्वास रहा कि ''...जो एक के लिए शक्य है, वह सबके लिए भी शक्य है।'' इसलिए उन्होंने अपने प्रयोगों को ऐकान्तिक वस्तु न रहने दिया। ज़ाहिर है कि वे आत्मकथा लिखकर एक व्यापक जन-समाज को सत्य की अपनी साधना का हिस्सेदार बनाना चाहते थे और यह भी उनकी इच्छा थी कि जीवन्मुक्ति की खोज उनकी बतायी और बरती हुई प्रणालियों तक सीमित न रहे, बल्कि लोगों की चेतना तथा गतिविधि में अन्य विभिन्न स्तरों पर सत्य के प्रयोग हों—''मेरा यह विश्वास दिन-प्रतिदिन बढ़ता जाता है, कि एक

सत्य ही है, उसके अलावा दूसरा कुछ भी इस जगत् में नहीं है। यह विश्वास किस प्रकार बढ़ता गया है, इसे मेरा जगत् अर्थात् 'नवजीवन' इत्यादि के पाठक जानकर मेरे प्रयोगों के साझेदार बनना चाहें और उस सत्य की झाँकी भी मेरे साथ क़रना चाहें, तो भले करें।'' गाँधी विवश नहीं कर रहे थे, पर उनकी आन्तरिक आकांक्षा यही थी कि उनके पाठक सत्य के प्रयोगों को उनके दाय के रूप में स्वीकार करें। गाँधी को यह विश्वास नहीं था कि उन्होंने सत्य को सिद्ध कर लिया है। इसलिए उन्होंने इस अभिमान के साथ नहीं लिखा कि उनकी बातें 'अन्तिम और सच' हैं। अगरचे उन्हें इसका भरोसा था कि वे सत्य के मार्ग पर आरूढ़ हैं। इसीलिए वे यह घोषित कर सके कि इस क्षेत्र में उनकी आत्मकथा बहुत मूल्यवान साबित होगी—''मैं चाहता हूँ कि मेरे लेखों को कोई प्रमाणभूत न समझे। यही मेरी विनती है। मैं तो सिर्फ यह चाहता हूँ कि उनमें बताए गए प्रयोगों को दृष्टान्तरूप मानकर सब अपने-अपने प्रयोग यथाशक्ति और यथामति करें। मुझे विश्वास है कि इस संकुचित क्षेत्र में आत्मकथा के मेरे लेखों से बहुत-कुछ मिल सकेगा, क्योंकि कहने योग्य एक भी बात मैं छिपाऊँगा नहीं।''

सच बोलकर ही सच को हासिल करने की दिशा में कदम बढ़ाए जा सकते हैं। पहले का सम्बन्ध आत्मकथा के रूप से है, तो दूसरे का उसकी अन्तर्वस्तु से। इसीलिए मैनेजर पाण्डेय कहते हैं कि 'पूरा सच' बोलना आत्मकथा या जीवनी-लेखन की 'नैतिक' ही नहीं, 'सौन्दर्यबोधी शर्त भी है'। ''कहने योग्य एक भी बात मैं छिपाऊँगा नहीं''—गाँधी की इस प्रतिज्ञा के निर्वाह के लिए एक बेहद आत्म-निर्मम यथार्थ-चेतना चाहिए। एक तरफ आत्म-मोह को मारना पड़ता है, तो दूसरी ओर कथनी और करनी के बीच चल रहे सामाजिक छद्म को तोड़ना होता है। सम्भवतः इसी द्वन्द्व को ध्यान में रखते हुए मैनेजर पाण्डेय ने लिखा है कि ''जहाँ जीवन की अश्लीलता को शालीनता की चादर से ढककर जीने को ही सभ्यता माना जाता हो, वहाँ बड़े लोगों के बारे में सच कहने-सुनने की आदत कैसे होगी? हिन्दी में आत्मकथा और जीवनी-लेखन की दुर्दशा का मुख्य कारण यहाँ व्यक्तिगत जीवन की सचाई कहने के साहस का और सहने की आदत का अभाव भी है।'' यहाँ देखा जाए तो हम जिन चीजों का साहस करते हैं, उन्हीं के मर्म से भी गुजरते हैं। असल में, श्रेष्ठ और कालजयी और मार्मिक साहित्य का व्यंग्य अपनी अन्तिम परिणति में आत्म-व्यंग्य ही होता है। एक प्रश्न की शक्ल में—जो हमारा आत्मीय या आत्मवत् हो, जिसे हमने आत्मसात् किया हो, उस पर व्यंग्य करने से कठिन स्थिति क्या है; और जिससे हमारा कोई आत्मिक रिश्ता न हो, उस पर व्यंग्य करने से आसान काम क्या है? यह महज संयोग नहीं है

कि रचनाकारों ने कई बार आत्मकथा को दर्पण या आईने के रूपक में बाँधने की कोशिश की है। उग्र ने 'अपनी ख़बर' में इसे 'दरसक-दरसाता दर्पण' कहा है, तो प्रख्यात जन-कवि नागार्जुन ने अपने एक महत्वपूर्ण आत्मकथात्मक निबन्ध का शीर्षक ही 'आईने के सामने' रखा है।

अपने रूप को आईने के समक्ष उघाड़कर रखना यों तो एक ऐकान्तिक गतिविधि है, पर साहित्य के सन्दर्भ में वह अपने पाठक के दृष्टि-पथ पर निष्कवच खड़े होने की ईमानदारी है। इसी की बदौलत नागार्जुन 'आईने के सामने' में अपने व्यक्तित्व के तमाम अन्तर्विरोधी आयामों का एक बहुत दिलचस्प और सशक्त कैलिडोस्कोप रच पाते हैं। इस निबन्ध में वे इस बात का भी खुलासा करने में नहीं झिझकते कि उनके पिता के उनकी चाची से प्रेम-सम्बन्ध थे—"...मगर मैंने झूठ थोड़े लिखा है। मेरी चाची से आपका क्या रिश्ता था? उस रोज़, दुपहर की उमस में अन्दर लेटी हुई मेरी माँ का गला कुल्हाड़ी से किसने काटना चाहा था?" प्रसंगवश उल्लेखनीय है कि नागार्जुन का उपन्यास 'रतिनाथ की चाची' उनके इसी वास्तविक जीवनानुभव पर आधारित है। पहली नज़र में ऐसी बातें विस्मयजनक लग सकती हैं, मगर हम अपनी ज़िन्दगी में कुछ अप्रत्याशित स्थितियों की मुठभेड़ से वंचित नहीं रह सकते, नहीं रहते हैं। मुंशी प्रेमचन्द की एक मशहूर आत्मकथात्मक विज्ञप्ति का खंडन करते हुए नागार्जुन ने लिखा है—"मेरा जीवन सपाट मैदान है—प्रेमचन्द अपने बारे में कह गए हैं...मगर मेरा जी नहीं मानता कि किसी भी साहित्यकार का जीवन सचमुच 'सपाट' होता होगा। ...प्रकृति खुद ही चमत्कारमयी है, वह सपाट नहीं हुआ करती। तो फिर हमारी और आपकी जिन्दगी ही कैसे सपाट होगी, साहब?"

नागार्जुन ने पूरी आत्मकथा भले न लिखी हो, पर आत्मकथा कैसी होनी चाहिए, इसका एक स्पष्ट दर्शन उनके पास है। कुछ-का-कुछ लिखना और चाहे जो कुछ हो, आत्मकथा नहीं हो सकता। झूठ वैसे भी रचना-धर्म के लिए पक्षाघात-सरीखा है। इसलिए सीधे-सीधे कहें, तो लेखन को तो आईने की तरह निर्मल और बेबाक होना चाहिए। नागार्जुन इसी आईने की जय बोलते हैं—"आईने का पिशाच सामने मुस्तैद खड़ा है...बीच-बीच में भौंहें तानकर, होंठ भींचकर वह मुझे धमका भी रहा है—खबरदार! आत्मकथा वाली घिसी-पिटी स्टाइल में कुछ का कुछ लिखकर पन्ने काले करोगे, तो तुम्हारे भी हाथ-पैर सुन्न हो जाएँगे! जीभ अकड़ जाएगी और दिल-दिमाग किसी काम के न रहेंगे!

तो फिर?

तो फिर, जय हो आईने के इस बैताल की!" दरअसल, आत्मकथा एक

ऐसी विधा है, जो न सिर्फ सत्य-कथन की माँग करती है, बल्कि उसका संस्कार भी देती है। ऐन जीवन-व्यवहार में अपनी सोच और संवेदना को सही दिशा देने के लिए हमें जिस आत्मालोचन की सख्त जरूरत होती है, आत्मकथा उसी के मुकाम पर ले जाकर हमें खड़ा करती है—वह उसी का चाक्षुष रूप है। अकारण नहीं कि 'आईने के सामने' का समापन करते हुए नागार्जुन यह महसूस करते हैं कि "...आईना मुझे नित्य देखना चाहिए। अपने आलोचकों को यों हम दस-बीस गालियाँ दे ही लेते हैं, किन्तु प्रतिरूप देखते वक़्त हमारा निज का ही विवेक अपनी मीमांसा कर डालता है—निश्छल और सन्तुलित।"

आत्मकथा की बुनियादी चेष्टाएँ हैं—आत्म-मन्थन, आत्मालोचन और आत्मान्वेषण। उसके जरिए हम अपने मानवीय अस्तित्व के जटिल प्रश्नों को सुलझाने और उसके केन्द्रीय सच को पाने का प्रयत्न करते हैं। सुप्रसिद्ध अंग्रेजी कवि ऑडेन ने आत्मकथा की बड़ी चुस्त और सटीक परिभाषा करते हुए कहा था कि वह अपने-आप को समझने की ओर उन्मुख, एक "सच्चा और गम्भीर आत्म-परीक्षण" है। इसलिए वह लेखक की जिन्दगी के ब्यौरों तक ही महदूद नहीं रहती, बल्कि उनसे आगे जाकर जीवन-सत्य का अनुसन्धान करती है। डिल्थे ने ज्यादा सम्पूर्ण व्याख्या करते हुए कहा कि आत्मकथा वह "सर्वोच्च और गहनतम रचना-विधान है, जिसमें जिन्दगी की समझ हमारे सामने प्रगट होती है।" उसमें आख्यान और विवेक, इतिहास और चिन्तन साथ-साथ चलते हैं। यों अपने जिये हुए इतिहास का वह बहुत निथरा हुआ, मार्मिक और विश्लेषणपरक सिंहावलोकन है। इस तरह "आत्मकथा एक सोचे-समझे व्यक्तिगत इतिहास के रूप में, किसी की जिन्दगी को कोई खास औचित्य और अर्थ प्रदान करने की पद्धति है।" निष्कर्षतः आत्मकथा जीवन की सार्थकता की चाह और खोज का साहित्य-रूप है।

यह गौरतलब है कि महात्मा गाँधी ने 'आत्म-दर्शन' की अपनी जीवनव्यापी कोशिशों को आत्मकथा का रूप दिया था, जिसे उन्होंने 'सत्य के प्रयोग' की संज्ञा दी। लेकिन गाँधी के लिए जीवन-सत्य, जीवन्मुक्ति और ईश्वर के दर्शन परस्पर सम्बद्ध थे, यहाँ तक कि वे एक दूसरे के पर्याय थे। आत्मकथा की 'प्रस्तावना' में अपने उद्देश्यों का इजहार करते हुए उन्होंने लिखा है—"मुझे जो करना है, तीस वर्षों से मैं जिसकी आतुर भाव से रट लगाए हुए हूँ, वह तो आत्म-दर्शन है, ईश्वर का साक्षात्कार है, मोक्ष है। मेरे सारे काम इसी दृष्टि से होते हैं। मेरा सब लेखन भी इसी दृष्टि से होता है; और राजनीति के क्षेत्र में मेरा पड़ना भी इसी वस्तु के अधीन है।" गाँधी के सत्य के प्रयोगों में आध्यात्मिक रहस्यमयता नहीं है, क्योंकि

उनके यहाँ "आध्यात्मिक का मतलब है नैतिक; धर्म का अर्थ है नीति; आत्मा की दृष्टि से पाली गई नीति धर्म है।" गाँधी के अनुसार सत्य मनुष्य की आत्मा में विराजता है और वही परमेश्वर है और वह एक ही है–"किन्तु मैं पुजारी तो सत्यरूपी परमेश्वर का ही हूँ। वह एक ही सत्य है, और दूसरा सब मिथ्या है।" ऐसे दो-टूक विचारों के चलते गाँधी की आत्मकथा दार्शनिक तत्ववाद और धार्मिक रहस्यप्रियता से सर्वथा मुक्त है। वह आधुनिक मनुष्य के सर्वांगीण विकास के लिए, मनुष्यता की एकता और उसके उत्थान के लिए, सर्व-सामान्य मनुष्य-सत्य की खोज और प्रतिष्ठा का प्रयत्न करती है। गाँधी के इस ठोस, लौकिक सत्य तक पहुँचने का मार्ग वस्तुतः जन-मन के साथ हमारे सम्यक् तादात्म्य और जन-हित की हमारी बहुस्तरीय साधना से होकर गुजरता है। इसीलिए आत्मकथा का समापन करते हुए उन्होंने कहा है कि "ऐसे व्यापक सत्य-नारायण के प्रत्यक्ष दर्शन के लिए जीवमात्र के प्रति आत्मवत् प्रेम की परम आवश्यकता है। और, जो मनुष्य ऐसा करना चाहता है, वह जीवन के किसी भी क्षेत्र से बाहर नहीं रह सकता।"

आत्मकथा आधुनिक साहित्य की एक बेहद जटिल और जोखिम-भरी विधा है। अन्य विधाओं से अलग इसकी अपनी विशिष्ट पहचान और कसौटी है। 'आत्मकथा' शब्द (ऑटोबयॉग्राफी) का पहला प्रयोग सन् 1796 में जर्मनी में हर्डर ने किया था। फिर यह ब्रिटेन पहुँचा, जहाँ सर्वप्रथम रॉबर्ट साउथे ने इसका इस्तेमाल सन् 1809 में किया। तब तक आत्मकथा ऐसी जीवनी मानी जाती थी, जिसे कोई व्यक्ति स्वयं लिखता है; यानी 'आत्म-जीवनी' (सेल्फ-बयॉग्राफी)। मगर आत्मकथात्मक लेखन का आधुनिक रूप तो पहले-पहल अठारहवीं शताब्दी के अखीर और खास तौर पर उन्नीसवीं सदी के शुरुआती दौर में प्रकट होता है। यह रूप कुछ तो अपने मिजाज, यानी अपनी अद्वितीय किस्म की जरूरतों और कुछ पड़ोसी विधाओं से अपने बारीक फ़र्क़ों के कारण विलक्षण है। मसलन, जैसा कि डिल्थे कहते हैं, संस्मरण में लेखक अपने जीवन की घटनाओं को सिर्फ एक बाहरी प्रेक्षक की मुद्रा में बयान करता है; जबकि आत्मकथा लिखते समय वह इन घटनाओं को दृश्य के भीतर से समझने और उन्हें एक संगठित निजी अर्थ देने की कोशिश करता है। इसी तरह संस्मरण या 'क्रॉनिकल' मूलतः औरों के लिए लिखे जाते हैं और डायरी मूलतः अपने लिए लिखी जाती है तथा वह एक गहरे वैयक्तिक रुझान से चालित होती है; जबकि आत्मकथा अपने साथ-साथ दूसरों के लिए भी लिखी जाती है। उसमें हम अपनी चेतना के समानान्तर औरों के समक्ष भी अपने जीवन की व्याख्या कर रहे होते हैं। चूँकि आत्मकथा दूसरों को ध्यान में रखकर चलती है, इसलिए अपने महिमा-मंडन और यहाँ तक कि

प्रदर्शन-प्रियता का शिकार हो जा सकती है तथा आत्म-अनुशीलन की जरूरी विशेषता को गँवा सकती है। चूँकि यह अपने लिए भी लिखी जाती है, इसलिए एक तरह की आत्मरत सोच में फँसकर दूसरों के लिए अपने को अस्पष्ट और अव्याख्येय बना दे सकती है। इन दोनों ध्रुवान्तों के विरुद्ध एक सच्ची आत्मकथा में व्यष्टि और समष्टि के बीच का सन्तुलन सधा हुआ होना चाहिए, जिससे दोनों को एक-दूसरे की सम्बद्धता में देखा जा सके और किसी एक की कीमत पर दूसरे को महत्व न प्राप्त हो।

आत्मकथा जिन्दगी का आलोचनात्मक दस्तावेज तो है, मगर इसको सही और मजबूत रूप देने के लिए 'आत्म' से हमें विलग होना होता है, उससे एक तार्किक दूरी पर हम खड़े होते हैं। इसके लिए धैर्य और संयम चाहिए। अपने प्रति और अपने आस-पास के प्रति एक शान्त, मगर पैनी निगाह चाहिए। अन्यथा आत्मकथा के इतिहास को देखें, तो यदि पूर्व के धर्मान्तरित ईसाइयों की तरह अतीत को लेकर हमारे मन में अतिरिक्त उद्वेलन होगा या रूसो तथा अठारहवीं सदी के अनेक रोमेंटिक लेखकों की तरह समाज को लेकर अतिरिक्त मानसिक अशान्ति होगी; तो हमारे लेखन में वह तटस्थता और निरन्तरता नहीं रह पाएगी, जो सम्यक् आत्म-परीक्षण के लिए एक अनिवार्य शर्त है। उपर्युक्त स्थितियों में 'आत्म' का ही सामना हम नहीं कर सकेंगे और अपने जीवन के एक बड़े हिस्से का या तो दमन करेंगे या फिर उसकी दुर्व्याख्या करेंगे। बहुत जुझारू दृष्टिकोण अपनाकर संसार को अनासक्त भाव से देखना और उसकी समीक्षा करना सम्भव नहीं है। बहुत आन्दोलित मानस के उपयुक्त अभिव्यक्तियाँ तो प्रभावशाली, मगर शिल्प-हीन आत्म-स्वीकारों, व्यक्तिगत सिद्धान्त-विवेचनों और घोषणा-पत्रों में होती हैं। जीवन-कथा को एक संगठित, वैचारिक रूप देने के लिए किसी इतिहासकार की-सी वह निस्संगता चाहिए, जो किसी विषय पर लिखते वक़्त अनुकूल या प्रतिकूल भावनात्मक आवेगों से विचलित न होती हो।

एक आधुनिक वैज्ञानिक इतिहास-चेतना के बगैर आत्मकथा लिखी नहीं जा सकती। हमारा वर्तमान 'आत्म' हमारे अतीतकालीन विचारों और कर्मों का परिणाम है, इसका एक इतिहास है, इसलिए इसे ऐतिहासिक अर्थों में ही समझा जा सकता है। इसके अलावा आत्मकथा में कई बार आत्म महत्वपूर्ण नहीं रह जाता—उसके बहाने समय और समाज की कहानी कही जाती है, उनके विकास-क्रम का चित्रण किया जाता है। हिन्दी में राहुल सांकृत्यायन की आत्मकथा 'मेरी जीवन-यात्रा' इस बात का एक महत्वपूर्ण उदाहरण है, जिसमें मैनेजर पाण्डेय के मुताबिक ''राहुल की जीवन-यात्रा की कथा भारत की विकास-यात्रा की कथा

बन गई है।" इसलिए आत्मकथा में कथा-तत्व और ऐतिहासिकता, दोनों एक-दूसरे से बराबर गुँथे हुए रहते हैं; खास तौर पर यदि उसके आख्यान का फलक विस्तृत हो। यों कथा अपने मिजाज से वैयक्तिक और चयनधर्मी होती है, जबकि इतिहास अनिवार्य रूप से बहुमुखी और वस्तुपरक होता है। हम न चाहें, तो भी आत्मकथा लिखते वक्त अपने व्यक्तित्व की सामाजिकता के सबब एक इतिहास से हम गुजर रहे होते हैं। महात्मा गाँधी को यह एहसास हुआ था कि ऐतिहासिक वस्तुपरकता और बहुआयामिता के अभाव में आत्मकथा के ब्यौरे अधूरे या एकांगी और अवास्तविक रह जा सकते हैं—वृहत्तर सन्दर्भों की रोशनी में उनकी सत्यता को ही चैलेंज किया जा सकता है। गाँधी ने यह लिखा कि "आज मैं उस बात का अर्थ बेहतर ढंग से समझता हूँ, जिसे इतिहास के स्तर पर आत्मकथा के कच्चेपन और कठिनाइयों के बारे में मैंने पहले कभी पढ़ा था।" नतीजतन जब अपने सार्वजनिक जीवन के विस्तार में प्रवेश करने और उसका विशद चित्रण करने की बारी आयी, तब इसी नैतिक द्वन्द्व में पड़कर उन्होंने आत्मकथा का समापन कर दिया। मगर इसके बावजूद उनका यह लेखन कथा और इतिहास का समवाय बनकर रहा। सुप्रसिद्ध राजनीति-चिन्तक भीखू पारेख ने उनकी आत्मकथा के इस द्वैत को पकड़ा है—"संघर्ष और उसके फलस्वरूप 'महात्मा' हो जाने की अवधि के वर्णन वाले प्रारम्भिक हिस्से अधिक व्यक्तिगत, वैचारिक और आत्म-आलोचनात्मक हैं और 'कथा' की तरह पढ़ने में आते हैं; जबकि उनके वयस्क राजनैतिक जीवन की चर्चा वाले बाद के हिस्से मुख्यतः वर्णनात्मक हैं और 'इतिहास' की तरह पढ़ने में आते हैं।" इस प्रसंग में आचार्य हजारीप्रसाद द्विवेदी के दिए इस दिलचस्प और प्रभावी रूपक का स्मरण जरूरी जान पड़ता है—"ऐतिहासिक महाकाव्य, काव्य-वर्णनात्मक वीरगाथाएँ आदि बाह्य जगत् के तथ्य से निर्लिप्त नहीं रह सकतीं, पर उपन्यास इनमें सबसे अधिक तथ्याश्रयी है। इससे थोड़ा ही सटा हुआ तथ्योन्मुख साहित्य आत्मकथा का है, जिसका एक पैर साहित्य में और दूसरा इतिहास में होता है।"

इसमें सन्देह नहीं कि उपन्यास तथ्याश्रयी होता है, मगर समकालीन हिन्दी साहित्य के सजग पाठक जानते हैं कि उपन्यास में भी फैंटेसी का सफल प्रयोग हो चुका है। विनोदकुमार शुक्ल का उपन्यास 'नौकर की कमीज' इसका उल्लेखनीय उदाहरण है। लेकिन आत्मकथा विधा में इस तरह के प्रयोग शायद सम्भव ही नहीं हैं। एक अद्वितीय और स्वायत्त विधा के रूप में उसको तो जीवन-वास्तव के ही आश्रित होना है। इसलिए वह जीवन और समाज के यथार्थ से सबसे ज़्यादा घनिष्ठ रहती है। 'आत्म' के यथार्थ से परिवेश के यथार्थ के

बनते-बिगड़ते ठोस सम्बन्धों के इतिहास को और उसमें निहित मूल्यों की लड़ाई को पहचानना तथा चित्रित करना उसका काम है। अन्य साहित्य-रूपों के बरअक्स आत्मकथा की इस विशिष्टता को रेखांकित करते हुए मुंशी प्रेमचन्द ने कहा था कि "साहित्य में कल्पना भी होती है और आत्मानुभव भी। जहाँ जितना आत्मानुभव अधिक होता है, वह साहित्य उतना ही चिरस्थायी होता है। आत्मकथा का आशय है कि केवल आत्मानुभव लिखे जावें, उसमें कल्पना का लेश भी न हो।"

अपने जीवन-प्रसंगों का वास्तविक चित्रण करने के लिए हमें कुछ आत्मगत अवरोधों का अतिक्रमण करना पड़ता है, जैसे भय, संकोच, आडम्बर या अहंकार और विनम्रता। "विरोध, विकृति और समाहार की संस्कृति" में यकीन रखने वाले भारतीय समाज में अपनी जिन्दगी के आन्तरिक सच कहते-लिखते समय एक असुरक्षा-बोध हो ही सकता है, जिसे हमने भय कहा है। पर इस भय की काट के लिए सच्चा नैतिक साहस चाहिए। इसी तरह शुद्धतावाद को सर्वोच्च मूल्य मानने वाले समाज में हीनता-ग्रन्थि या संकोच जैसी प्रवृत्तियाँ पायी जाती हैं। मगर अपवित्रता का शिकार होना, उससे प्रेम करने लगना, उसके विरुद्ध लड़ना और उससे निरपेक्ष होना—ये अनेक अलग-अलग स्थितियाँ हैं। ऐसी ही और तमाम स्थितियाँ सम्भव हैं। पर इन स्थितियों में अन्तर करने के विवेक से ही संकोच का परिहार किया जा सकता है। रही बात अहंकार की, तो उसके चलते अपने को बढ़ा-चढ़ाकर प्रस्तुत किया जाएगा। इसके लिए कभी झूठ का सहारा लेना पड़ेगा, कभी अतिरंजना का। आत्मकथा में एक बड़बोलेपन की गूँज या एक दिखावे की झलक या एक बेअसर कृत्रिम सजावट आ जाएगी। इसी दिक्कत को देखते हुए नन्ददुलारे वाजपेयी ने लिखा है कि " 'आत्मकथा' तो 'गीतिकाव्य' की भी अपेक्षा अधिक व्यक्तिगत है। 'आत्मकथा' के इस अत्यन्त व्यक्तिगत विषय से 'अहं' के सब अंकुश खींच लेना तो और भी कठिन है।"

" 'अहं' के सब अंकुश खींच लेने" के लिए अपने को अपने से ही अलगाकर उस भाव-भूमि पर ले जाना होगा, जहाँ अज्ञेय के शब्दों में "जो मेरा है, वही ममेतर है।" जाहिर है कि इस प्रक्रिया में एक आत्म-मोह घेरता है, पर उसे तिलांजलि दिये बिना आत्मकथा का सच्चा रूप प्रकट होना नामुमकिन है। रामस्वरूप चतुर्वेदी ने सही ही कहा है कि "आत्मकथा-लेखन में विनम्रता का गुण उतना अपेक्षित नहीं, जैसा सामान्यतः समझा जाता है, जितना निर्वैयक्तिकता का।" असल में, विनम्रता कई बार आभिजात्य के रक्षा-कवच का काम करती है। हिन्दी में इस विनम्र भाव के कारण भी कई आत्मकथाएँ या तो लिखी नहीं

गईं या फिर अपने बीज-रूप में अंकुरित-भर हो पाईं। सन् 1932 में प्रेमचन्द के सम्पादन में प्रकाशित आत्मकथा-अंक में जयशंकर 'प्रसाद' ने आत्मकथा के नाम पर जो कविता लिखी, वह इस बात का एक खूबसूरत उदाहरण है। यहाँ अपने यथार्थ रूप को कुछ आकर्षक काव्य-बिम्बों की ओट कर दिया गया है और यहाँ अपने को 'छोटा' कहना भी किसी गर्वोक्ति से कम नहीं है—

"जिसके अरुण कपोलों की मतवाली सुन्दर छाया में
अनुरागिनी उषा लेती थी निज सुहाग मधुमाया में
उसकी स्मृति पाथेय बनी है इस थके पथिक की पंथा की
सीवन उधेड़कर देखोगे क्या खाली कंथा की
छोटे-से जीवन की कैसे बड़ी कथाएँ आज कहूँ?
क्या यह अच्छा नहीं कि औरों की सुनता मैं मौन रहूँ?"

औरों की सुनते हुए स्वयं मौन रहने से सुखद और सुरक्षित ढंग भला क्या होगा? बहरहाल, नन्ददुलारे वाजपेयी ने 'हंस' के इस अंक के लिए लिखना स्वीकार नहीं किया था और विनम्रता की ही आड़ में यह आक्रमण किया था—" 'हंस' कार्यालय से—यह पत्र अवश्य आया था कि मैं भी उस आत्मकथांक के लिए कुछ लिखूँ। यदि मेरे जैसे कल के साहित्यिकों से 'आत्मकथांक' की भर्ती होगी, तो प्रेमचन्द जी को समझने का मौका है कि मैंने कैसे समझा कि ऐरे-गैरे नत्थू खैरे लोग उसका कलेवर भरेंगे।" यहाँ पहली बात तो यह है कि इस कथन की व्यंजना से ही वाजपेयी जी प्रमाणित कर देते हैं कि वे 'ऐरे-गैरे' नहीं हैं। और दूसरी बात यह है कि सन् 1796 में आत्मकथा (ऑटोबयॉग्राफी) शब्द का सर्वप्रथम प्रयोग करनेवाले जर्मनी के आलोचक हर्डर की ही तरह वे इस बात पर जोर दे रहे हैं कि आत्मकथाएँ केवल प्रसिद्ध और 'प्रतिष्ठित व्यक्तियों' द्वारा ही लिखी जानी चाहिए। खुद उनके शब्दों में—"...आत्मकथा लिखने के योग्य हिन्दी में कितने आदमी हैं? कितने ऐसे महच्चरित हैं, जिनकी जीवनी हिन्दी-जनता की पथ-नियामिका बन सकती है?"

लगता है कि यह सब लिखते वक्त वाजपेयी जी के मन में आत्मकथा के रूप और अन्तर्वस्तु की कोई आधुनिक परिकल्पना नहीं थी। आज जब हम आत्मकथा की बात करते हैं, तो हमारा आशय उस 'आत्मचरित' से नहीं होता, जिसमें लेखक खुद बहुत हो। यानी वह अपने ही चारित्रिक विकास या अध्यात्मोन्मुखता का विश्लेषण करता रहे और इस सबका उद्देश्य समाज-सुधार हो। यानी लेखक तमाम अच्छाइयों और बुराइयों का समवाय, एक संघर्षशील मनुष्य न होकर कोई पहुँचा हुआ व्यक्ति हो। प्रेमचन्द ने आत्मकथा को इस

अभिजात-चेतना से मुक्त करके, उसके लोकतन्त्रीकरण की बात की थी। नन्ददुलारे वाजपेयी की चिट्ठी का बहुत माकूल जवाब देते हुए उन्होंने लिखा—"अब रह गई यह बात कि हिन्दी में ऐसे लिखनेवाले कितने हैं, जिनकी जीवनी हिन्दी-जनता की पथ-नियामिका बन सकती है? आपका खयाल है, एक भी नहीं! मेरा खयाल है, कि मेरे घर के मेहतर के जीवन में भी कुछ ऐसे रहस्य हैं, जिनमें हमें प्रकाश मिल सकता है।...किसी भी मनुष्य का जीवन इतना तुच्छ नहीं है, जिसमें बड़े-से-बड़े महच्चरितों के लिए भी कुछ-न-कुछ विचार की सामग्री न हो। महच्चरित इसी तरह बनते हैं।"

सच्ची विनम्रता यह है, जो किसी मनुष्य को 'दूसरा' या तुच्छ नहीं मानती, जो महच्चरितों के निर्माण की ठोस सामाजिक प्रक्रिया को उघाड़कर रख देने की तीक्ष्णता से सम्पन्न है। विनम्रता जयशंकर 'प्रसाद' की तरह अपने में लौट जाने या नन्ददुलारे वाजपेयी की तरह अपने को अयोग्य घोषित करने में नहीं होती—आत्मकथा-साहित्य के विशेष सन्दर्भ में वह एक निर्वैयक्तिकता अथवा आत्म-निर्ममता का दूसरा नाम है। महात्मा गाँधी की विनम्रता ही थी कि वे प्रत्येक मनुष्य की अच्छाई को पहचानकर, उसे आदर देकर, उसे आत्मसात् करके 'महात्मा' बने थे और अन्ततः इसीलिए प्रतिष्ठित हैं कि उन्होंने ज़िन्दगी-भर "मनुष्य को मनुष्य के आसन पर बैठाने" की सर्वतोमुखी साधना की थी। जब उन्होंने आत्मकथा लिखी, तो इस विनम्रता को अपना कवच या आभूषण नहीं बनाया, बल्कि बहुत रचनात्मक स्तर पर अपनी ही धज्जियाँ उड़ाने में इसका इस्तेमाल किया। सन्तत्व बड़ी-बड़ी मुद्राओं में नहीं, दैनन्दिन ओछेपन से मनुष्य की आत्मा के संघर्ष में चरितार्थ होता है। गाँधी इसके अप्रतिम उदाहरण हैं। 'आत्मकथा' की प्रस्तावना में जिस प्रतिमान की वे बात करते हैं, वह शायद इस तरह के लेखन और विश्लेषण का सर्वश्रेष्ठ मापदण्ड है—"मुझे आशा है कि मैं अपने दोषों का ख़याल पाठकों को पूरी तरह दे सकूँगा। मुझे सत्य के शास्त्रीय प्रयोगों का वर्णन करना है; मैं कितना भला हूँ, इसका वर्णन करने की मेरी तनिक भी इच्छा नहीं है। जिस गज से स्वयं मैं अपने को मापना चाहता हूँ और जिसका उपयोग हम सबको अपने-अपने विषय में करना चाहिए, उसके अनुसार तो मैं अवश्य कहूँगा कि :

मो सम कौन कुटिल खल कामी?
जिन तनु दियो ताहि बिसरायो
ऐसो निमकहरामी।"

हालाँकि महात्मा गाँधी की आत्मकथा मूलतः हिन्दी में नहीं लिखी गई है;

लेकिन जब भारतीय परिदृश्य में इस विधा के लेखन की परम्परा का विकास आरम्भ ही हुआ था, तब गाँधी ने इस क्षेत्र में एक निर्णायक और युगान्तरकारी रचना प्रस्तुत की। उन्होंने, जैसा कि भीखू पारेख ने विश्लेषित और साबित किया है, अपने अनुभव लिखने के दौरान आत्मकथा के हमारे जातीय सांस्कृतिक मुहावरे को खोजा और गढ़ा। इस तरह वे आत्मकथा का भारतीयकरण करते हैं। पर उतना ही सच यह भी है कि इस प्रक्रिया में आत्मकथा की संस्कृति से भारतीय मानस का साक्षात्कार होता है। आत्मकथा के विरोध अथवा उसके अभाव की भारतीय संस्कृति और आत्मकथा के स्वीकार तथा उसकी सफलता की पश्चिमी संस्कृति–गाँधी की अन्तर्दृष्टि में इन दोनों के बीच एक स्पन्दनशील वैचारिक सम्बन्ध मूर्त होता है, घटता है। दोनों की बनावट में निहित कमजोरियों और सार्थकताओं, विचलनों और विशिष्टताओं को वे पहचानते हैं। यह बेवजह नहीं है कि एक विदेशी साहित्य-रूप की चुनौती को वे स्वीकार करते हैं और अपने निजी सामाजिक-सांस्कृतिक सन्दर्भों में उसके सवालों से टकराते हैं। रचना की जरूरत के कारणों को वे शायद बाहर से ग्रहण करते हैं और रचना की वस्तु को वे अपने यहाँ की मेधा तथा ऊर्जा से पाना चाहते हैं। यों पश्चिम की सांस्कृतिक प्रेरणाओं से संघर्ष करते हुए आत्मकथा का वह भारतीय रूप तथा पद्धति हासिल होती है; जो हमारे सामाजिक जीवन को व्यापक तौर पर प्रभावित करनेवाली एक अलग तथा नई, बल्कि एक देसी तथा जरूरी सांस्कृतिक सचाई बन जाती है। विदेशी विधा होने के बावजूद गाँधी की आत्मकथा की ठेठ किस्म की भारतीयता और इसीलिए समाज में उसके बौद्धिक तथा नैतिक प्रभाव के विस्तार के प्रश्न इतने मूल्यवान् हो जाते हैं कि उनमें जाए बगैर हम इस निबन्ध की बहस से बाहर नहीं आ सकते।

गाँधी ने सबसे पहले तो जीवन-वृत्तान्त और आत्मकथा के ही बीच फर्क किया और कहा कि उन्हें अपनी जिन्दगी की नहीं, बल्कि आत्मा की कथा कहनी है। आत्मकथा के नाम पर या उसके बहाने उन्होंने वस्तुतः सत्य के अपने प्रयोगों का इतिहास लिखा। वे कहते थे कि यह सिर्फ सत्य के प्रयोगों तक सीमित आत्मकथा है–"सत्यना प्रोयोगो पूर्ती आत्मकथा"; या फिर सत्य से जुड़े प्रयोगों की आत्मकथा है–"सत्यना प्रोयोगोनी आत्मकथा।" अपने इस लेखन के प्रसंग में गाँधी बार-बार 'कथा' शब्द का प्रयोग करते हैं, जो हमारी भाषिक परम्परा में बहुत पुराना, अर्थ-गर्भी और व्यंजक शब्द है। इसके जरिए गाँधी का आशय उस कहानी से है, जिसके महत्वपूर्ण नैतिक निष्कर्ष होते हैं। सामान्यतः भारतीय सांस्कृतिक ढाँचा किसी आम आदमी को 'आत्मकथा' कहने की इजाजत नहीं

देता। अलबत्ता गाँधी को यह अधिकार था, क्योंकि उन्होंने अपनी साधना से एक महान आध्यात्मिक और नैतिक ऊँचाई हासिल की थी और इस तथ्य को एक व्यापक जन-स्वीकृति प्राप्त थी। इसलिए लोगों की चेतना में उनकी आत्मकथा की मूल्यवत्ता असंदिग्ध थी। कोई आश्चर्य नहीं कि उनके एक साथी ने आत्मकथा लिखने के इन खतरों की ओर उनका ध्यान खींचा था—"आप आत्मकथा क्यों लिखना चाहते हैं? यह तो पश्चिम की प्रथा है। पूर्व में तो किसी ने लिखी जानी नहीं। और लिखेंगे क्या? आज जिस वस्तु को आप सिद्धान्त के रूप में मानते हैं, उसे कल मानना छोड़ दें तो? अथवा सिद्धान्त का अनुसरण करके जो भी कार्य आज आप करते हैं, उन कार्यों में बाद में हेर-फेर करें तो? बहुत-से लोग आपके लेखों को प्रमाणभूत समझकर उनके अनुसार अपना आचरण गढ़ते हैं। वे गलत रास्ते चले जाएँ तो? इसलिए सावधान रहकर फिलहाल आत्मकथा-जैसी कोई चीज़ न लिखें, तो क्या ठीक न होगा?"

इसी का उल्लेख हो चुका है कि गाँधी ने आत्मकथा के बजाय 'सत्य के प्रयोगों' की बात की और कहा कि इन प्रयोगों से जितना जीवन-कर्म सम्बद्ध है, उतने ही की उन्हें चर्चा करनी है। इसलिए उन्हें भरोसा था कि वह नैतिक दृष्टि से एक निर्दोष आत्मकथा होगी—"...अगर उसके हर पन्ने पर मेरे प्रयोग ही प्रकट हों, तो मैं स्वयं उस कथा को निर्दोष मानूँगा।" इसके अलावा उन्होंने स्पष्ट किया कि भारतीय जनता उनके जीवन-विश्वास और जीवन-व्यवहार का अन्धानुकरण न करे, क्योंकि उनकी बातें 'अन्तिम और सच' नहीं हैं। सत्य को उन्होंने पाया नहीं है, बल्कि उसे पाने की निरन्तर अथक कोशिश की है। उनकी इस कोशिश से प्रेरित होकर, उनके जीवन-प्रसंगों के अन्तरंग हिस्सेदार बनकर अन्य लोग अपने-अपने ढंग, क्षमता और विवेक के मुताबिक यह कोशिश कर सकते हैं। इस तरह वे ज्यादा-से-ज्यादा अपने यहाँ एक बड़े पैमाने पर सत्य के प्रयोगों की इस संस्कृति का निर्माण तथा विकास चाहते थे। यह कहना अतिशयोक्ति नहीं है कि इस काम के लिए आत्मकथा से उपयुक्त माध्यम और कुछ हो ही नहीं सकता था।

गाँधी इस बात से सहमत थे कि आत्मकथा लिखने का पश्चिमी ढंग अनिवार्यतः आत्म-केन्द्रित और अहम्मन्यतापूर्ण है। जब उसका लेखक आत्म-निर्मम और आत्म-आलोचनात्मक दृष्टि से सम्पन्न होता है, तब भी अपने क्षणजीवी विचारों, भावनाओं, मानसिकताओं और उपलब्धियों से घिरा रहने के कारण वह आत्म का प्रक्षेप करता है और अपने विशिष्ट होने का उसका बोध तथा उसकी आत्म-सजगता बहुत बढ़ जाती है। गाँधी ने अपने व्यक्ति या 'मैं'

के बजाय 'आत्मा' को आत्मकथा के केन्द्र में लाकर इन पाश्चात्य विकृतियों का प्रतिकार किया। इस तरह उनकी आत्मकथा उनकी जगह सत्य के उनके प्रयोगों, उनकी मानसिकताओं और भावनाओं की जगह उनके आध्यात्मिक संघर्षों, उनकी जिन्दगी की महत्वहीन अस्थायी चीजों की जगह जिन्दगी की प्रयोगशाला में किए गए स्थायी महत्व के उनके अन्वेषण और उनके 'मैं' की जगह उनकी आत्मा से सम्बद्ध हो गई।

अहम्मन्यता के विरुद्ध गाँधी को लगता था कि चूँकि सत्यान्वेषण का मार्ग "तलवार की धार पर चलने-जैसा है" और उससे तमाम कठिनाइयाँ, जोखिम तथा असफलताएँ अनिवार्यतः संलग्न हैं; इसलिए उसके बयान को विनम्र तो होना ही है। गाँधी के यहाँ व्यक्ति सत्य की खोज का साधन-मात्र है और इस प्रयत्न में वह इतनी कमजोरियों, भटकनों तथा सीमाओं से आक्रान्त है कि इनके वर्णन में उसकी विनम्रता का गहराते जाना सुनिश्चित है। इसलिए गाँधी का यह अनुरोध वाजिब है कि आत्मकथा में जहाँ वे विनम्र न रह पाए हों, वहाँ पाठक उनकी भरसक उपेक्षा और आलोचना करें। दरअसल गाँधी की आत्मकथा सत्य के मार्ग पर विनम्रता के चरम को अर्जित करने का संघर्ष है। "सत्य का सम्पूर्ण दर्शन सम्पूर्ण अहिंसा के बिना असम्भव है" और आत्मकथा का समापन करते हुए, अहिंसा तक पहुँचने के लिए गाँधी ने यह जरूरत महसूस की थी कि "अभी मुझे विकट मार्ग तय करना है। इसके लिए मुझे शून्यवत् बनना है। मनुष्य जब तक स्वेच्छा से अपने को सबसे नीचे नहीं रखता, तब तक उसे मुक्ति नहीं मिलती। अहिंसा नम्रता की पराकाष्ठा है और यह अनुभव-सिद्ध बात है कि इस नम्रता के बिना मुक्ति कभी नहीं मिलती।"

कोई अचरज नहीं कि जो व्यक्ति 'आत्मा की कहानी' के इस निहायत विनम्र शिल्प के लिए प्रतिबद्ध था, उसने वैज्ञानिक प्रयोगों की ही तरह नैतिक और आध्यात्मिक प्रयोगों को भी औषधिक (क्लीनिकल) निर्दोषता के साथ संचालित करने और फिर उनका अत्यन्त यथार्थ वर्णन करने पर जोर दिया था। इसके लिए उन्होंने जो भाषा चुनी और एक वृहत्तर सन्दर्भ में जिसे वस्तुतः आत्मकथा की भाषा के मापदण्ड के रूप में प्रस्तावित किया; वह एक सहज, पारदर्शी और नपी-तुली भाषा है। उसमें दुर्बोधता नहीं है, स्फीति नहीं है, अस्पष्टता नहीं है। वह विज्ञापनी प्रलोभनों से मुक्त एक निरलंकार भाषा है। आत्मकथा सच के अभिज्ञान के लिए सक्रिय साहित्य-रूप है और महात्मा गाँधी कहते थे कि एक चटख और अलंकृत भाषा "सच के लिए वैसे ही परायी है, जैसे एक स्वस्थ उदर के लिए गर्म मिर्चें होती हैं।"

आत्मा-परमात्मा के सत्य की उपलब्धि और यों जीवन्मुक्ति के लिए गाँधी ने जो सतत् नैतिक-आध्यात्मिक संघर्ष किया और उससे जिस गहरे सांस्कृतिक अर्थ में अधिसंख्य भारतीय समाज को प्रभावित किया; उसकी बदौलत उन्हें 'महात्मा' का आसन मिला। यह आसन हमारे देश की जनता ही नहीं, समूचे विश्व-समाज के हृदय में प्रतिष्ठित है। इसलिए गाँधी की आत्मकथा के बारे में सुप्रसिद्ध राजनीति-चिन्तक भीखू पारेख का यह निष्कर्ष बेहद महत्वपूर्ण है कि वह दरअसल मोहनदास करमचन्द गाँधी के एक महात्मा में रूपान्तरित होने की संघर्ष-कथा है। आत्मकथा-लेखन के सन्दर्भ में अभी हम जिस निर्वैयक्तिकता की बात कर आए हैं, गाँधी की आत्मकथा उसका एक अन्यतम विकसित उदाहरण है। इस रचना में जिस अतीत का आख्यान है, उसमें एक महात्मा की नहीं, मोहनदास की उपस्थिति है; मगर जो उसका आख्याता है, वह मोहनदास नहीं, बल्कि एक महात्मा है। अपनी कहानी कहते वक्त अपने से ही जिस तार्किक और कलात्मक दूरी पर हमें खड़े होना होता है; वह अद्भुत अलगाव तो यहाँ स्वतः सम्भव हुआ है। इस अलगाव के चलते आत्मकथा का जो रूप और मिजाज निर्मित होता है; वह पश्चिम से सर्वथा भिन्न, आत्मकथा की एक ठेठ देसी संकल्पना और निर्मिति है। आत्मकथा का यह विलक्षण भारतीयकरण, हमारी जातीय साहित्यिक संस्कृति में, महात्मा गाँधी का महत्वपूर्ण आधारभूत योगदान है। 'सत्य के प्रयोग' में मोहनदास गाँधी और महात्मा गाँधी के बीच के साक्षात्कार में लगाव, अलगाव और तनाव की त्रिकोणात्मक संहति है; क्योंकि सत्यान्वेषण आत्मकथा के दौरान तो चलता ही है, उसके काफी पहले से वह जारी है और उसके कहीं बाद तक उसका विस्तार है। सारतः भीखू पारेख के अनुसार—''गाँधी और 'महात्मा' के बीच बेहद जटिल और आकर्षक मुठभेड़ की कहानी होने के कारण गाँधी की 'आत्मकथा' पाश्चात्य अर्थ में आत्मकथा नहीं रह जाती। यह मूलतः 'महात्मा' द्वारा लिखी गई गाँधी की जीवनी है। जीवनी और आत्मकथा के परस्पर सम्बद्ध, मगर तार्किक दृष्टि से भिन्न साहित्य-रूपों के संरचनात्मक संयोग के रूप में इसे शायद एक आत्मकथात्मक जीवनी की संज्ञा दी जानी चाहिए।''

महात्मा गाँधी ने आत्मकथा लिखकर उसकी संस्कृति को अपने यहाँ बहुत सार्थक और प्रभावी ढंग से प्रोत्साहित किया। संग्रह और त्याग के उनके विवेकपूर्ण प्रतिरोध की झिरी से छनकर पश्चिम की आधुनिक मूल्य-चेतना अपने सकारात्मक रूप में हम तक पहुँची। भीखू पारेख ने इस द्वन्द्वात्मक प्रक्रिया को बखूबी पहचानकर लिखा है कि ''गाँधी भारत की सांस्कृतिक परम्परा का पश्चिमीकरण

किए बगैर आत्मकथा का भारतीयकरण नहीं कर सकते थे।" इस तरह पारम्परिक भारतीय मूल्यों में निष्ठा रखने के बावजूद आत्मकथा लिखकर गाँधी ने यह प्रमाणित किया कि पाश्चात्य सभ्यता से सांस्कृतिक आदान-प्रदान का एक सजग और स्वस्थ रिश्ता बनाया जाना चाहिए। तत्कालीन परिप्रेक्ष्य में हिन्दुस्तानियों के नाम यह उनका एक क्रान्तिकारी सन्देश था। उन्होंने लेखन और संवाद के जरिए 'आत्म' के निश्छल सार्वजनिक उद्‌घाटन की जरूरत पर जोर दिया। यों हम कह सकते हैं कि हमारी पारम्परिक चेतना में सोयी पड़ी ईमानदारी को उन्होंने जगाया। अपने से पहले के आत्मकथा-लेखकों के विरुद्ध गाँधी ने अपने बारे में "कहने योग्य कोई भी बात" नहीं छिपायी, यहाँ तक कि अपनी काम-सम्बन्धी आसक्तियों और प्रयोगों की भी खुलकर चर्चा की। औपनिवेशिक सभ्यता के दबाव में जो हमारे अपने जीवन-मूल्य टूट-बिखर रहे थे, उनके भी पुनर्सृजन और पुनर्संगठन के सफल प्रयत्न उन्होंने किए। इसके पीछे कुछ पश्चिमी रिवाजों के बरअक्स कुछ भारतीय रिवाजों की श्रेष्ठता में उनका विश्वास काम कर रहा था। यों उनकी आत्मकथा मानव-संस्कृति के औपनिवेशिक वर्चस्व को एक चुनौती है। भीखू पारेख के मुताबिक—"समकालीन सन्दर्भ में उनकी आत्मकथा का एक बड़ा चिकित्सकीय और प्रेरणात्मक मूल्य था और यह गहरे अर्थों में एक राजनैतिक कर्म था। फिर अपने से पहले के लगभग सभी भारतीय आत्मकथा-लेखकों के बरअक्स गाँधी ने अपनी सीमाओं, कमज़ोरियों और नैतिक व्याधियों की चर्चा उल्लेखनीय स्पष्टता के साथ की। यह दिखाकर कि एक सन्त का भी पछताने लायक अतीत है और उसका आध्यात्मिक संघर्ष अब भी अपर्याप्त है, उन्होंने भारतीय जीवन में ईमानदारी, नैतिक विनम्रता और सामाजिक साहस-सरीखे मूल्यों की बहुत अखरने वाली कमी को दूर किया।"

'आत्मकथा' के सन्दर्भ में मोहनदास गाँधी और महात्मा गाँधी के द्वैत की बात हम कर आए हैं। इस द्वैत के मूल में गाँधी की मान्यता यह थी कि आत्मशुद्धि के अनन्तर आत्म-विकृतियाँ गुजर गई जिन्दगी की मृत वास्तविकताएँ हो जाती हैं। इसलिए इनसे एक तार्किक दूरी बरतते हुए इनकी आलोचना करने से हमें हिचकना नहीं चाहिए। जाहिर है कि गाँधी विकृतियों से प्रेम की नहीं, संघर्ष की बात कर रहे थे और इस तरह के संघर्ष की कठिनाइयों का अनुभव तथा अभिव्यक्ति लज्जा की नहीं, गौरव की ही बात हो सकती है। खुद गाँधी के शब्दों में—"मन के विकारों को जीतना संसार को शस्त्र-युद्ध से जीतने की अपेक्षा मुझे अधिक कठिन मालूम होता है।" यों गाँधी ने भावुकता-भरी आत्म-सजगता से निजात पाकर यथार्थ आत्माभिव्यक्ति, निर्मम आत्मालोचन और सम्यक्

आत्मोन्नयन का कठिन, किन्तु अनुकरणीय आदर्श 'आत्मकथा' के रूप में हमारे सामने रखा। भारतीय सन्दर्भ में उनका यह रचनात्मक दर्शन अपेक्षाकृत नया और महत्वपूर्ण प्रस्थान था।

महात्मा गाँधी ने जीवन को सत्य की प्रयोगशाला माना था। इसलिए पारम्परिक भारतीय मूल्यों में उनकी निष्ठा जरूर थी, पर आजमाए बगैर वे उन्हें अंगीकार नहीं करते थे। यह उनकी शैली थी–''...मैं तो पग-पग पर जिन-जिन वस्तुओं को देखता हूँ, उनके त्याज्य और ग्राह्य ऐसे दो भाग कर लेता हूँ, और जिन्हें ग्राह्य समझता हूँ, उनके अनुसार अपना आचरण बना लेता हूँ।'' यही वजह है कि गाँधी ने परम्परा-प्रदत्त निर्देशों का अपनी ज़िन्दगी में यथावत् पालन नहीं किया। उनके यहाँ परम्परा का एक सर्वथा नया रूप और संस्कार सम्भव हुआ, क्योंकि अपने रास्तों को उन्होंने स्वयं अन्वेषित और निर्मित किया। ज़िन्दगी उनके लिए व्यक्तित्व की तमाम सम्भावनाओं की निरन्तर खोज और सर्जना का माध्यम थी। आत्म-ज्ञान की उन्होंने सतत् आकुल साधना की। 'सत्य के प्रयोग' के जरिए उन्होंने ऐसे असंख्य दूसरे तथा गैर-पारम्परिक प्रयोगों के लिए मजबूत सैद्धान्तिक पहल की। 'मैं' की बजाय 'आत्मा' को उन्होंने आत्मकथा के केन्द्र में प्रतिष्ठित किया, जो सांस्कृतिक दृष्टि से अनिवार्यतः आधुनिक, मगर ठेठ भारतीय संकल्पना थी।

महात्मा गाँधी ने 'आत्मकथा' में कमोबेश सत्य के अपने ही प्रयोगों, संघर्षों, उपलब्धियों आदि की चर्चा की है। उन्हें यह लगता था कि औरों के बारे में कुछ कहने का उन्हें नैतिक अधिकार नहीं है। इस तरह गाँधी ने 'आत्मा' की सघन पड़ताल तो सम्भव की और इससे उनके अधिकांश आन्तरिक संसार का निश्छल उद्घाटन भी हुआ; लेकिन जिस वृहत्तर सामाजिक-राजनैतिक दुनिया पर उनका प्रभाव लगभग तीस वर्षों तक छाया रहा, उसके बारे में वे बहुत-कुछ नहीं कह पाए। इसके विपरीत पश्चिमी आत्मकथा का फलक, बाहर की ओर भी उन्मुख रहने के चलते, बहुत विस्तृत होता है या यों कहें कि वह अपने को विश्लेषण के केन्द्र में रखने के बजाय एक वृहद् कैनवस में अपनी अवस्थिति और सक्रियता की चिन्ता और व्याख्या करती है। इस अर्थ में गाँधी की आत्मकथा का जवाहरलाल नेहरू की 'मेरी कहानी' से एक दिलचस्प और उल्लेखनीय 'कंट्रास्ट' निर्मित होता है। अलबत्ता दोनों ही आत्म-दर्शन की गम्भीर रचनात्मक कोशिशें हैं। लेकिन गाँधी की 'आत्मकथा' स्पष्ट रूप से भारत के सांस्कृतिक भाव-बोध की सीध में है। भीखू पारेख के शब्दों में–''एक योगी के समान गाँधी एकाग्र और अविचल भाव से बैठे थे, उनकी दृष्टि भीतर की ओर लगी हुई थी; जबकि

नेहरू ने अपने को बाहर की तरफ से देखा और एक श्रेष्ठ तथा समुचित दृष्टि-बिन्दु की तलाश में वे कभी पीछे, तो कभी आगे कदम रखते रहे। हम कह सकते हैं कि गाँधी की चिन्ता आत्म-विश्लेषण की तथा नेहरू की चिन्ता आत्म-व्याख्या की थी और यह कि गाँधी की आत्मकथा परीक्षणात्मक है, जबकि नेहरू की विचारात्मक है। बहरहाल, दोनों ही आत्म-विश्लेषण की अलग-अलग पद्धतियों की जानकारी रखते थे और उन्होंने आत्म-अभिज्ञान के अलग-अलग रूप प्रदान किए। इन दोनों में से गाँधी की 'आत्मकथा' अपनी संरचना और संवेदना में स्पष्टतः भारतीय है।''

कहने की जरूरत नहीं कि महात्मा गाँधी ने भारतीय संस्कृति की वह 'आत्मकथा' निर्मित की, जिसका भारत में आत्मकथा की संस्कृति के विकास में अभूतपूर्व योगदान है। मगर हिन्दी साहित्य में अभी आत्मकथा की जो संस्कृति व्यापक तौर पर विकसित की जानी है, उसके लिए गाँधी द्वारा जिए और शब्दबद्ध किए गए मूल्यों की प्रासंगिकता अपरिहार्य है। यह बड़ी दुखद और विचित्र वास्तविकता है कि ''सत्यमेव जयते'' को अपना आदर्श घोषित करने वाली संस्कृति में 'आत्म' के सच का, यानी आत्मकथा का कोई उल्लेखनीय विकास नहीं हो सका है। इसलिए हमें यह विचार करना चाहिए कि श्रीकान्त वर्मा ने अपनी कविता में जिस जीवन-शैली की आलोचना की थी, कहीं वही इस क्षेत्र में हमारे पिछड़ेपन की मूल वजह तो नहीं है—

''दुर्नीति पर चलें
नीति पर बहस
बनाए रखें—

दुराचरण करें
सदाचार की
चर्चा चलाए रखें

असत्य कहें,
असत्य करें
असत्य जिएँ—

सत्य के लिए
मर मिटने की आन नहीं छोड़ें
अन्त में
प्राण तो
सभी छोड़ते हैं

व्यर्थ के लिए
हम
प्राण नहीं छोड़ें''

हिन्दी आत्मकथा की क्षीणकाय परम्परा

उपन्यास, संस्मरण, रेखाचित्र, रिपोर्ताज, यात्रा-वृत्तान्त और डायरी की ही तरह आत्मकथा एक विदेशी साहित्य-विधा है। आधुनिक काल में पाश्चात्य संस्कृति से संवाद स्थापित होने पर हिन्दी के रचनाकारों ने इन विधाओं को अपनाया और अपने जातीय सन्दर्भ से जोड़कर उन्हें विकसित किया। सॉनेट-सरीखे विदेशी काव्य-रूप का त्रिलोचन ने ऐसा अभिनव सांस्कृतिक रूपान्तरण किया है कि हिन्दीपन उसकी पहचान बन गई है।

डॉ. नामवर सिंह ने अपने एक व्याख्यान में कहा था कि "अपना लेने पर कोई चीज परायी नहीं रह जाती, बल्कि अपनी हो जाती है।" इसलिए बहस अपनाव को लेकर नहीं, उसकी चेतना और प्रक्रिया को लेकर हो सकती है। महात्मा गाँधी कहते थे कि अपने चिन्तन के दरवाजे और खिड़कियाँ खुली रखनी चाहिए, ताकि विश्व की विभिन्न संस्कृतियों की हवाएँ उसमें बे-रोक-टोक आएँ-जाएँ; मगर यह ध्यान रहे कि उसी समय अपनी सांस्कृतिक परम्परा में हमारी जड़ें बहुत गहरी और मजबूत हों। तभी हममें, आचार्य हजारीप्रसाद द्विवेदी के शब्दों में, पराए "प्रकाश को सहन करने की शक्ति" होगी। द्विवेदी जी ने अपनी जड़ों में जाकर जड़ हो जाने या फिर औरों के अन्धानुकरण में लग जाने का—इन दोनों छोरों का निषेध किया था और आदान-प्रदान में अपने विवेक के इस्तेमाल की बात कही थी—"देने में और लेने में विवेक की शरण जाना चाहिए, संस्कारों की नहीं। लेकिन ठीक-ठीक विवेक के लिए हमें अपने और पराए संस्कारों का ज्ञान चाहिए।"

सन् 1932 में मुंशी प्रेमचन्द ने 'हंस' का एक विशेष आत्मकथा-अंक सम्पादित करके, अपने यहाँ आत्मकथा विधा के विकास की एक बड़ी पहल की थी। तब के एक नए और प्रतिभाशाली समीक्षक नन्ददुलारे वाजपेयी ने इस अंक

में सम्पादक के लिखित अनुरोध-पत्र के बावजूद लिखना तो स्वीकार नहीं ही किया, उल्टे इस योजना का जबरदस्त सैद्धान्तिक विरोध किया। दोनों के बीच जो विवादास्पद पत्र-व्यवहार हुआ था, वह हिन्दी साहित्य में आत्मकथा के अब तक प्रायः अविकसित रहे आने के लिए जिम्मेदार कुछ महत्वपूर्ण कारणों को उजागर करता है। मसलन वाजपेयी जी आत्मकथा न लिखने को आत्म-त्याग के महान दर्शन से 'रिलेट' कर रहे थे और जो परम्परा में नहीं है, वह वर्तमान में क्यों हो, कुछ इस तरह के मुग्ध आवेग के वशीभूत थे—"हमारे देश में आत्मकथा लिखने की परिपाटी नहीं रही। यहाँ की दार्शनिक संस्कृति में उसका विधान नहीं है। यहाँ के सन्त हिमालय की कन्दराओं में गलकर विश्व-शक्ति की समृद्धि करते थे और करते हैं। प्राचीन भारत अपना प्रतिवृत्त और अपनी 'आत्मकथा' नष्ट कर आज चिरजीवन का रहस्य बतलाता है।" यहाँ 'चिरजीवन' में ले जाकर आत्मकथा को जिस तरह से खंडित जीवन-बोध का प्रतीक बना दिया गया है, वह बहुत दिलचस्प और दयनीय एक साथ है। दयनीय इसलिए कि चिरजीवन के दर्शन की ओट में जीवन-कथा और जीवन-वेग का ही अस्वीकार हो जा रहा है। दूसरी बात यह है कि हमारे देश में आत्मकथा लिखने की ही नहीं, अन्य बहुत सारी चीजों की 'परिपाटी' नहीं रही है। पर हमने उन्हें अपने आधुनिक विवेक के साथ अपनाया और समृद्ध किया है। आज उनमें हमारे अपने प्राण हैं, हमारे जीवन-दर्शन और जीवनानुभव का मार्मिक आलोक है। इस प्रसंग में आचार्य हजारीप्रसाद द्विवेदी को एक बार फिर याद करना जरूरी है—"फिर यूरोपीय प्रभाव होने मात्र से कोई चीज अस्पृश्य नहीं हो जाती। प्रेमचन्द की कहानियाँ, वैतालपचीसी या गुलबकावली के ढंग की न होकर आधुनिक यूरोपीय कहानियों के ढंग की हुई हैं, इतना कह देने से प्रेमचन्द का महत्व कम नहीं हो जाता। रामचन्द्र शुक्ल के साहित्यिक निबन्ध काव्य-प्रकाश की शैली पर या कविप्रिया की शैली पर न लिखे जाकर अगर यूरोपियन समालोचकों के ढंग पर लिखे गए हैं, तो इससे उनका महत्व घट नहीं जाता। प्राण चाहिए। जहाँ प्राण का उच्छलित तेज होता है, वहाँ यह बात गौण हो जाती है कि बाह्य ढाँचा किस देश या किस जाति से लिया गया है।...आज हम साहित्य की जिस ढंग से चर्चा करते हैं, वह पुराने भारतीय ढंग के अनुरूप न होकर यूरोप के आधुनिक ढंगों के अनुरूप है। हमारे समाचार-पत्र और साहित्यिक पत्रिकाएँ यूरोपियन प्रभाव हैं, हमारी गण्यात्मक आलोचना-शैली यूरोपियन प्रभाव है, हमारे कॉमा, फुलस्टॉप तक में यूरोपियन प्रभाव है। प्रभाव तो मनुष्य पर तब तक पड़ेगा, जब तक उसमें जीवन है। जहाँ जीवन का वेग अधिक है, प्राण-धारा का बहाव तेज है, उसी स्थान से उसका

ऐश्वर्य छितराएगा ही। आलोक सीमा में बँधना नहीं चाहता, उसका धर्म ही प्रकाशित होना और प्रकाशित करना है।"

यह कहना पर्याप्त नहीं है कि आत्मकथा की विधा पश्चिम से भारत में आयी। भारत में वह कब और किस सामाजिक-राजनैतिक जागरण की बदौलत आयी; हमारी अपनी सांस्कृतिक परम्परा में उसका विधान किन कारणों से नहीं रहा और अगर उसके आधुनिक रूप से भिन्न कुछ आत्मकथा-सरीखी साहित्यिक अभिव्यक्तियाँ रहीं भी, तो वे कैसी हैं तथा कितनी महत्वपूर्ण हैं? हिन्दी साहित्य में पहली आत्मकथा कौन-सी है और आत्मकथा का सम्यक् आधुनिक रूप कब अपनाया गया तथा इस विधा की महत्वपूर्ण कृतियों के जरिए उसका अब तक कितना विकास हुआ है? वर्तमान स्थिति क्या है और उसमें आत्मकथा की क्या भूमिका होनी चाहिए? किस लिहाज से वह एक बेहद प्रासंगिक और मूल्यवान् विधा है? इन सभी सवालों पर बात करके ही आत्मकथा की परम्परा-सम्बन्धी बहस को कोई सम्पूर्णता प्रदान की जा सकती है।

हमारी विपुल साहित्यिक सम्पदा में आत्मकथा की अनुपस्थिति के सांस्कृतिक कारण हैं। हिन्दू दर्शन में व्यक्तित्व की स्वतन्त्रता अथवा अद्वितीयता को कोई महत्व प्राप्त नहीं है। मनुष्य के अस्तित्व को नश्वर माना जाता है और उसके दिमाग को मूलतः महत्वहीन, किन्तु सर्व-सामान्य आकांक्षाओं तथा वासनाओं की अनन्त धारा। चूँकि आत्मा ही वास्तविक है और सभी मनुष्यों में समान है, इसलिए हिन्दू दार्शनिकों का तर्क है कि सारे मनुष्य अन्ततः एक हैं। वैयक्तिकता, आत्मवत्ता, अहं की चेतना या फिर विशिष्टता का बोध—इनको समग्रतः या एक-दूसरे के पर्याय के रूप में 'माया' ही माना जाता है। अपने चिन्तन की मौलिकता का दावा करना और अमरता की इच्छा करना—यों आत्म के वर्चस्व अथवा प्रत्यक्षीकरण के लगभग समस्त रूप निन्द्य हैं। यही कारण है कि गौतम बुद्ध समेत प्रत्येक महान भारतीय चिन्तक ने कभी वास्तविक, तो कभी काल्पनिक पूर्ववर्ती विद्वानों से अपना सम्बन्ध स्थापित किया और अपने दर्शन को पूर्व-प्रतिष्ठित परम्परा की पुनर्व्याख्या अथवा विस्तार के रूप में प्रस्तुत किया। चूँकि मनुष्य अलग-अलग शरीर धारण करते हैं और अलग-अलग दैहिक तथा मनोवैज्ञानिक प्रक्रियाओं के केन्द्र हैं, इसलिए उनका यह सोचना स्वाभाविक है कि उनका सम्पूर्ण अस्तित्व अपरिवर्तनीय और अविभाज्य है। मगर 'विद्या' या 'ज्ञान' ऐसी छद्म-चेतना से पार पाने में निहित है। 'मोक्ष' मनुष्य के जीवन का वह अन्तिम लक्ष्य है, जो आत्मवत्ता के हर तरह के बोध से मुक्त होकर ही पाया जा सकता है।

इसी तरह हिन्दुओं के सामाजिक ढाँचे में भी वैयक्तिकता की बहुत कम कीमत है। सामाजिक तौर पर प्रचलित वर्णाश्रम-धर्म के मुताबिक जिन्दगी के चार पृथक् चरणों में प्रत्येक व्यक्ति के कर्तव्य पहले से ही निर्धारित हैं। जन्म से ही मनुष्य एक विशेष जाति के अनुरूप गढ़ा जाता है और फिर वह मुख्यतः प्रदत्त भूमिकाओं के निर्वाह तथा प्रदत्त कर्तव्यों के पालन करनेवाले व्यक्ति के रूप में अपने को देखता है। उसकी चयनधर्मिता के अवकाश बहुत निर्ममता से काट-छाँट दिए जाते हैं। जिन्दगी के महत्वपूर्ण निर्णयों में भी उसका वश नहीं चलता—यहाँ तक कि वैवाहिक जीवन-साथी का चुनाव भी उसके लिए प्रायः 'किया' जाता है। यों वैयक्तिकता की जगह बहुवाचकता और व्यक्ति की जगह समूहगत भिन्नता हिन्दू समाज की केन्द्रीय पहचान है।

चूँकि आत्मकथा एक स्वतन्त्र और अद्वितीय 'आत्म' की कथा है, इसलिए उसे अपने जन्म और विकास के लिए ऐसी संस्कृति की जरूरत होती है, जिसमें वैयक्तिकता को महत्व और पोषण प्राप्त हो। अगर संस्कृति स्त्रियों और पुरुषों को निजी चुनाव करने, निजी दृष्टिकोण रखने, जोखिम उठाने, जीवन को एक यात्रा के रूप में जानने-समझने, यानी सामान्यतः जीवन को निजी इच्छाओं के आधार पर गढ़ने के लिए प्रोत्साहित नहीं करती, तो व्यक्ति की ज़िन्दगी किसी भी दूसरे व्यक्ति की ज़िन्दगी से भिन्न नहीं होती। फिर वह इतनी विशिष्ट और दिलचस्प नहीं रह जाती कि आत्मकथा की विषय-वस्तु का निर्माण कर सके। इसलिए इसकी कोई स्वाभाविक वजह नहीं बनती कि किसी व्यक्ति में आत्मकथा को लिखने-छपवाने और किसी और में उसे पढ़ने-सराहने का कोई उत्साह हो।

मनुष्य का जीवन किन्हीं आकस्मिक चमत्कारों अथवा प्राकृतिक विधान के सर्वथा अतिक्रमण में घटित नहीं होता। समय और स्थान के कुछ निश्चित सन्दर्भों में उसका क्रमिक विकास होता है। इस विकास के तर्कों से ही अपने को समझा जा सकता है। इसलिए आत्मकथा 'अपने निजी इतिहास' के वैचारिक सिंहावलोकन का साहित्य-रूप है। आत्मकथा वही समाज लिख सकता है, जिसने इतिहास-चिन्तन की वैज्ञानिक पद्धति को भली-भाँति विकसित किया हो। भारत में इसकी भी कोई परम्परा नहीं रही। चूँकि परिवर्तन की प्रक्रिया को 'माया' के रूप में देखा गया, इसलिए ऐतिहासिक ब्यौरे केवल मूल्यहीन और महत्वहीन गल्प समझकर खारिज किए जाते रहे। ऐतिहासिक सच केवल सार्वभौम मान्यता-प्राप्त नैतिक सचाइयों के रूप में महत्वपूर्ण थे। इसलिए ऐतिहासिक चेतना के लिए हिन्दू ज्ञान-विज्ञान में कभी महत्वपूर्ण जगह नहीं रही। इसका मतलब यह हुआ कि एक व्यक्ति की जिन्दगी के ब्यौरे, उसकी आदतें, अतियाँ, मानसिकताएँ, भावनाएँ और

घटनाओं के प्रति उसकी प्रतिक्रियाएँ—यानी जो संक्षेप में आत्मकथा की कच्ची सामग्री है, वह महत्वहीन मानी जाती रही और कभी लिखने अथवा दर्ज किए जाने के योग्य नहीं पायी गई। अलबत्ता हिन्दुओं में अतीत का जबरदस्त बोध होता है और वे यह मानते हैं कि व्यक्ति अपने पूर्व-जन्मों के चुनावों और निर्णयों का परिणाम है। 'रामचरितमानस' के राम ने कर्मफल का यही सिद्धान्त समझाते हुए लक्ष्मण से कहा है—

"काहु न कोउ सुख-दुख कर दाता।
निज कृत करम भोग सबु भ्राता॥"

लेकिन विडम्बना यह है कि पूर्व-जन्मों की न तो हममें कोई स्मृति होती है और न उनका कोई हिसाब सम्भव है। उनके आधार पर ऐतिहासिक आत्म-अनुशीलन नहीं हो सकता। इन सब कारणों से यह स्वाभाविक ही है कि भारत में आत्मकथा की परम्परा नहीं रही।

विश्वात्मा के उत्थान में 'आत्म' को घुला देने—आचार्य हजारीप्रसाद द्विवेदी के शब्दों में, "विश्व-कल्याण के लिए अपने को दलित द्राक्षा की तरह निचोड़कर दे देने" का दर्शन निश्चय ही श्लाघनीय है; लेकिन आत्म का इतना विसर्जन भी मनुष्य के हित में नहीं है कि उसका कोई इतिहास ही न रहे। आखिर इतिहास को ही वर्तमान की रोशनी में समझकर भविष्य की कोई रूपरेखा तैयार की जाती है। साधना तथा आत्म-त्याग के नाम पर आत्मकथा का इतना अकाल भी दुखद और चिन्तनीय है कि चीजों के बारे में हमारी कोई सही राय न बन सके। हमारे अध्ययन अधूरे रहें। हमारा इतिहास अपनी सुस्पष्ट संश्लिष्टता में उभरकर सामने न आ पाए। कई बार यह देखकर बहुत हताशा होती है कि लेखकों-कवियों के जीवन के बारे में पर्याप्त विश्वसनीय जानकारी नहीं मिलती। उनकी रचनाओं और उनके जीवन की परिस्थितियों तथा घटनाओं की समानान्तरता और उनके बीच के अन्तःसम्बन्धों के विश्लेषण के जरिए उनके ज्यादा सम्पूर्ण सच तक पहुँचा जा सकता था। क्या यह सही नहीं है कि 'सत्य' के पक्ष में सत्य की ही हानि की लगातार अनदेखी की जाती रही है?

दरअसल आत्मकथा मनुष्य के अन्तःजगत् तथा बाह्य-जगत् के और उनके बीच के सम्बन्धों के सत्य के अनुभव, अभिव्यक्ति और अन्वेषण की विधा है। जीवन-सत्य के विकास में वह योगदान करती है, उसकी बाधा नहीं बनती। अपने सच को सामने लाकर सच की सामाजिक प्रक्रिया को वह जबर्दस्त ढंग से प्रोत्साहित करती है। मनुष्य-सभ्यता के बड़े लक्ष्यों के लिए समर्पित होकर संघर्ष करने में

आत्मकथा लिखने की सकारात्मक भूमिका की पहचान जरूरी है। दोनों में कोई अन्तर्विरोध नहीं है। हाँ, आत्म-विज्ञापन से आत्मकथा का विरोध जरूर है। इस बात पर कोई ध्यान दिए बिना नन्ददुलारे वाजपेयी ने सन् 1932 में 'हंस' के आत्मकथांक की योजना की मुखालफत की और प्रेमचन्द को भेजी अपनी चिट्ठी में लिखा कि "...वे सज्जन शुद्ध साहित्य को साहित्यिक-बाह्य वस्तुओं का भारवाही बनाते हैं, जिसे देखकर हमें ग्लानि होती है। जब हम पत्र-पत्रिकाओं में दो अक्षर लिख लेनेवालों की चित्र-वृद्धि पर आक्षेप करते हैं, तब समझते हैं कि हिन्दी में अब तक बहुत थोड़े साहित्यकार ऐसे हैं, जिनके चित्र छपने चाहिए। और, जब हम 'आत्मकथांक' का विरोध करते हैं, तब अपने साहित्य में बढ़ते हुए आत्म-विज्ञापन के कलुष का ध्यान करते हैं...साहित्य तो एक सात्विक जीवन है। उसे कठिन तपस्या और महान् यज्ञ समझना चाहिए। जहाँ व्यक्ति के व्यक्तित्व के कोई स्वतन्त्र विषय नहीं रह जाते, उच्च साहित्य की वह भाव-भूमि है।... उस उच्च स्तर से जितने क्रिया-कलाप होते हैं, आत्म-प्रेरणा से होते हैं, पर आज दिन हिन्दी में आत्म-प्रेरणा और 'आत्मकथा' का नाम लेना पाखण्ड है और पाखण्ड बढ़ाना है।"

जाहिर है कि वाजपेयी जी की चेतना में कुछ बेहद महत्वपूर्ण और विशिष्ट किस्म के साधक-साहित्यकार ही आत्मकथा लिखने के अधिकारी थे और ऐसे लोग हिन्दी में या तो उस समय थे नहीं या फिर "उँगलियों पर ही गिने जा सकते" थे। यों वाजपेयी के मन में आत्मकथा के लोकतन्त्रीकरण का न तो कोई स्वरूप था और न उसकी चाह ही थी। उन्होंने यह भी नहीं सोचा कि सांसारिक दृष्टि से असफल, संघर्षरत और हताहत कोई व्यक्ति भी बहुत अन्तर्दृष्टिपूर्ण और झकझोर देनेवाली श्रेष्ठ आत्मकथा लिख सकता है; जब कि कोई सफल और समारोही व्यक्तित्व एक अच्छी उल्लेखनीय आत्मकथा लिखने के लिए "वस्तुपरक सत्यपरायणता और आत्मपरक ईमानदारी" का साहस जुटा पाएगा, यह कतई आवश्यक नहीं है। इसलिए सवाल जिन्दगी के वास्तविक अनुभवों को मार्मिक स्तर पर शब्दबद्ध करने की वैचारिक और कलात्मक क्षमता का है, न कि कुछ लिखने के लिए 'कुछ' होने की पात्रता का। समूचे साहित्य-कर्म की यही मान्य कसौटी है और आत्मकथा को इसका अपवाद नहीं बनाया जा सकता। दूसरी बात यह है कि महात्मा गाँधी की 'आत्मकथा' के प्रसंग में हम देख चुके हैं कि आत्मकथा लिखने के दरमियान 'आत्म' से हमें एक खास तरह का अलगाव बरतना जरूरी होता है। उसमें आत्ममुग्धता और आत्म-श्लाघा नहीं, आत्म-निर्मम आलोचना ही अपेक्षित है। चूँकि अपने आदर्श रूप में आत्मकथा किसी तरह

'आत्म' में 'लिप्त' होने का माध्यम नहीं कही या साबित की जा सकती; इसलिए वाजपेयी के ही तर्कों से वह कहीं और नहीं, बल्कि 'उच्च साहित्य की भाव-भूमि' पर ही अधिष्ठित है। तीसरी बात यह है कि साहित्यिक सक्रियता अपने-आप में एक बड़ा मूल्य है। अपने सर्वश्रेष्ठ रूप में वह 'आत्म' से कहीं बड़े समाज की कल्याण-साधना है। इसलिए रचनाओं में तो उत्कृष्ट, निकृष्ट और सामान्य आदि के विभाजन किए जाने जरूरी हैं, पर रचनाकारों में बड़े-छोटे का भेदभाव करना मानवीय कार्यवाही नहीं है। यों साहित्य-सृजन केवल यश की कामना से भी किया जा सकता है, पर साहित्यिक-जीवन के तमाम कष्ट भोगने के पीछे कोई बड़ी मनुष्यता ही कारण होती है। इन बातों को प्रेमचन्द ने अपने जाने-पहचाने सरल, किन्तु गम्भीर मार्मिक लहजे में नन्ददुलारे वाजपेयी को लिखा था—"...साहित्यकारों को आत्म-विज्ञापन नहीं करना चाहिए, यह सभी के लिए निन्द्य है और साहित्यिक प्राणियों के लिए और भी अधिक। इसके मानने में किसी को आपसे मतभेद नहीं हो सकता; लेकिन क्या आत्मकथा और आत्म-विज्ञापन समान हैं? थोड़े-बहुत अच्छे या बुरे अनुभव सभी प्राणियों के जीवन में हुआ करते हैं। जो लोग साहित्य के रूखे क्षेत्र में आकर अपना तन-मन घुलाते हैं, वह केवल आत्म-विज्ञापन के भूखे नहीं होते। आप अपने दार्शनिक गाम्भीर्य के कारण, उन्हें जितना चाहें पतित समझ लें, पर साहित्य-क्षेत्र में जो कोई भी आता है, वह अपनी आत्मा की प्रेरणा ही से आता है। यह दूसरी बात है कि वह परम पद को प्राप्त कर सके, या न कर सके। स्कूल में सभी लड़के तो गाँधी और गोखले नहीं हो जाते, न सभी 'भारत' सम्पादक हो जाते हैं; पर यह कहना कि वे केवल विद्याभ्यास का स्वाँग रचने आते हैं, ऐसी बात है, जिसका जवाब ख़ामोशी है।"

बहरहाल, हमारी परम्परा में 'सत्य' की जो अवधारणा सक्रिय रही है, उसके चलते आत्मकथा और इतिहास और इन दोनों की चेतना का प्रायः अभाव ही रहा है। पर इसे 'अकाल' की तरह त्रासद कभी नहीं माना गया, उल्टे किसी वृहत्तर सच की साधना में यह गौरव का ही विषय रहा है। 'आत्म' को इस हद तक गोपन या नेपथ्य में रखा गया है कि कई बार तो रचनाकारों, कलाकारों और शिल्पकारों आदि ने अनाम रहना ही पसन्द किया है। आनन्द कुमारस्वामी ने 'अनामता' की इसी वास्तविकता को रेखांकित करते हुए लिखा है—"...इस तरह अनामता 'सत्य' की सुसंगति में है और यह हिन्दू संस्कृति की सबसे गौरवपूर्ण विशिष्टताओं में से एक है। महाकाव्यों के 'रचयिताओं' के नाम केवल छायाएँ हैं और उत्तरवर्ती युगों के लेखकों का यह सतत् अभ्यास था कि वे अपने खुद के नामों को छिपाकर किसी मिथकीय अथवा सुप्रसिद्ध कवि के नाम से अपनी

कृतियाँ जारी करते रहे—इससे उनके उस रचना-सत्य को बेहतर पाठकीयता या ख्याति मिल सकती थी, जिसे इसके बगैर वे वस्तुतः परम्परा-प्राप्त या सुने हुए की अपेक्षा स्वयं सृजित किया हुआ ही कहते। इसी तरह मुश्किल से ही कोई हिन्दू शिल्पकार या चित्रकार अपने नाम से जाना जाता है और संस्कृत साहित्य के समूचे विस्तार में एक भी आत्मकथा नहीं मिलती और सिर्फ थोड़ा-बहुत इतिहास मिलता है।"

सुप्रसिद्ध संस्कृति-चिन्तक मुकुन्द लाट ने आत्मकथा के अभाव की समस्या को बहुत गम्भीरता से समझने की एक बड़ी कोशिश की है। उन्होंने इस प्रश्न को भारतीय परम्परा में इतिहास-लेखन के अभाव के युग्म-प्रश्न की ही तरह बहुत जटिल सवाल माना है—"(यह प्रश्न)...अपनी संश्लिष्टताओं में लगभग आधिभौतिक है। सन्तोषजनक ढंग से इसका जवाब शायद कभी नहीं दिया जा सकता।" रचनात्मक प्रतिभा और क्षमता के बावजूद आत्माभिव्यक्ति के उपर्युक्त रूप में हमारी संस्कृति की रुचियाँ क्यों नहीं रहीं—इसके कारण बताते हुए कहा जाता है कि हम व्यक्ति की स्वतन्त्रता और अद्वितीयता और उसकी उपलब्धियों को कोई महत्व नहीं देते रहे। रचनाकार स्वयं अनाम रहे और उनके नाम और जीवन के बारे में जानने की हमारी भी दिलचस्पी या उत्कंठा नहीं रही। लेकिन मुकुन्द लाट ने कुछ महत्वपूर्ण उदाहरणों के जरिए साबित किया है कि भारतीय संस्कृति में अनामता की बात करना उसके सतही अध्ययन का परिणाम है। सभी संस्कृतियों के लेखकों की ही तरह भारतीय लेखकों में भी कीर्ति की कामना थी और वे निश्चय ही अनामता को पसन्द नहीं करते थे। उन्हें अपनी प्रतिभा पर गर्व था और वे अपने कृतित्व के वैशिष्ट्य का दावा प्रस्तुत करते थे। इस तरह नाटक की काव्य-प्रस्तावना में नाटककार का नाम घोषित करने का स्थापित रिवाज था। बहुत-से रचयिता नाम के साथ कुछ और व्यक्तिगत जानकारी भी जोड़ते थे। युवा कालिदास ने अपने नए नाटक 'मालविकाग्निमित्रम्' को प्रस्तुत करते हुए अपने प्रेक्षकों से कहा था कि वे बिना किसी पूर्वग्रह के नाटक की विशेषताओं के आधार पर उनका मूल्यांकन करें और महज इस आधार पर उन्हें अवमूल्यित न करें कि यह उनकी नयी नाट्य-प्रस्तुति है। कालिदास के इस कथन में गर्व की स्पष्ट ध्वनि है—"न तो पुराना सब-कुछ अच्छा होता है और न नया सब-कुछ बुरा।"

'मालतीमाधवम्' के अखीर में उसका सूत्रधार एक संक्षिप्त प्रशस्ति में नाटककार भवभूति का परिचय देते हुए उसके ज्ञान की और उसकी ज्ञानी पूर्वज-परम्परा की सराहना करता है और स्वयं भवभूति का यह सुप्रसिद्ध कथन

उद्धृत करता है—"मैं स्वीकार करूँ कि जो लोग मेरे कृतित्व को क्रोधपूर्वक नापसन्द और खारिज करते हैं, वे ज्ञान-सम्पन्न और समझदार हैं; लेकिन मेरी कोशिश उनकी ओर उन्मुख नहीं है। किसी दिन, कहीं मेरी कृतियाँ निश्चय ही वह समानधर्मा पा लेंगी, जो मेरी ही तरह सोचता और महसूस करता होगा : **"कालो निरवधि विपुला च पृथ्वी"**।" इन आहत शब्दों में एक अपराजेय चेतना और एक गहरा अटल स्वाभिमान समाया हुआ है—फिर भी जो विनम्र अन्तर्भाव यहाँ मौजूद है, वह भवभूति के बाद के एक ज्यादा परिपक्व नाटक 'उत्तररामचरितम्' की समापन-कविता में नहीं है। यहाँ कवि का परिचय उस 'स्रष्टा' के रूप में दिया गया है, "जिसकी सेवा स्वयं ज्ञान की देवी परिचारिका के समान करती हैं"। ये शब्द सम्भवतः स्वयं कवि के नहीं हैं। लेकिन ऐसी ही या और भी अलंकृत गर्वोक्तियाँ हमें अन्य नाटकों में भी मिल जाती हैं। मसलन जयदेव के 'प्रसन्नराघवम्' और काशीपति के 'मुकुन्दनन्दभान' में।

आत्म-परिचय की यह प्रथा नाटककारों तक सीमित नहीं थी। उपन्यासों और प्रेम-कथाओं के, यानी प्राचीन 'कथा' के लेखकों से भी यह आशा की जाती थी। काव्य और साहित्य पर रुद्रट की प्रसिद्ध पुस्तक 'काव्यालंकार' में एक जगह कवियों को यह निर्देश दिया गया है कि उन्हें कथा लिखते वक्त परम्परा-प्रचलित आशीर्वचन के बाद पाठकों को अपना परिचय देना चाहिए और अपने परिवार तथा पूर्वजों के बारे में भी जरूरी जानकारी प्रदान करनी चाहिए। इस तरह के निर्देश पहले से बरती जा रही लेखन-पद्धति को देखते हुए ही शब्दबद्ध किए जाते थे। 'लीलावती' नामक उस मशहूर प्राकृत कथा से यह बात साबित होती है, जिसकी रचना 'काव्यालंकार' के कुछ पहले हुई थी। स्वयंभू नाम के लेखक भी 'पउमचरिउ' में इस निर्देश का पालन करते हैं।

गीतकारों के यहाँ भी यह प्रथा पायी जाती है कि वे अपने गीत के अखीर में एक किस्म के हस्ताक्षर की तरह अपना नाम लिखते थे। संगीत की प्राचीन पुस्तकों में इसके निर्देश का औपचारिक रूप मिलता है। सरहपा और कबीर आदि की रचनाओं के अन्त में उनका नाम रहता है। 'गीतगोविन्द' के प्रसिद्ध रचयिता जयदेव की अष्टपदी रचना के अन्तिम चरण में उनका नाम आता है। 'गीतगोविन्द' में उन्होंने खुद यह गौरवपूर्ण दावा किया है कि "रसिक-जनों को मेरे कृतित्व में संगीत का दुर्लभ कौशल, वैष्णवत्व की गहराइयों की सुनिश्चित समझ और प्रेम की निगूढ़ कलात्मकता से संयुक्त मिलेगा—सब-कुछ की अभिव्यक्ति सुखदतम, मधुर-प्रवाही कविता में हुई है।"

नाटककारों और गीतकारों की ही तरह कवियों में भी अपनी सृजनात्मक

शक्तियों को लेकर आत्म-गौरव और आत्म-विश्वास का भाव था। धर्मकीर्ति ने पूरे विश्वास के साथ अपनी प्रतिभा की अद्वितीयता का दावा प्रस्तुत किया था—"मेरे-जैसा कोई दूसरा नहीं है। मुझसे पहले कोई इस पथ पर नहीं चला है, न ही मैं किसी को अनुगमन करते हुए देखता हूँ।" सबसे प्यारी गर्वोक्ति एक दक्षिण भारतीय, श्याम-वर्णा कवयित्री विज्जका की है—"दण्डी (सुप्रसिद्ध आलोचक) मुझे जानते न थे, अन्यथा वे यह बात कभी न कहते कि काव्य की देवी सरस्वती गौर-वर्ण की थीं।"

'अनामता' के आरोप के विरुद्ध इतने और कई अन्य साक्ष्य जुटाने के बाद मुकुन्द लाट यह स्वीकार करते हैं कि आत्म-परिचय या यश-कामना या अपने कृतित्व की विशिष्ट पहचान को रेखांकित करने की एक कलाकार की आकांक्षा और आत्मकथा-लेखन के बीच बहुत बड़ा फर्क है। हाँ, अनामता अगर पूरी तौर से हमारी सांस्कृतिक परम्परा का आदर्श रही होती, तो यह माना जा सकता था कि आत्मकथा हमारे यहाँ एक सर्वथा अकल्पनीय साहित्य-विधा रही है। फिर भी आत्मकथा चूँकि हमारे लिए सचमुच अजानी ही थी, इसलिए उसकी सम्भाव्यता का बहुत धुँधला दृश्य ही दिखाई पड़ता है। मसलन, प्राचीन आख्यानों में आख्यान की आत्मकथात्मक पद्धति खूब परिचित और प्रचलित थी। आलोचक यह मानते थे कि उत्तम पुरुष का इस्तेमाल 'कथा' को प्रस्तुत करने का एक प्रभावशाली ढंग है। विद्वानों ने प्राचीन कथात्मक साहित्य को दो कोटियों में विभाजित किया है—कथा और आख्यायिका। ऐसा अनुमान किया जाता है कि कथा में कल्पना-तत्व प्रधान रहता था और आख्यायिका में रोज-ब-रोज की जिन्दगी के वास्तविक अनुभवों की अभिव्यक्ति होती थी। आलोचक भामह की एक उल्लेखनीय परिभाषा के मुताबिक, कथा के बरअक्स आख्यायिका में उत्तम पुरुष का प्रयोग होता था। लेकिन इस सम्बन्ध में निश्चयपूर्वक कुछ कह पाना बहुत मुश्किल है; क्योंकि एक तो स्वयं भामह इस मुद्दे पर बहुत स्पष्ट नहीं हैं, दूसरे प्राचीन काल की आख्यायिकाओं और तत्सम्बन्धी आलोचनाओं में से स्वल्प सामग्री ही बची हुई और उपलब्ध है।

दण्डी के प्रसिद्ध उपन्यास 'दशकुमारचरित' में उत्तम पुरुष का प्रयोग मिलता है और इसका कथानक भी अपेक्षाकृत यथार्थपरक वातावरण में चलता है; पर इसमें 'आत्म' के बजाय दस युवा राजकुमारों के साहसिक अभियानों की कहानियाँ हैं। दूसरे, कथा अथवा आख्यायिका-सरीखी किसी पारम्परिक कोटि में यह शामिल नहीं है और अपने-आप में इसकी एक कोटि है। बाणभट्ट की दो कृतियाँ मिलती हैं, जिनमें 'कादम्बरी' को कथा और 'हर्षचरित' को

आख्यायिका माना जाता है। 'कादम्बरी' से तुलना करने पर यह स्पष्ट होता है कि रोमांस और काव्यात्मक कल्पनाशीलता की उड़ानों के बावजूद 'हर्षचरित' यथार्थ की नींव पर अवस्थित है। यह बाणभट्ट द्वारा लिखी गई, उसके सम्राट् हर्ष की जीवनी है। इसके आरम्भ में कवि ने कुछ आत्मकथात्मक सामग्री भी उपलब्ध करायी है। पर यह गौरतलब है कि इस सामग्री में भी उत्तम पुरुष का प्रयोग नहीं किया गया है। लेकिन समूचे संस्कृत साहित्य में 'हर्षचरित' एकमात्र उपलब्ध आख्यायिका है।

मुकुन्द लाट ने यह स्वीकार किया है कि समूची भारतीय सांस्कृतिक परम्परा में एक भी सच्ची, उत्कृष्ट आत्मकथा नहीं पायी जाती। एक भी रचनाकार अपने जीवन की वास्तविकताओं के अनावरण की और अपने कृत्यों, आकांक्षाओं तथा संघर्षों के माध्यम से अपने व्यक्तित्व के निश्छल प्रस्तुतीकरण की कोशिशों के साथ सामने नहीं आता। इस सन्दर्भ में कुछ चीजें यदि अपनी मामूली आत्मकथात्मक सामग्री के चलते सराही जाती हैं, तो इससे भारतीय साहित्य में आत्मकथा की अनुपस्थिति का हमारा एहसास ही तीखा होता है। एक सूक्ष्म जाँच-पड़ताल के बाद आत्मकथा-सरीखी साहित्यिक अभिव्यक्ति के कुछ टुकड़े ही जाबजा मिलते हैं, जो मुश्किल से ही कोई सन्तोष दे पाते हैं। ऐसी कुछ सर्वश्रेष्ठ अभिव्यक्तियों में 'हर्षचरित' का वह आरम्भिक हिस्सा है; जिसमें रचयिता बाणभट्ट ने अपमान, वंचना और हताशा से भरे अपने बचपन, विद्यार्थी-जीवन और शुरुआती युवावस्था की चर्चा की है। यह वर्णन निश्चय ही बहुत अन्तरंग और आत्मीयतापूर्ण है, पर इतना संक्षिप्त और आंशिक है कि इसे आत्मकथा का दर्जा नहीं दिया जा सकता। सम्राट् हर्ष पहलेपहल बाण को अपने दरबार में स्वीकार करने में जरा चिन्ता और असमंजस में पड़ गए थे; इसीलिए कवि का ध्यान अपने उस दुर्भाग्यपूर्ण अतीत की ओर चला गया था, जो उसकी वर्तमान अप्रतिष्ठा के लिए जिम्मेदार था—अन्यथा आत्मकथा लिखने का उसका कोई इरादा भी न था। बाद में बिलकुल आधुनिक काल में हिन्दी के सुप्रसिद्ध विचारक और उपन्यासकार हजारीप्रसाद द्विवेदी ने बाण की इस अपर्याप्त आत्माभिव्यक्ति को अपने उत्कृष्ट आत्मकथात्मक उपन्यास 'बाणभट्ट की आत्मकथा' का ऊर्जावान् केन्द्र-बिन्दु बनाया है।

इसी तरह बिल्हण की ऐतिहासिक कृति 'विक्रमांकदेवचरित' के एक अध्याय के अन्तर्गत भी कुछ आत्मकथात्मक सामग्री मिलती है। इसमें बिल्हण ने अपनी जन्मभूमि प्रवरपुर की सुखद स्मृतियाँ सँजोयी हैं, पीढ़ियों से ज्ञान के लिए प्रख्यात अपने परिवार का प्रशस्ति-गान किया है और अपनी निजी शिक्षा तथा बहुआयामी

अध्ययनधर्मिता का विस्तृत वर्णन किया है। कवि ने विक्रमांकदेव की सेवा में आने से पहले पूरे देश के प्रतिष्ठित पंडितों को पराजित करते हुए, विभिन्न राजदरबारों में अपनी कविता की सफलता तथा सम्मान पर गर्व किया है। कवि ने बहुत विश्वसनीय तो नहीं, पर खिन्न स्वर में खोखली और उन्मत्त सांसारिक स्पर्द्धाओं से मुक्त होने और गंगा नदी के तट पर किसी एकाकी साधु की तरह जीवन-यापन करने का अपना इरादा भी जाहिर किया है।

हमें इसका पता नहीं है कि बाणभट्ट की 'हर्षचरित'—सरीखी यथार्थपरक आख्यायिका—जिसमें रचयिता के कुछ आत्मकथात्मक प्रसंग भी शामिल हों—के पहले भी ऐसी कृतियाँ लिखी गई थीं—या नहीं। लेकिन ऐसा लगता है कि इसने एक पद्धति की शुरुआत की थी। रुद्रट के ध्यान में निश्चय ही 'हर्षचरित' एक दृष्टान्त के रूप में रहा होगा, जब उन्होंने यह सिद्धान्त निरूपित किया कि एक आख्यायिका के लेखक को अपनी रचना में अपना और अपने परिवार का विवरण प्रस्तुत करना चाहिए। चूँकि 'हर्षचरित' के बाद की कोई आख्यायिका उपलब्ध नहीं है, इसलिए इस पद्धति के अनुसरण के इतिहास के बारे में हमें कोई जानकारी नहीं है।

लेकिन आत्मकथात्मक प्रसंगों की रचना में बाणभट्ट के एक महत्वपूर्ण उत्तराधिकारी जो सामने आते हैं, वे हैं दण्डी। दण्डी ने अपने गैर-पारम्परिक उपन्यास 'दशकुमारचरित' के अलावा भी एक उपन्यास 'अवन्तिसुन्दरिकथा' नाम से लिखा था। यह कथा दण्डी और उनके पूर्वजों से सम्बन्धित एक विवरण से शुरू होती है। लेखक ने अपने व्यक्तिगत इतिहास की एक संक्षिप्त, मगर जीवन्त झलक प्रस्तुत की है। दण्डी बताते हैं कि उनके पितामह बीस वर्ष की नयी उम्र में घर से भाग गए थे। फिर अपने सुप्रसिद्ध कवि-मित्र भारवि के घनिष्ठ सम्पर्कों के जरिए उन्हें कांची के राजा के रूप में अपना वह उदारमना स्वामी मिल गया, जिसके दरबार से उन्होंने खुद को सम्बद्ध कर लिया। दण्डी का जन्म कांची में हुआ, जहाँ बाणभट्ट की ही तरह जब वे सिर्फ अपनी किशोरावस्था में थे, तभी उनके पिता का निधन हो गया। पारिवारिक विडम्बना से लगी हुई एक राजनैतिक त्रासदी भी चली आयी। शत्रु की सेनाओं ने कांची पर धावा बोल दिया और वे अपने साथ एक हिंसक युद्ध की सारी बुराइयाँ लेकर आईं। इस भयावह निर्दयता के बारे में दण्डी ने जैसा वर्णन किया है, संस्कृत साहित्य में वह एक विरल उदाहरण है—निर्मम लूट-पाट और फसलों का विनाश, स्त्रियों के साथ बलात्कार और ज्ञान, संस्कृति तथा मनुष्य-कल्याण के सभी संस्थानों की पूरी तौर से तबाही। दण्डी कहते हैं कि सामान्य पारिवारिक जीवन की प्रतीक-घरों में जलनेवाली आग की

रौशनियाँ बुझा दी गईं और लोगों को अधिक सुरक्षित जगहों की तलाश में विस्थापित होना पड़ा। स्वयं दण्डी भी अपनी शिक्षा पूरी करने के लिए कांची छोड़कर देश के दूसरे हिस्सों की ओर पलायन करने को विवश हुए।

संस्कृत साहित्य में दण्डी के बाद आत्मकथात्मक अभिव्यक्ति के रचनात्मक उदाहरण नहीं मिलते। कुछ कथा-लेखकों ने व्यक्तिगत इतिहास के जो थोड़े-बहुत विवरण प्रस्तुत किए भी हैं, उनमें बाणभट्ट और दण्डी की सी मार्मिकता और विदग्धता नहीं है। अधिकांशतः वे कमजोर और सम्भावनाहीन कोशिशें हैं। लेकिन सार्थक आत्मकथात्मक अभिव्यक्ति से वंचित, शताब्दियों के एक लम्बे, सूने अन्तराल के बाद बनारसीदास जैन की लिखी एक पूरी-की-पूरी आत्मकथा प्रकट होती है—'अर्धकथानक'। सन् 1641 में इसकी रचना हुई थी और यह हिन्दी की सबसे पहली आत्मकथा के रूप में समादृत है।

प्रसंगवश यह उल्लेख जरूरी है कि बाणभट्ट और दण्डी ने आत्मकथात्मक अभिव्यक्तियों में उत्तम पुरुष की बजाय प्रथम पुरुष का प्रयोग किया है। बनारसीदास भी ऐसा ही करते हैं। वे अपनी ही कहानी को 'बनारसी की कथा' के रूप में सुनाते हैं। मुकुन्द लाट अपने विश्लेषण में यह सवाल तो पूछते हैं कि क्या यह केवल एक उल्लेखनीय संयोग है या इसके पीछे कोई गम्भीर कारण है; पर उसका कोई जवाब नहीं देते। हमें यह पारम्परिक भारतीय आत्मकथा की एक अनिवार्य रचनागत विशिष्टता जान पड़ती है। कम-से-कम आधुनिक काल में भी महात्मा गाँधी 'आत्मकथा' लिखते वक्त अपने पूर्व-रूप, यानी मोहनदास गाँधी के प्रति ऐसा आलोचनात्मक रुख इख्तियार करते हैं कि वह उत्तम पुरुष में लिखी जाने के बावजूद प्रथम पुरुष की सी कथा में रूपान्तरित हो जाती है। यही कारण है कि भीखू पारेख ने अपने विस्तृत विवेचन में उसे आत्मकथा कहने के बजाय 'आत्मकथात्मक जीवनी' कहना ज्यादा मुनासिब समझा है। पारेख ने इसी आधार पर आत्मकथा के पश्चिमी रूप से गाँधी की 'आत्मकथा' को अलगाया है और साबित किया है कि गाँधी ने आत्मकथा विधा का सफल भारतीयकरण किया। यकीनन ऐसा निष्कर्ष निकालते वक्त पारेख के ध्यान में बाणभट्ट, दण्डी और बनारसीदास जैन की कृतियाँ रही होंगी। लेकिन यह निश्चयपूर्वक नहीं कहा जा सकता कि इन उदाहरणों के आधार पर महात्मा गाँधी ने 'आत्मकथा' की विशिष्ट प्रकृति का विधान किया। मगर टी.एस. ईलियट के मुहावरे में कहें तो यह तो सिद्ध हो ही जाता है कि अपनी सांस्कृतिक परम्परा अथवा भारतीयता के संस्कार गाँधी के रक्त में थे—उनकी अस्थि-मज्जा में घुले-मिले थे।

प्रसंगवश महात्मा गाँधी का भारतीय भक्ति-काव्य से बहुत गहरा संवेदनात्मक लगाव था। 'आत्मकथा' की प्रस्तावना में उन्होंने तुलसीदास की एक अत्यन्त आत्म-आलोचनात्मक कविता उद्धृत की है और विनम्रता के विकास, आत्मा के परिष्कार तथा सत्य की साधना में ऐसी रचनाओं को अनिवार्यता प्रदान की है। नरसी मेहता की इन पंक्तियों में गाँधी जी की बड़ी आस्था थी—

''वैष्णव जन तो तेने कहिये, जे पीर परायी जाणे रे।
पर-दुःखे उपकार करे तो, मन अभिमान न आणे रे ॥''

भारत की सांस्कृतिक परम्परा के आत्मीय साक्षात्कार की बंदौलत गाँधी की राजनीतिक सोच तथा कार्य-शैली एक अद्‌भुत वैचारिक ऊर्जा से भरी हुई थी। कोई अचरज नहीं कि अनन्य-शक्तिशाली औपनिवेशिक तन्त्र भी उनकी इस ऊर्जा के समक्ष हतप्रभ हो गया। मैनेजर पाण्डेय ने भक्ति काव्य से गाँधी के बहुस्तरीय संवाद की सर्जनात्मक समग्रता का यह मूल्यवान उद्‌घाटन किया है—''गाँधी के हृदय के विवेक का मूल स्रोत भक्ति-काव्य की संवेदना, उसकी लोकधर्मिता और मूलगामी मानवीयता है, न कि तोल्सतोय और रस्किन के विचार, जैसा कि प्रायः समझा जाता है। ...गाँधी जी को सत्याग्रह की प्रेरणा मीराबाई से मिली और रामराज्य की कल्पना तुलसीदास से। उनका चरखा कबीर का है और परायी पीर अनुभव करनेवाली संवेदनशीलता नरसी मेहता की। ...वे मीराबाई को आदि-सत्याग्रही मानते थे और तुलसीदास के 'रामचरितमानस' को रामायण-महाभारत से भी अधिक महत्व देते थे। वे चरखा को कबीर की तरह पवित्र और उपयोगी समझते थे।''

गाँधी जी ने 'आत्मकथा' लिखी थी और उससे जुड़े उनके चिन्तन के निर्माण में भक्ति-काव्य का जो एक बड़ा अवदान रहा होगा, उसे समझने के लिए उपर्युक्त चर्चा की गई है। हमारी परम्परा में तेरहवीं शताब्दी के आस-पास से आंशिक-आत्मकथात्मक लेखन का प्रकट होना शुरू होता है। प्रारम्भिक ईसाई धर्म से कुछ-कुछ मिलते-जुलते अन्दाज में भक्ति-आन्दोलन ने अपने भक्तों के धार्मिक जीवन में गम्भीर परिवर्तन घटित किए। आश्चर्य नहीं कि बासव, अक्कम, चैतन्य, मीरा, कबीर, तुलसीदास, तुकाराम, आखो और नरसी मेहता सरीखे सन्त-कवियों की एक लम्बी श्रृंखला के द्वारा आंशिक-आत्मकथात्मक कविता लिखी गई; जिसमें उनके माता-पिता, भाइयों, सम्बन्धियों, पत्नियों, दैनन्दिन घरेलू झगड़ों और व्यक्तिगत हताशा आदि के उल्लेख तो हुए, पर सीधे-सीधे अपने बारे में कुछ खास नहीं कहा गया। इनमें से कुछ कवियों ने अपने थोड़े-बहुत दुखद

अनुभवों का वर्णन किया भी, तो प्रायः कोई महत्वपूर्ण नैतिक निष्कर्ष निकालने के रूप में। इनमें से लगभग प्रत्येक कवि ने अपनी जिन्दगी को सामान्य मानव-जीवन का एक दृष्टान्त-भर माना और अपने संघर्ष तथा अध्यवसाय को सार्वभौम मनुष्य के जीवनानुभव के समान ही समझा। ज्यादातर उनका लेखन नैतिक दृष्टि से खड़ा किया उपदेशात्मक विधान है, जो व्यक्तिगत उदाहरणों की स्वतन्त्र और आकस्मिक समीक्षाओं के जरिए चित्रित और जीवन्त होता है। प्रारम्भिक ईसाई लेखन के बरअक्स यह आत्मदया की भावाविष्ट अभिव्यक्ति या आत्म-स्वीकार नहीं है, बल्कि आत्म-आलोचनात्मक विनोद और आत्म-व्यंग्यात्मक विडम्बना के संस्पर्श से विदग्ध हुआ भक्ति-भरा लेखन है। चूँकि यह सामाजिक सार्थकता से समृद्ध है, इसलिए बेहद लोकप्रिय हुआ और व्यापक तौर पर स्मरण, पाठ तथा नैतिक विमर्श की सामान्य सम्पदा के रूप में इसका प्रयोग किया गया।

कविता में विन्यस्त या प्रच्छन्न किस्म की आधी-अधूरी आत्मकथात्मक अभिव्यक्तियों की इस भक्तिकालीन शृंखला के बावजूद उपलब्ध सचाई यही है कि बनारसीदास जैन एक तरह के साहित्यिक शून्य या 'लिट्रेरी वैक्यूम' में 'अर्धकथानक'-जैसी आत्मकथा लिख रहे थे। स्वयं बनारसीदास ने किसी प्राचीन या समकालीन आत्मकथा अथवा आत्मकथात्मक अभिव्यक्ति का न तो उल्लेख किया है और न उसका कोई संकेत ही दिया है। आत्मकथा लिखने का जो कारण वे बताते हैं, वह आश्चर्यजनक ढंग से साधारण है—यही कि उन्हें लगा कि अपने निजी जीवन की घटनाओं का वर्णन करना चाहिए, इसलिए उन्होंने ऐसा किया। जाहिर है कि उनकी प्रेरणा का आधार कोई आत्मकथात्मक कृति नहीं थी। प्रत्यक्षतः इस क्षेत्र में बनारसीदास की आत्मकथा अपनी तरह की अकेली अभिव्यक्ति है, जिसे अभिव्यक्ति की किसी स्थापित पद्धति या किसी पारम्परिक साहित्य-विधा की श्रेणी में नहीं रखा जा सकता। एक दूसरी बात यह है कि 'अर्धकथानक' से प्रेरित होकर बाद में भी किसी ने आत्मकथा लिखने की कोई रचनात्मक कोशिश नहीं की। हिन्दी साहित्य के इतिहास में सन् 1641 से लेकर उन्नीसवीं सदी के उत्तरार्द्ध यानी भारतेन्दु-युग तक के लगभग दो-ढाई सौ वर्षों के इतने बड़े फासिले में एक भी आत्मकथा नहीं मिलती। यह दुखद आश्चर्य बनारसीदास की आत्मकथा से होनेवाले आश्वस्तिदायी विस्मय से कहीं बड़ा है। आचार्य रामचन्द्र शुक्ल के 'इतिहास' से उपर्युक्त तथ्य की पुष्टि होती है—"आत्मकथा का विकास भी नहीं पाया जाता। केवल जैन कवि बनारसीदास का 'अर्धकथानक' मिलता है।"

'अर्धकथानक' भारतीय परम्परा की शायद एकमात्र आत्मकथा है। सन्

1641 में मुगल साम्राज्य के सर्वश्रेष्ठ दिनों में इसकी रचना हुई थी। बनारसीदास जैन ने जब यह आत्मकथा लिखी, तब उनकी उम्र 55 वर्ष थी। एक प्राचीन जैन परम्परा को उद्धृत करते हुए उन्होंने बताया है कि मनुष्य की सम्पूर्ण आयु 110 वर्ष होती है। इसलिए बनारसीदास जैन ने यह सोचकर कि उन्होंने अभी अपना आधा ही जीवन जिया है, आत्मकथा का नाम 'अर्धकथानक' रखा। लेकिन चूँकि इस रचना के बाद वे ज्यादा नहीं जिये, इसलिए यह आत्मकथा वस्तुतः उनके जीवन की पूरी ही कथा है।

बनारसी श्रीमालों की प्रतिष्ठित बिरादरी में जन्मे एक जैन व्यापारी थे। श्रीमाल मुगल-काल में समूचे उत्तर भारत में फैले कुशल व्यापारी थे और लगभग हर प्रमुख शहर में उनके विकसनशील समुदाय थे। बनारस से लगभग 70 मील की दूरी पर गोमती नदी के किनारे स्थित जौनपुर नामक शहर में बनारसी का बचपन और उनकी प्रारम्भिक युवावस्था का समय बीता, जहाँ उनके पिता एक स्वर्णकार थे। व्यापार-कर्म में दीक्षित होने के बावजूद बनारसी अपने युवा-काल ही से अत्यन्त प्रतिभाशाली कवि और लेखक थे। उनकी पहली किताब प्रेम-कविताओं का एक संग्रह थी, जिसे उन्होंने बाद में नैतिक ग्लानि की मानसिकता में नदी में फेंक दिया था। आगे चलकर लिखी गई उनकी ज्यादा परिपक्व पुस्तकें मुख्यतः जैन धर्म और जैन दर्शन पर केन्द्रित हैं। बाद में बनारसी की अधिकांश युवावस्था आगरा में ही बीती, जहाँ व्यापार में उन्हें लगातार कई असफलताओं का सामना करना पड़ा—एक बार तो निर्धनता की हद तक। असल में, बनारसी की प्रतिभा का सर्वश्रेष्ठ, जीवन के ज्यादा गम्भीर प्रयोजनों को समझने की उनकी कोशिशों में व्यक्त होता है। शुरू से ही प्रेम और अध्ययन में उनकी बेहद अभिरुचि थी। युवावस्था में एक वेश्या से उनके घनिष्ठ सम्पर्क रहे। लेकिन उन्नीस वर्ष की उम्र में प्रेम से उनका मोहभंग हो गया और फिर धार्मिक जीवन में उनकी आस्था का निर्माण हुआ। अध्ययन से उनका हमेशा अटूट लगाव रहा। धर्म और अध्यात्म के क्षेत्र में वे विशेषतः बहुपठित व्यक्ति थे। 35 वर्ष की उम्र तक वे जैन धर्म के समस्त रीति-रिवाजों का निष्ठापूर्वक पालन करते रहे। लेकिन फिर एक आध्यात्मिक नवोत्थान से वे जाग्रत हुए और जैन धर्म के परम्परागत बाह्याचारों, बाह्य कर्तव्यों तथा मान्यताओं से उनका विश्वास उठ गया—इनके प्रति उन्होंने व्यंग्यात्मक विद्रोह का रिश्ता बना लिया। अलबत्ता बिलकुल बाद में जाकर उनकी यह धारणा स्थिर हुई कि ये चीजें सर्वोच्च सत्य तक पहुँचने के क्रमिक आध्यात्मिक सोपान हैं। यों बनारसीदास आभ्यन्तरिक सत्य और आभ्यन्तरिक मुक्ति पर जोर देनेवाले जैन धर्म के 'अध्यात्म आन्दोलन' की तरफ

आकर्षित हुए थे और शीघ्र ही उसके नेता तथा संचालक बन गए थे। जैन दिगम्बरों की तेरापंथ शाखा आज अपने को गर्वपूर्वक बनारसी के 'अध्यात्म' का अनुयायी मानती है और अपने आदिगुरु के रूप में बनारसी के प्रति श्रद्धा करती है।

बनारसी के जीवन का यह बहुत संक्षिप्त आख्यान है। इससे 'अर्धकथानक' को समझने में कुछ मदद मिल सकती है। 'अर्धकथानक' को मध्य-वर्ग से जुड़े एक आम आदमी की जीवन-कथा माना जाता है। और निश्चय ही मुगल-काल के जिन संस्मरणकारों से हम परिचित हैं, उनकी अपेक्षा बनारसी का जीवन आम जनता के ज्यादा निकट था। यों इस आत्मकथा से पता चलता है कि बनारसी की दुनिया कुल मिलाकर उनकी जैन बिरादरी के संसार में सिमटी हुई थी—एक सामान्य मनुष्य के दैनन्दिन जगत् में उसकी बिरादरी, उसका समुदाय और धर्म, उसके जीवन की बेहद तात्कालिक, अन्तरंग और निर्णायक सामाजिक वास्तविकताएँ थीं। मानवीय दृष्टि-बिन्दु से जो कुछ भी बनारसी के लिए अर्थवान् या महत्वपूर्ण था; वह प्रमुख रूप से उनके समुदाय के जीवन में निहित था। समय-समय पर इस समुदाय पर मुगल शासक अकारण अमानुषिक अत्याचार करते थे; लेकिन बाहरी दुनिया के प्रति बनारसी का ऐसा निरपेक्ष भाव है और उनकी राजनैतिक चेतना इतनी कुंठित या प्रसुप्त है कि वे इन शासकों के प्रति जरा-सा भी आक्रोश व्यक्त नहीं करते। उलटे, वे यह कहने लगते हैं कि ईश्वर ही बता सकता है कि राजसत्ता का ऐसा व्यवहार गलत है या सही। वे दुर्भाग्य को कोसते हैं और सहिष्णुता की शिक्षा देते हैं और कहते हैं कि मनुष्य को परिस्थितियों के अप्रत्याशित आघात का मानसिक दृढ़ता के साथ सामना करना चाहिए।

बनारसी ने जब यह आत्मकथा लिखी, तब वे 'अध्यात्म आन्दोलन' के नेता के रूप में उभरे थे। एक निकटस्थ अध्ययन से पता लगता है कि 'अर्धकथानक' मूलतः अध्यात्मियों को और उनमें भी खास तौर से बनारसी के पाँच अन्तरंग साथियों को सम्बोधित है। यही वजह है कि बनारसी के धार्मिक विचार तथा संवेदनाएँ समूची रचना की प्रमुख अन्तर्धारा को निर्मित करती हैं। सम्भवतः बनारसी आत्मकथा के जरिए अपने मित्रों को धार्मिक बाह्याचारों के प्रति अपने विद्रोह के कारण, सत्य से जुड़े अपने आत्म-संघर्ष और अपनी गतिविधियों तथा उद्देश्यों में निहित मूलभूत ईमानदारी के प्रमाण प्रस्तुत करना चाहते थे। इससे एक ओर तो उन्होंने अपने ऊपर लगाए गए भयानक बेबुनियाद आरोपों से मुक्ति पाने की कोशिश की; तो दूसरी ओर जैन दर्शन के मुताबिक आत्म-परिष्कार के लिए निश्छल आत्म-स्वीकार की स्थापित पद्धति को अपनाया।

बनारसीदास के आत्म-संघर्ष और विद्रोही चेतना का एक सुनिश्चित सम्बन्ध भक्ति-काव्य से बनता है। कबीर, नानक, दादू और कई अन्य निर्गुण सन्तों की ही तरह बनारसी ने भी धार्मिक कर्मकाण्डों, बाह्याचारों और जड़ताओं का बहुत विकल तथा सशक्त प्रत्याख्यान किया। आत्मा से सम्बन्धित मामलों में इन कवियों ने शास्त्र के वर्चस्व को चुनौती दी थी। सत्य, ज्ञान और ईश्वर के वास्तविक रूप की मीमांसा तथा खोज के लिए धर्म के मृत और अर्थहीन हो चुके रूपों को खारिज किया था। लेकिन प्रत्यक्षतः गहरे आध्यात्मिक तत्व-दर्शन से प्रेरित होकर नहीं, बल्कि सूक्ष्म पड़ताल करते हुए प्रश्नाकुलता और विवेक के मोर्चे पर यह संघर्ष किया गया था। दरअसल, वह युग ही शास्त्रीय सिद्धान्तों के विरुद्ध लोक-संवेदना के विद्रोह का था। मुकुन्द लाट का यह निष्कर्ष बहुत महत्वपूर्ण है कि "अध्यात्म अपने युग की जैन-अभिव्यक्ति था।" बनारसी ने अनासक्ति या निष्काम-भाव को आत्मा का आन्तरिक दृष्टिकोण कहा और उसे धर्माडम्बर से अलगाया। मुकुन्द लाट के शब्दों में—"वस्तुतः जैन धार्मिक इतिहास में यह दुर्लभ बात है कि बनारसी जैन भिक्षुओं की श्रेष्ठता को अस्वीकार करने की हद तक गए थे।" बनारसी ने सांसारिक चीजों से आन्तरिक अलगाव और ज्ञान की आन्तरिक आकांक्षा की सचाई पर जोर दिया था, और इसके लिए शारीरिक आत्म-प्रताड़ना तथा आत्म-त्याग की तमाम परम्परा-प्रचलित पद्धतियों को गैर-जरूरी माना था। इस अर्थ में 'अर्धकथानक' भी उनके इसी संघर्ष का एक आयाम है, या यों कहें कि वह सत्य की उनकी खोज का भी साहित्य-रूप है।

'अर्धकथानक' पद्य माध्यम में, तत्कालीन सन्दर्भ में खूब प्रचलित दोहा-चौपाई के शिल्प में लिखी गई आत्मकथा है। इसकी भाषा में एक सहज, मुहावरेदार प्रवाह है और आख्यान का अनौपचारिक लहजा है। फिर इसमें कविता की-सी सघनता और संक्षिप्तता भी है। 'अर्धकथानक' एक बड़ी उल्लेखनीय, सृजनात्मक कृति है, क्योंकि यह अपनी सार्थक और प्रभावशाली व्यंजनाओं में बहुत रौशन तथा समृद्ध है।

कुल मिलाकर 'अर्धकथानक' में बनारसी के जीवन से सम्बन्धित कुछ बाहरी और स्थूल प्रसंगों का ही वर्णन ज्यादा है। यह देखते हुए कि लेखक के समक्ष आत्मकथा लिखने के लिए न तो कोई ठोस रचनात्मक आदर्श था और न ही कोई सुनिश्चित संश्लिष्ट प्रेरणा; आत्माभिव्यक्ति या आत्म-उद्घाटन की उसकी कोशिश उल्लेखनीय ढंग से प्रामाणिक और बेबाक है। सिर्फ दो अवसरों पर बनारसी अपने विशिष्ट ताजा आत्म-चित्रण और आकर्षक बेलागपन से चूक

जाते हैं। एक बार जब आगरा में प्लेग की प्राण-घातक महामारी फैली हुई थी, तब उन्होंने पास के किसी गाँव में शरण ली थी। बनारसी कहते हैं कि इस गाँव में उन्होंने एक पाप किया था, पर उसे वे बता नहीं पाते। केवल संकोचवश यही कहते हैं कि इस विषय में वे चुप रहेंगे। दूसरी बात यह है कि व्यापार-कर्म में अपनी असफलताओं और उनसे जुड़े दुख की चर्चा तो बनारसी खूब करते हैं; पर अपनी उसी क्षेत्र की सफलता तथा सम्पत्ति और उसे अर्जित करने के तरीकों के बारे में वे चुप रहते हैं। प्राचीन लोक-साहित्य की आड़ में छिपकर वे एक उक्ति का हवाला देते हैं, जिसका तात्पर्य यह है कि अपने बारे में नौ चीजें किसी को नहीं बतानी चाहिए, जैसे धन-सम्पत्ति, स्त्री-संसर्ग, उम्र वगैरह।

जाहिर है कि बनारसी ने आत्मकथा की शुरुआत में हमें जो वचन दिया था, उसका आंशिक निर्वाह ही किया। पहले तो उन्होंने यह कहा था—

"तातैं भई बात मन आनि। थूलरूप कछु कहौं बखानि ॥
मध्यदेस की बोली बोलि। गर्भित बात कहौं हिय खोलि ॥"

लेकिन हृदय को पाठक के सम्मुख निरावरण रखने का साहस वे जुटा नहीं पाए। उलटे आत्मकथा के अन्त में उन्होंने शिकायत की कि लोग तो अपना कोई अपकृत्य नहीं बताना चाहते—जैसे व्यंजना यह है कि इन्होंने जो बताया, वह ऐसी सामाजिक संस्कृति में कम नहीं है! और जैसे, जो बताया है, उसे ध्यान में रखते हुए; जो नहीं बताया है, उसकी क्षमा हो जानी चाहिए या उसे भूल जाना, नजरअन्दाज कर देना चाहिए—

"जे जे बातैं सुमिरन भंई। ते ते बचनरूप परिनंई ॥
जे बूझी प्रमाद इह मांहि। ते काहू पै कही न जांहि ॥
अलप थूल भी कहै न कोइ। भाषै सो जु केवली होइ ॥"

पूरा सच न बोलने या "नौ चीजों को छिपा लेने की बुद्धिमत्ता" का दुष्परिणाम यह है कि 'अर्धकथानक' में जीवन का ढाँचा तो मिलता है, पर वह मांसल नहीं है। उसमें प्राण नहीं हैं। मसलन बनारसी ने अपने आन्तरिक संसार, अपने प्रेम, अपने वैवाहिक जीवन, अपने परिजनों आदि का वह जीवन्त चित्रण नहीं किया है, जो कि सम्भव था। दरअसल, जीवन और समाज के किसी सूक्ष्म, संश्लिष्ट और विशद चित्रण का बनारसी का इरादा भी नहीं था। जो-जो बातें स्मरण में आ गईं, उन्हें ही कहना था और उनके भी 'स्थूल रूप' की ही चर्चा करनी थी। यही वजह है कि 'अर्धकथानक' में प्रभाव की सम्पूर्णता और एक

सशक्त तथा अन्तरंग सम्प्रेषणीयता का अभाव है। कोई अचरज नहीं कि आधुनिक पाठक को 'बनारसी की कथा' से गुजरकर एक व्यापक अपर्याप्तता का एहसास हो और उसमें छूटा हुआ असन्तोष, कुछ और जानने की हताश उत्सुकता को उकसाता रहे। ऐसा नहीं है कि बनारसी को जीवन के 'मार्मिक स्थलों की पहचान' नहीं थी। जिसने तीन विवाह किए हों और जिसकी नौ सन्तानों में से एक भी जीवित न बची हो, उसके दुख का भला क्या ठिकाना था?–

''तीनि बिवाहीं भारजा, सुता दोइ सुत सात।
नौ बालक हूए मुए, रहे नारि नर दोइ।
ज्यौं तरवर पतझार ह्वै, रहैं ठूँठ से होइ॥''

इस उदाहरण से यह साबित होता है कि जीवनानुभव का अनुचिन्तन और उसका चित्रण करनेवाली काव्यात्मक सहृदयता तथा कल्पनाशीलता की भी बनारसी में कोई कमी न थी। कमी थी तो यही कि जहाँ भी सत्य की मंगलकारी प्रखरता या जीवन की मार्मिक संश्लिष्टता का कोई प्रसंग उपस्थित होता था, बनारसी का 'नौ चीजों को छिपा लेने का' यह जड़ पारम्परिक आग्रह आड़े आ जाता था–

''आउ बित्त निज गृहचरित, दान मान अपमान।
औषध मैथुन मन्त्र निज, ए नव अकह-कहान॥''

बहरहाल। अब हम संस्कृत के कवियों-नाटककारों-आख्याताओं, यानी कालिदास, भवभूति, धर्मकीर्ति, विज्जका, बिल्हण, बाणभट्ट, दण्डी, जयदेव; भक्ति-काल के अनेक कवियों की विभिन्न आत्मकथात्मक अभिव्यक्तियों और बनारसीदास जैन की आत्मकथा 'अर्धकथानक' को एक साथ रखकर देखें; तो पाएँगे कि भारत की सांस्कृतिक परम्परा में रचनाकारों ने अपने नाम के दावे भी प्रस्तुत किए हैं, अपनी प्रतिभा पर गर्व भी किया है, कीर्ति की कामना भी की है, अपनी जीवन-स्थितियों के मार्मिक चित्र भी खींचे हैं, एक आत्म-व्यंग्यात्मक यथार्थपरक दृष्टि भी अर्जित की है और अपने अपमान पर बहुत क्षोभ तथा रोष भी व्यक्त किया है; लेकिन जैसा कि मैनेजर पाण्डेय कहते हैं–इन सबके बीच से अपने पापों, कुकर्मों और अपराधों के स्वीकार की–आत्म-स्वीकार (कॉन्फेशन) की परम्परा सिरे से नदारद है। इसमें सन्देह नहीं कि ऐसी कोई परम्परा हमारे यहाँ रही ही नहीं है! और हम जानते हैं कि बेलाग आत्म-स्वीकरण आत्मकथा की रीढ़ है, उसकी अनिवार्य केन्द्रीय विशेषता है। जीवन की गर्हित

किस्म की सचाइयों के स्वीकार, अपने पतन, विचलन और भटकाव का चित्रण करने के लिए विलक्षण नैतिक साहस चाहिए; यहाँ तक कि एक कमजोर आत्म के विश्लेषण के लिए भी एक सबल आत्म चाहिए! इस अर्थ में आत्मकथा निश्चय ही एक दुस्साध्य विधा है; पर इसी अर्थ में वह अपनी प्रक्रिया में से एक बेहतर और सम्भवतः आदर्श आत्म के अन्वेषण तथा सृजन का माध्यम है। स्पष्ट है कि हमारी परम्परा में 'आत्म' को लेकर एक खास तरह की निश्चिन्तता, मुग्धता और काहिली का साम्राज्य रहा है। इसीलिए निर्मम सामाजिक आलोचना के जरिए उसे सुधारने-बदलने और नए सिरे से निर्मित करने की कोई बेचैन रचनात्मक कोशिशें भी दिखाई नहीं पड़तीं।

आत्मकथा विधा में व्यवस्थित लेखन का सिलसिला आधुनिक काल में शुरू होता है। पराधीन भारत में अंग्रेजी शिक्षा, साहित्य और संस्कृति के प्रचार-प्रसार की बदौलत कुछ नए जीवन-मूल्य अस्तित्व में आए, एक नई वैज्ञानिक चेतना के प्रति आत्मीयता बढ़ी। आत्मकथा-लेखन के लिए अनिवार्य कुछ सांस्कृतिक परिस्थितियाँ निर्मित हुईं। इतिहास को ज्ञान के एक स्वायत्त और विशिष्ट अनुशासन के रूप में मान्यता मिली। ऐतिहासिक सत्य, अतीत की स्वायत्तता और अतीत की रोशनी में वर्तमान की व्याख्या-सरीखी अवधारणाओं को भारत में जबरदस्त स्वीकृति प्राप्त होने लगी। पाश्चात्य संस्कृति से हिन्दुस्तानी संस्कृति के घात-संघात की व्यापक प्रक्रिया में पड़कर भारतीय जनों को लगा कि उनके समक्ष पहचान का संकट खड़ा हो गया है। इसलिए अप्रत्याशित रूप से बदल गए समय-सन्दर्भों की कसौटी पर रखकर 'आत्म' को विश्लेषित करने की, उसे ठीक से समझने और उसकी दिशाएँ तय करने की जरूरत आन पड़ी। भीखू पारेख ने आत्मकथा-लेखन के लिए जिम्मेदार तत्कालीन स्थितियों का यह समग्र, प्रामाणिक चित्र खींचा है—"ब्रिटिश शासन ने आधुनिक व्यक्तिवाद और विवेकवाद का भी समारम्भ किया। भारतीय जनों ने जीवन तथा चिन्तन के नए रूपों के साथ प्रयोग करना और पारम्परिक मूल्यों तथा रीति-रिवाजों पर सवाल उठाना शुरू कर दिया। नए को पूर्णतः अंगीकार करने की अनिच्छा और परम्परा से अलगाव की अक्षमता के बीच फँसकर वे अपने-आप के लिए पहेली बन गए। इससे उनकी आत्म-सजगता बढ़ गई और आत्म-विचार उद्वेलित हो गया। वे दूसरों के साथ अपनी नई पायी हुई स्वतन्त्रता के भावावेश और उससे जुड़ी समस्याओं के एहसास बाँटने के लिए बेचैन हो उठे। चूँकि हिन्दू समाज सामान्यतः उनके प्रति शत्रुतापूर्ण रवैया रखता था, इसलिए वे एक-दूसरे के अनुमोदन और अच्छी राय की आकांक्षा करते थे। इन कारणों तथा अन्य वजहों से आत्मकथा-लेखन

के लिए सहायक एक नई उप-संस्कृति निर्मित हुई। कुछ लोग अपने-आप के बारे में लिखने को उत्सुक थे; एक अच्छी तरह विकसित पाठक-समुदाय की अभिरुचि उन्हें पढ़ने में थी; और पश्चिमी साहित्य से हाल ही बने संवाद के चलते आत्मकथाएँ लिखने के लिए जरूरी बौद्धिक उपकरण उपलब्ध हो गए थे।''

हिन्दी में आत्मकथा-लेखन की व्यवस्थित शुरुआत उन्नीसवीं सदी के उत्तरार्द्ध में दूसरे गद्य-रूपों की तरह भारतेन्दु हरिश्चन्द्र से ही होती है। भारतेन्दु ने कल्पना का कुछ पुट लिये हुए, आत्मकथा का एक अंश-भर लिखा है—'कुछ आपबीती, कुछ जगबीती'। पर यह नाम अपने-आप में आत्मकथा की एक महत्वपूर्ण परिभाषा की हैसियत रखता है। आत्मकथा जितना अपना आख्यान है; उतना ही अपने से अलग और बाहर, अपनी दुनिया का भी आख्यान है। जाहिर है कि भारतेन्दु ने अन्तःजगत् और बाह्य-जगत् के बीच आत्मकथा की विशिष्ट अवस्थिति की बड़ी आदर्श भावना का परिचय दिया है।

सुधाकर द्विवेदी द्वारा लिखी गई 'रामकहानी' भारतेन्दु-मण्डल में एक चर्चित आत्मकथा रही। इसी मण्डल के एक अन्य सदस्य अम्बिकादत्त व्यास ने 1901 में 'निज वृत्तान्त' की रचना की, जो व्यवस्थित ढंग की आरम्भिक आत्मकथाओं में से है। इसमें कथा कम, वृत्तान्त ज्यादा है। [यहाँ हम यह स्पष्ट कर देना जरूरी समझते हैं कि न तो हिन्दी की प्रत्येक उल्लेखनीय आत्मकथा के समीक्षात्मक विस्तार में जाना सम्भव है और न यह हमारा अभीष्ट ही है। इसलिए हम सिर्फ कुछ बहुत महत्वपूर्ण आत्मकथाओं के अत्यन्त संक्षिप्त जाइजे अथवा उनके उल्लेख-भर से काम चला रहे हैं। इस सम्बन्ध में सूचनाओं तथा टिप्पणियों के लिए अधिकांशतः डॉ. रामस्वरूप चतुर्वेदी की पुस्तक 'हिन्दी साहित्य और संवेदना का विकास' को विश्वसनीय माना गया है।]

आधुनिक हिन्दी साहित्य में आत्मकथा विधा के विकास की एक बड़ी महत्वपूर्ण पहल मुंशी प्रेमचन्द ने की थी। सन् 1932 में उन्होंने 'हंस' के एक विशेष अंक, 'आत्मकथांक' का संयोजन और सम्पादन किया—इस अंक का ऐतिहासिक महत्व है। इसमें हिन्दी के विभिन्न प्रसिद्ध लेखकों-कवियों ने आत्मकथापरक प्रसंग लिखे थे। आत्मकथा की प्रकृति और उसके महत्व को लेकर उस समय के उभरते नए समीक्षक नन्ददुलारे वाजपेयी और प्रेमचन्द के बीच एक बड़ी सार्थक और विचारोत्तेजक बहस भी चली थी; जिसमें अन्ततः वाजपेयी जी ने प्रेमचन्द के आत्मकथा के लोकतन्त्रीकरण के तर्क को स्वीकार किया, पर इस आपत्ति के साथ कि हिन्दी के रचनाकारों में श्रेष्ठ आत्मकथा-लेखन के लिए जरूरी साधना और अन्तर्दृष्टि का अभाव है—''मुझसे यदि आप अपना पक्ष-समर्थन

कराना चाहते हैं, तो मैं तो यहाँ तक कहूँगा कि आपके मेहतर के जीवन में ऐसे रहस्य हैं, जिनसे इतना प्रकाश मिल सकता है, जितना महान् छत्रधारी सम्राटों के जीवन से भी नहीं मिल सकता, पर आपको भी यह मानना पड़ेगा कि उस मेहतर के जीवन-रहस्य से प्रकाश पाने के लिए अपना जीवन भी प्रकाशमय बनाना होगा। हिन्दी में इस प्रकाशमय जीवन की ही तो कमी है।"

सन् 1941 में बाबू श्यामसुन्दर दास द्वारा लिखी गई 'मेरी आत्मकहानी' हिन्दी की पहली चर्चित आत्मकथा कही जाती है। यह हिन्दी भाषा और साहित्य के एक पूरे युग को प्रतिफलित करती है और प्रकारान्तर से नागरी प्रचारिणी सभा, काशी का इतिहास बताती चलती है। सन् 1941 में ही गुलाबराय ने 'मेरी असफलताएँ' लिखी, जो हल्के व्यंग्य की शैली में एक दिलचस्प आत्मकथा है। इसमें लेखक की विनोदप्रियता और आत्मालोचन की उसकी प्रवृत्ति का संयोग देखने को मिलता है। किसी राजनीतिज्ञ द्वारा लिखी गई हिन्दी की पहली आत्मकथा देशरत्न राजेन्द्र प्रसाद की 'आत्मकथा' है, जिसका प्रकाशन सन् 1947 में हुआ। यह स्वाधीनता-संग्राम के चरम बिन्दु पर लिखी गई आत्मकथा है और अपने कथ्य की सादगी तथा सरलता के लिए मशहूर है।

सन् 1946 में हिन्दी-जगत् के एक विराट् व्यक्तित्व, 'घुमक्कड़राज', महापंडित राहुल सांकृत्यायन ने पाँच खंडों में अपनी विशद आत्मकथा 'मेरी जीवन यात्रा' लिखी। यह हिन्दी की एक अत्यन्त महत्वपूर्ण आत्मकथा है। राहुल ने इसमें अपनी जिन्दगी के साथ-साथ अपने समय और समाज की कथा भी कही है। असल में राहुल जनता के अन्तरंग बुद्धिजीवी थे और जन-संघर्षों के सक्रिय हिस्सेदार थे। मैनेजर पाण्डेय के शब्दों में वे "मूलतः इतिहास बनाने के प्रयत्न में लगे विचारक" थे। उनके यहाँ विभिन्न सामाजिक-सांस्कृतिक वास्तविकताओं से जुड़ी उनकी अनुभव-सम्पदा, बौद्ध-दर्शन और मार्क्सवाद का जबरदस्त सामंजस्य घटित होता है। "पेशेवर पंडित समुदाय" से अलगाव और बहुसंख्यक जन-समाज से लगाव के बीच उनकी प्रखर इतिहास-चेतना का निर्माण हुआ था। स्वभावतः उनकी आत्मकथा व्यक्तिगत इतिहास और सामाजिक इतिहास का एक दुर्लभ संश्लेष बन गई है। इसकी रचनात्मक उपलब्धि की मूल्यवत्ता को उद्घाटित करने का जरूरी काम मैनेजर पाण्डेय ने किया है—"राहुल की जीवन-यात्रा का काल भारतीय समाज के इतिहास का वह काल है, जो अनेक प्रकार के संघर्षों, उतार-चढ़ावों, महानताओं-क्षुद्रताओं के बीच भारतीय प्रज्ञा के रचनात्मक विस्फोटों से भरा हुआ है। राहुल की आत्मकथा उस बीहड़ दिक्-काल से गुजरने की गवाही देती है और उसका अनुभव भी कराती है।"

सन् 1958 में प्रकाशित 'आत्मनिरीक्षण' पूरी तैयारी के साथ विस्तार से लिखी गई आत्मकथा है। इसके लेखक सेठ गोविन्ददास हैं। इसके अलावा कुछ उल्लेखनीय आत्मकथाओं में वियोगी हरि की 'मेरा जीवन-प्रवाह', शान्तिप्रिय द्विवेदी की 'परिव्राजक की प्रजा' (1952), देवेन्द्र सत्यार्थी की 'चाँद-सूरज के बीरन' (1953), सुमित्रानन्दन पन्त की 'साठ वर्ष : एक रेखांकन' (1960) आदि हैं। 1951-55 के दौरान लिखा गया यशपाल का 'सिंहावलोकन' बहुत महत्वपूर्ण है, क्योंकि इसमें उनके क्रान्तिकारी जीवन का तलस्पर्शी आख्यान है। यह आत्मकथा और संस्मरण का मिला-जुला रूप है। सन् 1960 में पाण्डेय बेचन शर्मा 'उग्र' की आत्मकथा 'अपनी खबर' का प्रकाशन हुआ। 'आत्म' के इतिहास के निश्छल आलोचनात्मक उद्घाटन और कई अन्य दृष्टियों से यह हिन्दी की बहुत महत्वपूर्ण आत्मकथा है। इस पर यहाँ कुछ खास कहना पुनरावृत्ति ही होगी, क्योंकि प्रस्तुत पुस्तक में दो निबन्ध इसी कृति के बहुस्तरीय विश्लेषण को समर्पित हैं।

रेखाचित्र-संस्मरण-आत्मकथा सभी के तत्वों के मेल-जोल से तैयार कृतियों में पदुमलाल पुन्नालाल बख्शी की 'मेरी अपनी कथा' (1969), रामनाथ 'सुमन' की 'छायावाद युगीन स्मृतियाँ' (1975), शिवपूज़न सहाय की 'मेरा जीवन' (1985) और पुरुषोत्तमदास टण्डन की 'राख से लपटें' (1984) उल्लेखनीय हैं। टण्डन की आत्मकथा से स्वाधीनता-आन्दोलन की पृष्ठभूमि में देश के अनेक विद्वानों, पत्रकारों और रचनाकारों के सान्निध्य में बीती उनकी जिन्दगी भली-भाँति उजागर होती है। आत्मकथा-लेखन के अन्तर्गत विनोदशंकर व्यास की 'दिन-रात', उपेन्द्रनाथ 'अश्क' की 'परतों के आर-पार' और अज्ञेय की 'लिखि कागद कोरे'-सरीखी रचनाओं की भी चर्चा होती है। प्रसिद्ध उत्तर-छायावादी कवि हरिवंशराय 'बच्चन' ने चार खण्डों में आत्मकथा लिखी है। इनके नाम हैं—'क्या भूलूँ क्या याद करूँ' (1969), 'नीड़ का निर्माण फिर' (1970), 'बसेरे से दूर' (प्रवास की डायरी) (1971), और 'दशद्वार से सोपान तक'। 'बच्चन' का आत्मकथा-लेखन जितना महत्वपूर्ण, उतना ही विवादास्पद साबित हुआ है। कुछ आलोचकों ने उस पर आत्ममुग्धता का आरोप लगाया है, जिसकी परिणति पाखण्ड में होती है। अपने आसपास की सामाजिक-सांस्कृतिक चिन्ताओं और हलचलों से निरपेक्ष रहकर अपने ही वैभव और विलास का भावाविष्ट बखान आत्मकथा का आदर्श नहीं है, क्योंकि उससे पाठक को कुछ हासिल नहीं होता। व्यापक हिन्दी-समाज के सुख-दुख के बीच अपने भाव-लोक को प्रतिष्ठित न कर पाने या उसके वहाँ मौजूद न होने की वास्तविकता से आत्मकथा-लेखन की

अप्रासंगिकता अथवा व्यर्थता का यह संकट पैदा होता है। डॉ. रामस्वरूप चतुर्वेदी ने मध्य-मार्ग अपनाते हुए भी 'बच्चन' की आत्म-केन्द्रितता और दूसरों पर अवांछनीय दोषारोपण करने की उनकी प्रवृत्ति की आलोचना की है; और जिस बात को महत्वपूर्ण माना है, वह आत्मकथा शायद उतनी नहीं, जितना एक कवि द्वारा किया गया दो विश्वविद्यालयों का तुलनात्मक चित्रण है—"इस आत्मकथा में लेखक ने अपने को केन्द्र में रखा है, उपलक्ष्य नहीं माना है। फिर कुछ जीवित व्यक्तियों, खासकर महिलाओं के बारे में ऐसे उल्लेख दिए हैं, जो बहुत शोभन नहीं कहे जा सकते। तीसरे खण्ड के अन्तर्गत एक रोचक तुलनात्मक विवेचन आप-से-आप उभरता है, लेखक के स्वदेशी इलाहाबाद विश्वविद्यालय और विदेशी कैम्ब्रिज विश्वविद्यालय के बीच। इन दोनों परिसरों के बारे में कवि-दृष्टि के पर्यवेक्षण विशेष महत्व रखते हैं।" इस सन्दर्भ में यह जोड़ना जरूरी है कि हिन्दी में 'बच्चन' के आत्मकथा-लेखन का सम्पूर्ण वस्तुपरक मूल्यांकन होना अभी शेष है।

कुल मिलाकर हम पाते हैं कि हिन्दी साहित्य के इतिहास में आधुनिक काल में भी आत्मकथा की परम्परा क्षीणकाय ही है। निकटस्थ अध्ययन किया जाए, तो रचनात्मक वैशिष्ट्य और उपलब्धि के नाम पर शायद सात-आठ आत्मकथाएँ ही ऐसी निकलेंगी, जिन पर कोई सार्थक बहस हो सकती है। इतनी भी न हों, तो ताज्जुब की बात नहीं। कारण यह है कि आज भी हिन्दी-जगत् में आत्मकथा-लेखन के अभाव की आलोचना के प्रमाण अथवा इस अभाव को भरने के रचनात्मक प्रयत्न कहीं दिखाई नहीं पड़ते। ले-देकर कोई एक आलोचक हैं मैनेजर पाण्डेय-सरीखे, जिन्हें अपने निबन्धों तथा भाषणों में इस बात की चिन्ता है; कोई एक सम्पादक हैं राजेन्द्र यादव-सरीखे, जो अपनी पत्रिका 'हंस' में 'आत्म-तर्पण' शीर्षक से स्तम्भ लिखवाकर रचनाकारों में आत्मकथा के संस्कार जगाना चाहते रहे हैं; और कोई एक लेखक हैं मोहनदास नैमिशराय-सरीखे, जो 'अपने-अपने पिंजरे' के जरिए अपने विषण्ण जीवनानुभव की विचारोत्तेजक कथा कहते हैं। यह तब है, जबकि मराठी और बंगला-जैसी भाषाओं के साहित्य के समक्ष आत्मकथा विधा की आत्यन्तिक सामाजिक सार्थकता कब की उद्घाटित हो चुकी है और उसका कितना विविध विकास हो चुका है! एक बड़ी महत्वपूर्ण सचाई यह उजागर हुई है कि जिन्दगी-भर पुरुषवादी और सवर्ण-वर्चस्व-वादी संस्कृति की सबसे ज्यादा मार सहनेवाली स्त्रियों तथा दलितों के मुक्ति-संघर्षों में उनकी आत्मकथाएँ निर्णायक भूमिका निभा सकती हैं। आत्मकथा अपने रूप की विशिष्टता के चलते उनके संघर्षों का वस्तुनिष्ठ इतिहास भी बनती है और

उन संघर्षों को तेज कर देनेवाली जबरदस्त रचनात्मक शक्ति भी। इस बात को मराठी भाषा के दलित साहित्यकारों और स्त्री-लेखिकाओं ने खास तौर पर अपनी आत्मकथाओं में चरितार्थ किया है। अन्य भारतीय भाषाओं में भी ऐसी कई महत्वपूर्ण आत्मकथाएँ प्रकाशित हुई हैं। लेकिन हिन्दी साहित्य का यह दुर्भाग्य ही कहा जाएगा कि इसके समूचे इतिहास में एक भी स्त्री ने आत्मकथा लिखने की रचनात्मक हिम्मत नहीं जुटा पायी है। जाहिर है कि इसका सम्बन्ध हमारे सामाजिक संस्कारों की बनावट और उनकी व्याप्ति से है। मैनेजर पाण्डेय ने इस विडम्बनापूर्ण परिस्थिति पर बहुत दिलचस्प और धारदार टिप्पणी की है—"स्त्रियों की आत्मकथाएँ तो इसलिए नहीं हैं कि उन्हें हमारे सामाजिक ढाँचे में सच बोलने की स्वतन्त्रता नहीं है; लेकिन पुरुषों की आत्मकथाएँ इसलिए बहुत नहीं हैं कि स्वतन्त्रता तो है, पर आदत नहीं है।"

दरअसल आत्मकथा लिखने के लिए एक बड़े नैतिक और वैचारिक साहस की जरूरत होती है, जिसके बिना उसके साथ न्याय नहीं हो सकता। लिखते समय रचनाकारों को अक्सर उस मनःस्थिति का सामना करना पड़ता है, जिसके बारे में तुलसीदास ने कहा है कि "धरम सनेह उभय मति घेरी"। आत्मकथा के धर्म की पुकार तो यही होती है कि सच बोला जाए; पर हमें सामाजिक तौर पर प्रकट निष्कलंक आत्म-छवि से बड़ा लगाव होता है। सच बोलकर हम इस छवि को तोड़ना नहीं चाहते। हम यह नहीं सोचते कि आत्मकथा से गुजरकर हमें इस झूठी छवि के बदले एक सच्ची छवि हासिल होगी। हम उस सर्जनात्मक प्रक्रिया को नहीं पहचान पाते, जिसके सम्बन्ध में रघुवीर सहाय कहते हैं कि "अपनी एक मूर्ति बनाता हूँ और ढहाता हूँ/और आप कहते हैं कि कविता की है।" रही कलंक की बात, तो आत्मकथा से वंचित समाज कलंक के भीतर-ही-भीतर घुटता है; जबकि आत्मकथा की संस्कृति का समाज कलंक के स्वीकार के सहारे इस घुटन से बाहर निकलता है और अपने पतन के लिए जिम्मेदार परिस्थितियों के विश्लेषण से अपने बेहतर स्वरूप की रचना में नए सिरे से सक्रिय होता है। इसलिए आत्मकथा रचनाकार के साथ-साथ उसके परिवेश को बदलने-बनाने की व्यापक सामाजिक-सांस्कृतिक प्रक्रिया की एक विशिष्ट आलोचनात्मक कार्यवाही है। शुक्र है कि अपने समय में 'हंस' और 'समकालीन जनमत' जैसी जागरूक और जनपक्षी पत्रिकाओं के सौजन्य से हम मराठी भाषा के शरणकुमार लिम्बाले—जैसे सुप्रसिद्ध आत्मकथा-लेखक से जुड़े रहे हैं; और उनके आत्मकथा-अंशों, साक्षात्कारों तथा कविताओं आदि से गुजरे हैं। इसी तरह 'हंस' के माध्यम से मलिका अमरशेख-जैसी प्रखर स्त्री-लेखिका के साहसिक आत्मकथात्मक लेखन से भी हमारा परिचय हुआ

है। नतीजतन हिन्दी-समाज के सम्मुख दलित-आत्मकथा और स्त्री-आत्मकथा की सर्वथा नई क्रान्तिकारी सम्भावनाएँ दिनोंदिन उजागर हो रही हैं। इन बातों का कोई एक साक्ष्य प्रस्तुत करना हो, तो मैं 'अक्करमाशी की व्यथा' के रचयिता शरणक्रुमार का एक कथन उद्धृत करूँगा; जिसमें दलित-आत्मकथा के जरिए सामाजिक संस्कृति और साहित्यिक संस्कृति को एक साथ बदलने की उनकी क्रान्तिकारी प्रतिज्ञा बड़े मूर्त और मार्मिक ढंग से व्यक्त हुई है—"कोढ़ी जैसे अपने कोढ़ को छिपाकर रखता है, वैसे ही मैं भी अपने जीवन को छिपाकर रखूँ—ऐसी इच्छा होती है। ...बावजूद इसके मुझे यह कहना ही चाहिए। प्रत्येक गाँव में पटेल जमींदार होते ही हैं। उनकी रखैलें होती हैं। इन रखैल स्त्रियों की सन्ततियों की व्यथा लोगों तक पहुँचाना जरूरी लगता है। यह करने के लिए ही यह आत्मकथा मुझे नजदीक की लगती है। ...बहुत कम लोगों की वेदना शब्दमय होती है। अगले दशकों में बहिष्कृत समाज की अनेक आत्मकथाएँ समाज में आएँगी। और इस कारण तमाम भारतीय साहित्य का चेहरा-मोहरा ही बदल जाएगा।"

शरणकुमार ने अपने दुख-दर्द को अधिसंख्य भारतीय जन-समाज के जीवन-दुख के एक प्रतिबिम्ब के रूप में पहचाना। इससे उन्हें एक विराट् सामाजिक सच की ताकत का एहसास हुआ। इसी सच्चे एहसास की बदौलत वर्षों पहले की उनकी उपर्युक्त भविष्यवाणी सन् 1995 में हिन्दी में चरितार्थ हुई, जब मोहनदास नैमिशराय की आत्मकथा 'अपने-अपने पिंजरे' प्रकाशित हुई। सम्प्रति यह हिन्दी की नव्यतम आत्मकथा होने के साथ ही पहली दलित-आत्मकथा भी है; इसलिए इस पर यहाँ जरा विस्तृत चर्चा करना जरूरी है।

मोहनदास नैमिशराय की आत्मकथा में उनकी कथा और उनके शहर मेरठ की कथा एक-दूसरे के समानान्तर चलती हुई साथ-साथ विकसित होती हैं। शहर अलग-अलग जातियों के 'पिंजरों' में विभाजित और बन्दी है। लेखक की चेतना में इस कैद की प्रताड़ना के एहसास तो हैं, पर उनसे मुक्त होने की उसके 'भीतर-बाहर चारों ओर अजीब-सी फड़फड़ाहट' भी है। जाहिर है कि संवेदना और वैचारिकता के विलक्षण संयोग में यह कृति सम्भव हुई है। एक तरफ विषाक्त जीवनानुभव से हताहत समूचा अस्तित्व है; दूसरी ओर अपने तिरस्कार तथा दुर्भाग्य के ठोस सामाजिक-ऐतिहासिक कारणों की जाँच-पड़ताल में सक्रिय आलोचना-बुद्धि है। इस आत्मकथा की विशेषता यह है कि यह उन वास्तविकताओं का सजीव मार्मिक चित्रण करती है, जिन पर डॉ. बी.आर. अम्बेडकर का यह कथन आधारित रहा होगा—"हिन्दुत्व गरिमामय विचारों और नीचतापूर्ण आचरण के बीच के अन्तर्विरोध की पहेली है।" कोई अचरज नहीं

कि 'अपने-अपने पिंजरे' का सौन्दर्य इस प्रगतिशील ऐतिहासिक वस्तु की पहचान में निहित है कि कैसे डॉ. अम्बेडकर का व्यक्तित्व कथित निचली जातियों के उत्थान के लिए प्रेरणा, सम्बल, शक्ति और स्वाभिमान का अजस्र वैचारिक स्रोत है। मगर यह बेहद गौरतलब है कि डॉ. अम्बेडकर की मुक्ति में नैमिशराय अपने समाज की मुक्ति नहीं देख पाते। उनका समाज तो लगातार वैसा ही बना हुआ है—फटेहाल, दीन-हीन, सताया जाता हुआ और निरुपाय! गरीबी और जात-पाँत के दो पाटों के बीच उसकी नियति अपरिहार्य तौर पर फँसी हुई है। गुलामी का अँधेरा इतना विस्तृत और अकाट्य है कि उसे ज्ञान और चिन्तन की कोई रोशनी बेध नहीं सकती—''सोचने का वक्त भी कैसे मिल पाता। कुछ लोग गुलाम बन गए थे। लुगाइयाँ चाकरी में लगी थीं। बच्चे कूड़ा बीनते थे। सुबह से शाम तक उनके पास काम-ही-काम था।'' यहाँ नैमिशराय ने वह असलियत रेखांकित की है, जिसके पीछे छिपे छल को कभी रघुवीर सहाय ने उजागर किया था—

''मनुष्य के कल्याण के लिए
पहले उसे इतना भूखा रखो कि वह और कुछ
सोच न पाए
फिर उसे कहो कि तुम्हारी पहली जरूरत रोटी है
जिसके लिए वह गुलाम होना भी मंजूर करेगा
फिर तो उसे यह बताना रह जाएगा कि
अपनों की गुलामी विदेशियों की गुलामी से बेहतर है''

'अपने-अपने पिंजरे' में नैमिशराय डॉ. अम्बेडकर के सुझाए समाधानों से लगातार जूझते हैं। गरीबी के निकष पर ये समाधान बहुत असन्तोषजनक और अपर्याप्त सिद्ध होते हैं। अन्ततः नैमिशराय का यह आशय वाजिब जान पड़ता है कि एक तरह की आर्थिक-सामाजिक समृद्धि अथवा सुरक्षा में ही डॉ. अम्बेडकर का जीवन-दर्शन फलीभूत हो सकता है। अन्यथा असुरक्षा के भयावह संघर्ष में पड़कर यह दर्शन दम तोड़ देता है। अलबत्ता लेखक ने डॉ. अम्बेडकर की इस स्थापना का सर्वथा रचनात्मक समर्थन और पुष्टि की है कि समस्त भारतीय सांस्कृतिक परम्परा में कथित निचली जातियों को कहीं भी सम्मानजनक जगह हासिल नहीं है—''हमारी संस्कृति, परम्परा के सूत्र बिखरकर न जाने कहाँ गुम हो गए थे। हम आधे मुसलमान थे और आधे हिन्दू। बाबा साहेब डॉ. अम्बेडकर ने 6 दिसम्बर, 1956 में बौद्ध धर्म स्वीकार कर लिया था। पर हम बौद्ध कहाँ थे? केवल 'बुद्धम् शरणम् गच्छामि' कहने से तो बौद्ध नहीं हो जाते। फिर हम

कौन हैं? दंगे भड़कने पर मुसलमान हमें हिन्दू समझकर मारते हैं और जब कर्फ्यू नहीं होता, तो हिन्दू चमार समझकर अपमानित करते हैं। हमारी माँ-बहनों के जिस्म को झिंझोड़ना अपना अधिकार समझते हैं। पर हमारे कोई अधिकार नहीं थे। न कभी किसी ने दिए और न किसी ने लेने का प्रयास किया। कोल्हू के बैल-जैसे एक ही जगह घूमते रहे। हमारी आँखों पर पट्टी बाँध दी गई।''

वर्तमान समाज-व्यवस्था निचली जातियों की मनुष्यता तक को खारिज करती है। इन्हें श्रम का सही मूल्य नहीं देती, ऊपर से अकारण अश्लील गालियाँ और बीच-बीच में निर्मम मार-पीट! पूरी जाति-प्रथा एक अमानवीय घृणा पर टिकी हुई है। वैसे इस आत्मकथा में लेखक ने प्रमुख रूप से उत्तर प्रदेश की चमार जाति की अस्मिता के संकट का सामना किया है। अधिकांशतः इस जाति के निपट सामाजिक बहिष्कार का दुख छाया हुआ है। जिन प्रभु-वर्गों की सुख-सुविधा के लिए यह जाति दिन-रात खटती है, उनमें प्यासे को पानी पिलाने तक का धर्म नहीं जीवित है। उनके वर्चस्व तथा दमन और अपनी निर्दोषता तथा असहायता के दुखद 'कंट्रास्ट' निर्मित करने में लेखक ने सबसे ज्यादा सफलता पायी है। नैमिशराय का अनुभव यह है कि जैसे-जैसे महानगरों से शहरों-कस्बों में होते हुए आप गाँवों की ओर बढ़ेंगे, जातिवाद भी हर बार बढ़े हुए रूप में मिलेगा। मसलन कथित निचली जाति के एक प्यासे मनुष्य के लिए ग्रामीण सवर्ण-संस्कृति का केन्द्रीय व्यवहार इस वाक्य में परिलक्षित होता है—''म्हारे घर चमारों की खात्तर पानी ना है।''

इसमें सन्देह नहीं कि नैमिशराय ने अपने बहाने समाज के सबसे निचले स्तरों पर गुजर-बसर करनेवाली आम जनता के जीवन-दुख का आख्यान निर्मित किया है; पर यह भी उतना ही सच है कि यह पराजय तथा हताशा और कई बार आत्मदया के बोध की ओर झुकी हुई कृति है। सम्भवतः ऐसा लेखक के अन्तर्मुखी रचना-स्वभाव के चलते हुआ हो। पर एक उदाहरण तो देखें ही—''हम लम्बे समय से अपमान सहते आए थे, पर गुनहगार न थे हम। हम हारे हुए लोग थे, जिन्हें आर्यों ने जीतकर हाशिये पर डाल दिया था। ...सदियों से गर्दिशों में रहते-रहते हम अपने इतिहास से कट गए थे। अपनी संस्कृति भूल गए थे। हमारे हथियार भोथरे हो गए थे। पहले हम उजड़े, फिर बस्तियाँ, बाद में संस्कृति।''

निश्चय ही किसी क्रान्तिकारी दलित आत्मकथा में जीवन की वेदना के सघन चित्र होते हैं, बल्कि उन्हीं से उसके आक्रोश को तीक्ष्णता और ताजगी मिलती है। 'अपने-अपने पिंजरे' में भी यह आक्रोश है, इसकी कुछ तेज-तर्रार चोटें हैं; मगर वह इतने प्रखर सातत्य के साथ मोहनदास नैमिशराय की सम्पूर्ण रचना-दृष्टि

में विन्यस्त नहीं है कि वेदना के सर्वातिशायी कुहासे को चीरता हुआ प्रभु-वर्गों की चरित्रहीनता को उघाड़कर रख दे; और उन्हें किसी और चीज के नहीं, बल्कि अपने दुख की ही उदात्त शक्ति के समक्ष बौना और निष्प्रभ साबित कर दे! फिर भी नैमिशराय जी ने हिन्दी में दलित आत्मकथा की परम्परा की जो महत्वपूर्ण सम्भावनाशील शुरुआत की है, उसका व्यापक तौर पर स्वागत किया जाना चाहिए; क्योंकि इससे भविष्य के गर्भ में छिपी, स्त्रियों तथा दलितों की आत्मकथा-लेखन-प्रतिभा के अप्रत्याशित रचनात्मक विस्फोटों की उम्मीद बनती है। हिन्दी में आत्मकथा-लेखन की क्रान्तिकारी परम्परा का निर्माण सदियों से दबे-कुचले वर्गों की नव-जाग्रत, सशक्त सर्जनात्मक चेतना के आश्रय में ही हो सकता है। खास तौर पर जब हमारे समय में साम्प्रदायिक राष्ट्रवाद का बोलबाला बढ़ता जा रहा हो; तब भारत के बहुसंख्यक जन-समाज की तमाम यातनाओं की अनदेखी और उसकी अभिव्यक्ति की आजादी के अपहरण सर्वाधिक मूर्त होते हुए खतरे हैं। आत्मकथा लिखकर न सिर्फ इन दोनों आसन्न चुनौतियों का जवाब दिया जा सकता है, बल्कि एक बेहतर जीवन तथा समाज को रचने की सांस्कृतिक प्रक्रिया को भी तेज किया जा सकता है। मोहनदास नैमिशराय ने जिस मराठी आत्मकथा-साहित्य से आत्मकथा के औपन्यासिक ढाँचे की दृष्टि अर्जित की है; उसके ही एक सुप्रसिद्ध क्रान्तिकारी दलित रचनाकार शरणकुमार लिम्बाले की इन कविता-पंक्तियों से मैं अपनी बात खत्म करता हूँ–

"सचमुच यहाँ राम-राज्य तो नहीं आया है?
नहीं, मैं यकीन नहीं कर सकता!
जरूर कहीं तो
मुँह बन्द कर बेदम घूँसे मारे जा रहे हैं
जरूर कहीं तो
चीखोपुकार को रौंदा जा रहा है
जरूर कहीं तो
हाथों के साथ जबान को काट दिया जा रहा है"

'उग्र' के रचना-कर्म की वैचारिक भूमि

" 'उग्र' की कुख्याति भी साहित्य में
एक दिन ख्याति बनकर चमकेगी।"

–निराला

उग्र के रचना-स्वभाव और रचना-दृष्टि की पड़ताल करते समय सबसे पहले और सबसे ज्यादा इस बात पर ध्यान जाना चाहिए कि उनके रचनाकार का निर्माण तथा विकास स्वाधीनता-आन्दोलन के दौरान और बहुत-कुछ उसी की बदौलत हुआ था। एक तरफ अंग्रेजी साम्राज्यवाद की बाहरी शक्तियों के प्रति विद्रोह की लगातार जरूरत थी; दूसरी ओर अपने ही समाज की रूढ़ियों और जड़ताओं से सामना था। अपनी कमजोरियों और बुराइयों को जीते बगैर अत्याचारी आक्रान्ताओं को सत्ता-च्युत करना बहुत मुश्किल था; इसीलिए महात्मा गाँधी ने राष्ट्रीय जीवन में एक दुहरे संघर्ष का सूत्रपात किया था। उग्र इस 'राष्ट्रीय-रण' के सजग और सक्रिय हिस्सेदार हुए। कांग्रेस की रचनात्मक नीतियों तथा कार्यक्रमों के अनुसरण और साथ ही, देश की आजादी के लिए क्रान्तिकारियों के से आत्म-बलिदान की जबरदस्त प्रेरणा उन्हें साहित्य-संसार में ले आयी। बनारस के हिन्दू स्कूल में छठी कक्षा के छात्र बेचन पाण्डे पर गाँधी के महान व्यक्तित्व का बहुत गहरा और अमिट प्रभाव पड़ा। उस समय उत्तर भारत के प्रतिष्ठित हिन्दी दैनिक 'आज' में सन् 1920-21 के आसपास उनकी जो पहली कविता छपी, वह ब्रिटिश शासन के विरुद्ध अनशन करके शहीद हो जानेवाले आयरलैंड के महात्मा मैक्स्विनी पर लिखी गई थी। फिर अपने स्कूल में 'गाँधी जयन्ती' के अवसर पर आयोजित, बनारस के प्रतिभाशालियों की एक काव्य-शक्ति-परीक्षा में उन्हें जिस कविता पर द्वितीय पुरस्कार मिला; और जो 'आज' में 30 दिसम्बर, 1921 को प्रकाशित हुई, उसका आखिरी चरण इस प्रकार है–

“घरों में सदा आए चर्खे की हर दम
सभी कौमी गानों को गाएँ बिना ग़म।
शहीदों के नक्शे-कदम पर बढ़ें हम
न हरगिज़ डरें, तोप पर भी चढ़ें हम।
बिना बोले अर्सेज़र्मी को हिलाएँ
चलो आज ‘गाँधी जयन्ती’ मनाएँ!”

यानी सिर्फ लेखन से किसी रचनाकार की सामाजिक जिम्मेदारी का सम्यक् निर्वाह नहीं हो जाता। जीवन-कर्म नए सिरे से मनुष्य की भाषा को विश्वसनीय और मार्मिक बनाता है, उसमें ताजगी और शक्ति भरता है। दूसरे, हमें इस बात के लिए भी लड़ना होता है कि रचना को उसका इच्छित परिप्रेक्ष्य मिले—यानी उस वातावरण के निर्माण के लिए, जिसमें रचना सम्भव हो, रचना की दूसरी बेहतर गतियाँ सम्भव हों। इसलिए उग्र ने स्वाधीनता-आन्दोलन में कई रूपों में भाग लिया—भारतीय राष्ट्रीय कांग्रेस के तिरंगे झण्डे के कपड़े पहनकर उन्होंने गाँव-गाँव में जन-जागृति के लिए भाषण दिए, गाँधी जी के विचारों और कार्यक्रमों का प्रचार-प्रसार किया, मुक्तिधर्मी गीतों-कविताओं के सस्वर पाठ किए, और जेल की सजा भी काटी। यह विचित्र लग सकता है, पर बहुत महत्वपूर्ण है कि अंग्रेजों के विरोध के इन प्रजातान्त्रिक तरीकों के अलावा उग्र सशस्त्र क्रान्तिकारियों के भी समर्थक और साथी रहे। यह विचारधाराओं के चौखटों के पार बहुआयामी संघर्ष को तेज करने और दुश्मन को हर मोर्चे पर शिकस्त देने की उग्र की आकांक्षा का परिणाम था। शचीन्द्रनाथ सान्याल-सरीखे महान क्रान्तिकारी ने उग्र के योगदान का बहुत भावुक स्मरण किया है, उनकी रचना-प्रतिभा को सराहा है और उन्हें राजेन्द्र लाहिड़ी जैसे आत्म-बलिदानी देश-भक्त के समकक्ष रखकर सम्मानित किया है—

“इधर सन् 1925-26 में सुरेशचन्द्र की सहायता से एक प्रतिभावान् युवक से मेरा परिचय हुआ, ये प्रतिभावान् युवक ‘आज’ में ‘उग्र’ उपनाम से अपने लेख दिया करते थे।

आज ‘उग्र जी’ ने साहित्य में अपना सुनिर्दिष्ट स्थान प्राप्त कर लिया है। इसमें तो कोई सन्देह नहीं कि उनकी लेखनी में अत्यन्त शक्ति है। इनकी सहायता से, हमारे दल को एक ऐसा महत्वपूर्ण लाभ हुआ, जिसके लिए हम सदैव उनके कृतज्ञ रहेंगे।

बनारस में अभी तक मुझे जितने व्यक्ति मिले, उनमें श्री राजेन्द्र लाहिड़ी (आपको ब्रिटिश सरकार ने काकोरी डकैती केस में फाँसी पर लटका दिया था)

और श्री बेचन शर्मा विशेष उल्लेख-योग्य हैं।''

दरअसल उग्र ने तत्कालीन राष्ट्रीय सन्दर्भों में रचना-कर्म की अपर्याप्तता पहचान ली थी। तभी उन्होंने लिखा कि ''केवल कविता और कहानी से न तो शिक्षितों का पेट भरता है और न ही समाज या राष्ट्र का भला हो सकता है।'' इसलिए बनारस में रहकर छात्र-जीवन में लिखे गए अपने पहले नाटक 'महात्मा ईसा' में ही उन्होंने कर्म और स्वाध्याय के संयुक्त संघर्ष का प्रस्ताव किया था—''तुम भगवद्गीता और बुद्धचरित्र का अध्ययन करो! स्वदेश का उद्धार करने के लिए तुम्हें कर्मयोग का अध्ययन करना पड़ेगा, कर्मयोगी बनना पड़ेगा!'' कर्मयोग की इसी चेतना से सम्पन्न होने की बदौलत उग्र 'उसकी माँ' जैसी मार्मिक झकझोर देनेवाली कहानी लिख सके; जिसने हिन्दी-जगत् में उन्हें वही प्रसिद्धि और प्रतिष्ठा प्रदान की, जो विश्व-साहित्य में मैक्सिम गोर्की की 'मदर' को प्राप्त है। जब हमारे देश के ज्यादातर जानकार लोग ''शरीर की रक्षा के लिए अपनी-अपनी आत्मा की चिता सँवारते फिरते'' थे, तब भारत-माता की स्वाधीनता के लिए आत्मोत्सर्ग को प्रस्तुत उग्र के कर्मयोगी—'उसकी माँ' के नायक, नवयुवक लाल का आत्म-कथ्य यह था—''मेरी कल्पना यह है कि जो व्यक्ति, समाज या राष्ट्र किसी अन्य व्यक्ति, समाज या राष्ट्र के नाश पर जीता हो—उसका सर्वनाश हो जाए!...मेरी कल्पना यह है कि ऐसे दुष्ट, नाशक व्यक्ति, समाज या राष्ट्र के सर्वनाश में, मेरा भी हाथ हो!''

कहने की जरूरत नहीं कि लाल के जरिए उग्र का यह अपना वक्तव्य भी है और उनके जीवन-कर्म को देखते हुए एक ऐसा वक्तव्य है, जिस पर उनकी आत्मा सहज ही गर्व कर सकती थी। उल्लेखनीय है कि आचार्य रामचन्द्र शुक्ल ने उपर्युक्त कहानी के महत्व को समझा था और उसकी ओर पाठकों का ध्यान अलग से आकृष्ट किया था। अपने 'इतिहास' में उन्होंने कहानियों की एक कोटि की बात करते हुए लिखा है—''राजनीतिक आन्दोलन में सम्मिलित नवयुवकों के स्वदेश-प्रेम, त्याग, साहस और जीवनोत्सर्ग का चित्र खड़ा करनेवाली कहानियाँ, जैसे—पाण्डेय बेचन शर्मा 'उग्र' की 'उसकी माँ' नाम की कहानी।'' समूचे हिन्दी-संसार से पृथक्, कहानी लिखने का उग्र का अपना शिल्प और तेवर था। भाववादी, रोमेंटिक कथा-लेखन के उस दौर में उन्होंने निरावरण यथार्थ की विचलित और विस्मित कर देनेवाली कहानियाँ लिखीं। अतिशय क्रान्तिकारी राजनीतिक चेतना से सम्पृक्त होने के कारण उनके कई कहानी-संग्रह अंग्रेज सरकार ने जब्त कर लिये। इनमें 'पंजाब की महारानी', 'चिंगारियाँ' और 'क्रान्तिकारी कहानियाँ' प्रमुख हैं। यों उन्होंने 279 से अधिक कहानियाँ लिखी

हैं। उनके चर्चित क़हानी-संग्रहों में 'चाकलेट', 'यह कंचन-सी काया', 'पोली इमारत', 'दोज़ख की आग', 'रेशमी', 'ऐसी होली खेलो लाल', 'चित्र-विचित्र', 'कालकोठरी', 'सनकी अमीर', 'जब सारा आलम सोता है', 'कला का पुरस्कार' और 'मुक्ता' आदि सभी आते हैं। सब मिलकर कहानी का 'उग्र स्कूल' बनाते हैं, जिसकी समीक्षा करते हुए उग्र के साहित्यिक-मित्र पं. विनोदशंकर व्यास ने लिखा है—''और तीसरा स्कूल है—'उग्र स्कूल', किन्तु इस स्कूल के नायक हैं अकेले 'उग्र'। भाषा, शैली, कल्पना, आकर्षण और सब-कुछ उनका अनोखा है। राजनैतिक, मौलिक कहानियाँ तो सिवा उनके हिन्दी में किसी ने लिखी ही नहीं हैं। 'चिंगारियाँ' इसका ज्वलन्त उदाहरण है। एक-एक कहानी पढ़कर तबियत फड़क उठती है। लिखने का ढंग उनका बड़ा मनमोहक होता है।''

उग्र का समय देश के भीतरी-बाहरी सुधार, संगठन और जागरण का समय था। यों वह एक राष्ट्रीय विकलता और असहायता का समय भी था। जयशंकर 'प्रसाद' ने इसका कारण जन-शक्ति के बिखराव को माना था। 'शक्ति के विद्युत्‌कणों' के समन्वय में उन्होंने मनुष्यता की विजय की आकांक्षा और कल्पना की थी। लेकिन उनकी सौन्दर्य-साधना इस बात की इजाजत नहीं दे सकती थी कि अपनी सामाजिक संरचना में पैठकर, उसकी अन्दरूनी तहों में छिपी भयावह विसंगतियों और विडम्बनाओं को उजागर किया जाए। न उनके आनन्दवाद में इसके लिए कोई जगह थी कि भारत की तथाकथित निचली जातियों के बहुसंख्यक जन-समाज के साथ सदियों से हो रहे अन्याय और उत्पीड़न की खबर ली जाए। वस्तुतः हिन्दुस्तानी जनता में उस समय जो बिखराव, अज्ञान, दारिद्र्य और दैन्य दिख रहा था; उसके लिए समाज में चल रहा यह अन्यायपूर्ण शक्ति-संघर्ष ही जिम्मेदार था। शिष्टों का साहित्य या तो इसकी ओर से आँखें मूँद लेता था, या फिर अधिक-से-अधिक अमूर्त शब्दावली में इसे व्यक्त करता था। लेकिन उग्र ने इन ठोस और विकराल सचाइयों से टकराकर, अपने लिए समाज में बदलाव और बेहतरी लाने की ऐतिहासिक भूमिका का चुनाव और निर्वाह किया। उन्होंने न सिर्फ मनुष्यता के लिए घातक मनुष्यों के निकृष्ट आचरण की धज्जियाँ उड़ाईं, बल्कि अविवेक और दमन पर टिकी जाति-प्रथा का निर्मम विरोध भी किया।

जाहिर है कि उग्र जो कर रहे थे; वह उनके समय का बेहद जरूरी, पर उससे काफी आगे का साहस था। इसलिए अपने समय में उन्हें ख्याति से ज्यादा कुख्याति, समर्थन से ज्यादा विरोध, विश्वास से ज्यादा अचरज और सराहना से ज्यादा पीड़ा मिली। क्या यह कहना असंगत होगा कि जो लोग विस्मित और पीड़ित होकर उग्र का विरोध और उनकी निन्दा कर रहे थे; उन्हें उनकी रचनाओं

से अपने ही हित खतरे में पड़ गए दिखाई देते थे? उनकी रचनाओं में अपने ही विकृत रूप को नंगा होते देखना असह्य था? रामस्वरूप चतुर्वेदी ने इसकी सही वजह बताते हुए लिखा है कि ''बेचन शर्मा 'उग्र' के उपन्यासों में सामाजिक विद्रूप अपने ब्यौरों में अंकित हुए हैं, जिसके कारण तत्कालीन पत्रकारिता और समीक्षा के क्षेत्रों में व्यापक प्रतिक्रिया हुई।'' बहरहाल, यह बात उन दिनों भी अप्रकट न रहने पायी कि उग्र का लेखन एक स्वस्थ सामाजिक भविष्य की रचना की ओर उन्मुख है। निराला ने इसीलिए यह सार्थक टिप्पणी की थी, जो इस लेख की ठीक शुरुआत में उद्धृत है, कि उग्र की कुख्याति एक दिन ख्याति में बदल जाएगी। दरअसल जिसे उग्र का अतिवाद माना गया था, वह उनकी सत्यनिष्ठा थी। सच को सामने लाने का उनमें अद्भुत साहस था, मगर झूठ बोलने के बदले कोई भी सजा सहने को भी वह तैयार थे। इसीलिए अपने उपन्यास 'दिल्ली का दलाल' की भूमिका लिखते हुए उन्होंने हिन्दी-संसार को यह मार्मिक चुनौती दी थी कि ''है कोई माई का लाल, जो हमारे समाज को ऊपर से नीचे तक देखकर कलेजे पर हाथ रखकर सत्य के तेज से मस्तक तानकर इस पुस्तक के अकिंचन लेखक से यह कहने का साहस करे कि तुमने जो कुछ लिखा है, समाज में ऐसी घृणित, रोमांचकारी, काजलवाली तस्वीरें नहीं हैं। अगर कोई हो तो सोत्साह सामने आए, मेरे कान उमेठे और मेरे छोटे मुँह पर थप्पड़ मारे, मेरे होशों के होश ठिकाने करे, मैं उसके प्रहारों के चरणों के नीचे हृदय पाँवड़े बिछा डालूँगा... ।''

कहानियों की ही तरह उग्र के उपन्यासों और नाटकों में भी ''समाज के पाखण्डपूर्ण, कुत्सित पक्षों का उद्घाटन और चित्रण'' मिलता है। आचार्य रामचन्द्र शुक्ल ने उनके उपन्यासों में 'दिल्ली का दलाल', 'सरकार तुम्हारी आँखों में' तथा 'बुधुआ की बेटी' और उनके प्रहसनों में 'चुम्बन' तथा 'चार बेचारे' का विशेष उल्लेख किया है। वैसे उग्र के लोकप्रिय उपन्यासों में 'चन्द हसीनों के खुतूत', 'फागुन के दिन चार', 'घंटा' तथा 'शराबी' और नाटकों में 'महात्मा ईसा', 'आवारा' तथा 'अन्नदाता माधव महाराज महान्' की गिनती होती है। उनकी कविताएँ भी प्रकाशित हुई हैं। सबसे पहले छात्र-जीवन में लिखा गया उनका खण्ड-काव्य 'ध्रुवचरित' छपा, जो अयोध्यासिंह उपाध्याय 'हरिऔध' के 'प्रिय-प्रवास' से प्रभावित रचना है। इसके बाद 'कंचनघट' और 'पारिजातों का बलिदान'—ये दो कविता-संग्रह छपे। 'व्यक्तिगत' उनके निजी संस्मरणों का बेजोड़ संग्रह है और 'अपनी खबर' केवल उनकी न रहकर हिन्दी की एक बहुत महत्वपूर्ण आत्मकथा बन गई है। उनके जीवन की आखिरी किताब है 'गालिब-उग्र'। यह गालिब के 'दीवान' की—उनकी कुल 211 गजलों की अद्भुत समीक्षात्मक टीका

है। इन सब कृतियों के अलावा उग्र का पत्रकारिता-सम्बन्धी लेखन भी है। सन् 1930 से 1938 तक वह बम्बई में फिल्म-कम्पनियों के लिए कहानियाँ, पटकथाएँ और दृश्यालेख लिखते रहे—आठ वर्षों के इस कालखण्ड को छोड़ दिया जाए, तो उग्र का अधिकांश जीवन पत्रकारिता में बीता। उन्होंने 'स्वदेश', 'विक्रम', 'मतवाला', 'उग्र', 'भूत', 'हिन्दी पंच' और 'संग्राम' नामक कई पत्रों का सम्पादन किया और असंख्य अग्रलेख तथा सम्पादकीय लिखे। इन सब आलेखों का अध ययन और विवेचन किया जाए; तो उग्र अपने वक्त के बाबूराव विष्णु पराड़कर, गणेशशंकर विद्यार्थी, सिद्धनाथ माधव आगरकर, सूर्यनारायण व्यास और माखनलाल चतुर्वेदी-सरीखे प्रतिष्ठित पत्रकारों की पंक्ति में शामिल किए जाने के अधिकारी ठहरते हैं।

इस तरह देखें, तो उग्र की रचना-प्रतिभा कहानी, उपन्यास, नाटक, कविता, संस्मरण, आत्मकथा, समीक्षा आदि साहित्य की विभिन्न विधाओं में बिखरी पड़ी है। साथ ही वे फिल्म-जगत् और साहित्यिक-राजनीतिक पत्रकारिता से जुड़े लेखन के मोर्चों पर भी सक्रिय रहे। यों उनकी रचना-शक्ति किसी एक विधा पर लगातार केन्द्रित नहीं रही। इसलिए विशिष्ट विधागत लेखन में वे 'हिमालय-सी ऊँचाई' नहीं छू पाए। शायद उनके लिए कलात्मक सरोकारों से ज्यादा अहम अपने ऐतिहासिक कर्तव्यों का निर्वाह था। उसी के मद्देनजर अपने विचारों और अनुभवों की अभिव्यक्ति के लिए जब जो रूप उन्हें उपयुक्त लगा, तब उन्होंने उसका सहारा लिया। चूँकि लेखन के लक्ष्य उनके सामने स्पष्ट थे, इसलिए रूपों के बदलाव के बावजूद उनकी चेतना की धार कभी क्षीण नहीं हुई। वह ओजस्वी तेवर बरकरार रहा, जो उपलब्ध स्थितियों के आमूल बदलाव के लिए प्रतिबद्ध था। इसके समानान्तर अपनी अथक शब्द-साधना से उन्होंने एक निजी भाषिक मुहावरा गढ़ लिया था—एक ऐसी भाषा-शैली, जिस पर उनके समग्र व्यक्तित्व की अनूठी छाप है और जिसके चलते वे एक बड़े शैलीकार के रूप में समादृत रहेंगे। राजशेखर व्यास ने उनके अवदान पर यह सही टिप्पणी की है कि "भले ही वे साहित्य के भीष्म पितामह या शलाका-पुरुष न हों, किन्तु समग्र रूप से वे एक महान शैलीकार और विलक्षण क्रान्तिकारी लेखक थे।"

उग्र के रचना-कर्म पर आचार्य शुक्ल ने बहुत तो नहीं लिखा, पर थोड़े ही शब्दों में उनके प्रधान रचनात्मक उद्यम तथा उसकी प्रकृति के वैशिष्ट्य की मूल्यवान व्याख्या की थी। शुक्ल जी के मुताबिक "समाज के भिन्न-भिन्न क्षेत्रों के बीच धर्म, समाज-सुधार, व्यापार-व्यवसाय, सरकारी काम, नई सभ्यता आदि की ओट में होनेवाले पाखण्डपूर्ण पापाचार के चटकीले चित्र सामने लानेवाली

कहानियाँ, जैसी 'उग्र' जी की हैं। 'उग्र' की भाषा बड़ी अनूठी चपलता और आकर्षक वैचित्र्य के साथ चलती है। उस ढंग की भाषा उन्हीं के उपन्यासों और 'चाँदनी' ऐसी कहानियों में ही मिल सकती है।" यहाँ भाषा के जिस अनूठेपन, आकर्षक और चंचल संगठन की बात शुक्ल जी ने की है; उसका सम्बन्ध वस्तु-जगत् का निरीक्षण करनेवाली उग्र की अन्तर्दृष्टि से है। शिल्प का सवाल वैसे भी अन्तर्वस्तु की समझ से अनिवार्यतः अभिन्न होता है। उग्र के समक्ष यह विश्व मन्थर गति से घटित होनेवाली निरलंकार सचाई नहीं था, बल्कि आकर्षक नृत्य की लय में बँधे हुए संघर्षों का विशाल फलक था। प्रसंगवश उल्लेखनीय है कि आचार्य हजारीप्रसाद द्विवेदी ने सन् 1943 में लखनऊ विश्वविद्यालय में अपने एक व्याख्यान में सृष्टि के इस लयबद्ध रूप की बात की थी–"जब वह (छन्द) मनुष्य की देह को आश्रय करके प्रकट होता है, तो इस देह में भी असाधारण ऐश्वर्य भर देता है, उस समय हम उसे नृत्य कहते हैं। छन्द भारसाम्य की रक्षा करता है, सन्तुलन नहीं बिगड़ने देता और नितान्त गद्यात्मक प्रयोजनों के भारीपन से भाव को मुक्त करता है। मनुष्य के समाज को आश्रय करने पर यही छन्द धर्म के रूप में प्रकट होता है और सामाजिक सन्तुलन की रक्षा करता हुआ, आचार-परम्परा में अध्यात्म का ऐश्वर्य संचारित करता है। जिस समाज में छन्द नहीं, उसमें सन्तुलन भी नहीं है और उसमें अध्यात्म-भावना का अभाव हो जाता है। समूची सृष्टि में ही एक प्रकार छन्दोमयी गति है।" लेकिन उग्र ने अपने समाज में मानव-धर्म के ह्रास के फलस्वरूप एक तरह के असन्तुलन अथवा अशान्ति का अनुभव किया था। भ्रष्टता और भोगवाद के कोलाहल से इस छन्द में एक अप्रत्याशित हलचल भर गई थी। इसीलिए उग्र ने पत्रकारिता से अपने आत्यन्तिक लगाव की चर्चा करते हुए सन् 1938 में ही 'उग्र' नामक साप्ताहिक पत्र में लिखा था कि "एक पत्र की मुझे सख्त जरूरत है और रहेगी–सारी जिन्दगी। मगर स्वभाव मेरा प्रशान्त नहीं, अशान्त है...। क्योंकि मैं दर्पण हूँ वह, जिसके सामने वर्तमान अशान्त विश्व, सदैव ता-ता धा नाच रहा है।"

मगर उग्र अपने देश में व्याप्त सामाजिक अशान्ति की दार्शनिक व्याख्याओं में नहीं पड़े; बल्कि उसकी जिम्मेदार ताकतों को उन्होंने पहचाना और फिर उन्हें लगातार बेनकाब और जलील करने का काम किया। अंग्रेजों के अत्याचार से पार पाने के लिए भारतीय जनता में सुधार, बदलाव और संगठन लाने की जरूरत उन्होंने महसूस की–"सुधार पहले अपने घर का करना पड़ेगा। पहले भीतरी पवित्रता पर ध्यान दो, फिर तो बाहरी संसार उसकी ज्योति के सम्मुख मस्तक झुका देगा।" स्वाधीनता की सिद्धि के लिए जन-शक्ति का बिखराव एक गम्भीर

खतरा था। इससे सावधान करते हुए उग्र ने लिखा था कि "आपस की फूट बहुत ही बुरी होती है। महाकाल इसी के बहाने सृष्टि का संहार करता है।" मगर उग्र ने अपने चारों ओर झूठ, मक्कारी और हृदयहीनता का साम्राज्य देखा था। सामाजिक जड़ता पर बेबाक चोट करते हुए उन्होंने कहा था कि "हमारी हत्या का जिम्मेदार यदि कोई है, तो वह है हमारा पाषाणहृदय समाज। हमारा समाज जार का भाई, नादिरशाह का बाप और डायर का पितामह है। अत्याचार करना हमारा नित्य नियम है। ढोंग उसकी पोशाक है, सत्य के हृदय के लोथड़े उसकी खुराक और उन्नतिशील युवकों का रक्तपान ही उसका जलपान है। ऐसे समाज से हमारे देश की कोई भी रक्षा नहीं कर सकता।"

उग्र ने कथित निचली जातियों से मिलकर बने भारत के बहुसंख्यक जन-समाज की गरीबी, जहालत और यातना के लिए तत्कालीन सवर्ण शक्तियों को उत्तरदायी ठहराया था। जातिगत श्रेष्ठता के गौरव से मंडित सामन्तों का गर्हित आचरण देखकर उनका खून खौल उठता था। इन्हीं के सुख-भोग के निमित्त भारत की जनता 'भूखी-दुखी, नंगी और अनजान' रही आती थी। उन्होंने स्पष्ट शब्दों में इनके सर्वनाश की कामना की थी। उनका आक्रोश इतना प्रचण्ड था कि उन्होंने चाहा था कि भूकम्प जापान में नहीं, भारत में आना चाहिए था और उसे 'सेलेक्टिव' ढंग से इन ताकतों को नष्ट करना चाहिए था। ऐसा न होने पर उन्होंने अपने ईश्वर की यह विकट आलोचना की–"समाज इतना क्रूर और तुम परमपिता–इतने दयालु! अपने प्रचण्ड क्षोभ भूकम्प से बेचारे जापान का ही सर्वनाश करना था? स्पृश्यों और ढोंगियों से भरे भारत पर तुम्हारा कोप क्यों नहीं हुआ? इन ब्राह्मणों का–जिनमें से अनेक का परोक्ष नारकीय है, इन क्षत्रियों का–जिनमें से अनेक पतित, गुलामी के ठेकेदार और हत्यारे हैं, इन वैश्यों का–जिनमें से अनेक सूद के रूप में गरीबों का रक्तपान करते हैं, व्यापार के नाम पर न जाने कौन-कौन-से पाप कर डालते हैं–तुमने सर्वनाश क्यों नहीं कर दिया? इतने दयालु होकर भी प्रभो इतने पक्षपाती! इतने चापलूस-भक्त! इतने बड़े अन्धे!"

उग्र जिस समय के साहित्यकार थे, उसमें जातिगत विषमता से बेहाल समाज-व्यवस्था का इतना शब्द-प्रत्यक्ष और निर्मम विरोध शायद ही कहीं और देखने को मिले। आजादी के पचास साल बाद भी हमारे देश के हिन्दू धर्म के ठेकेदारों को, उसकी आन्तरिक विसंगतियों का साक्षात्कार नहीं हो पाया है; मगर उग्र ने इस व्यवस्था को एक राष्ट्रीय पराजय के रूप में देखा था और इसे दुर्भाग्य की शृंखला माना था–"हिन्दू मूर्ख हैं, उन्हें अभी संसार के चरणों की अनेक ठोकरें

खानी हैं। इसीलिए उनके यहाँ जातियाँ, उपजातियाँ, ऊँच, नीच और अछूत हैं।" आज जब भारतीय परिवेश आन्तरिक उपनिवेशीकरण के प्रत्येक ढाँचे को सर्वथा उलट देने की बेचैनी और प्रश्नाकुलता से भरा हुआ है; उग्र के ये विचार बहुत प्रासंगिक और कारगर साबित होते हैं। शूद्र अपनी दुर्बलताओं को दूर करें, सचेत हों और एकजुट होकर विद्रोह करें; इस क्रान्तिकारी विचार का सूत्रपात उग्र ने तभी कर दिया था—"आज हमें समाज में गरीबों, पतितों और अछूतों के कुछ सच्चे सेवक मिल जाएँगे। ये अछूत स्वयं सँभलें, अपने आपको घोषित करें, और पावक ज्वालमाला से जलाकर अपनी कमजोरियों को भस्म कर डालें। समाज के ऊपर अविश्वास न करें। मेरा खयाल है, अगर कोई सच्चा क्रान्तिकारी हो तो, केवल मूर्ख और घृणित किन्तु भोले अछूतों को लेकर गदर करा सकता है।"

जिस जमाने में स्वयं शोषितों द्वारा विद्रोह की आवाज उठाना एक नैतिक अपराध माना जाता था, इसलिए लगभग असम्भव रहा; उसमें उग्र ने अपने ब्राह्मण-जनोचित संस्कारों का अतिक्रमण करके जाति-प्रथा के विषम ढाँचे की मुखालफत की। मुझे लगता है कि इस प्रश्न को नजरअन्दाज नहीं किया जाना चाहिए कि खुद एक ब्राह्मण होकर भी वे इस ब्राह्मणवादी समाज-व्यवस्था का इतना सशक्त प्रत्याख्यान कैसे कर पाए? इसका उत्तर उनके जीवन की परिस्थितियों में है। तमाम गरीबी, कष्ट और अज्ञान की मार खाकर ही वे कथित शूद्र के जीवन-दुख को पहचान सके थे, उसके साथ अपनी आत्मिक अभिन्नता का अनुभव कर सके थे। तभी 'अपनी खबर' में उन्होंने घोषित किया—"... आज भी, मैं निस्संकोच शूद्र हूँ और ब्राह्मणों के घर में पैदा होने के सबब-साधारण नहीं—असाधारण शूद्र हूँ।" इसलिए कोई अचरज नहीं कि वे आज के निम्नतम सामाजिक वर्गों की विद्रोही चेतना के सबसे आत्मीय लेखक साबित होने की योग्यता से सम्पन्न हों! यों भी उनका विश्वास था कि अभावों और विपत्तियों में जिन्दगी की ज्यादा गम्भीर, सही और व्यापक समझ विकसित होती है—"मैं समझता हूँ, बुद्धि के विकास पर परिस्थिति का प्रचण्ड प्रभाव प्रकट पड़ता है और अमीर के कूपमंडूक बालकों से गरीबों के दर-दर आवारे छोकरे अधिक गम्भीरता से जीवन को पहचानते हैं—और अपनी आँखों देखकर।"

दरअसल सामन्तवाद और पूँजीवाद के विरोध में अन्योन्याश्रित सम्बन्ध है। जहाँ एक का विरोध दूसरे के विरोध में बदल न पा रहा हो; वहाँ निश्चय ही समझ और संवेदना के बीच हमारे इरादों में कोई घपला घट रहा होता है। उग्र मनुष्य की अशिक्षा, अपमान और उत्पीड़न के लिए मूलतः उन आर्थिक परिस्थितियों को जिम्मेदार मानते हैं; जिनसे वह घिरा हुआ है। उन्हीं से घेरकर

हमने अपने समाज के एक बड़े हिस्से को 'शूद्र' बना रखा है और उन्हीं से घिरा हुआ महसूस करके उग्र अपने को 'शूद्र' कहते और मानते हैं। वे उसी सम्पत्ति को सार्थक समझते हैं, जो जन-जन के लिए जीवनदायिनी शक्ति बन जाए! इसीलिए सारी मनुष्यता में सम्पत्ति के समान बँटवारे का हिमायती, उनकी लिखी एक कहानी का पात्र पूँजीपतियों के निष्करुण चरित्र की आलोचना करते हुए कहता है—"काश! हमारे पूँजीपति हिमालय होते! हिमालय गंगा-जमुना-जैसी शत-शत नदियों में खंड-खंड बहकर ही तो जीव-मात्र को जीवन देता है। ऊपरवाले यदि हिमालय-जैसे करुणालय होते, तो कम्युनिज्म का भय होता ही क्यों? मैं सनातनी कम्युनिस्ट हूँ। प्रतिभा को प्रभु का प्रसाद मानता हूँ। इसका फल प्रभु के चरणों में समर्पित करने का पक्षपाती हूँ। प्रभु से प्राप्त प्रतिभा से मिले ज्ञान या सम्पत्ति-रूपी फल को प्रसाद की तरह सद्भाव से सबको बाँट देने का पक्षपाती हूँ। प्रभु का प्रसाद माँगने पर जो गरीबों का सिर तोड़ने दौड़े, उससे मेरा घोर मतभेद है।"

'अपनी खबर' में पं. भानुप्रताप तिवारी पर उग्र ने एक अध्याय लिखा है—सबब यह कि उग्र की चेतना पर उनके व्यक्तित्व का जीवन-व्यापी प्रभाव पड़ा था। पाश्चात्य संस्कृति से अपने सम्पर्कों अथवा अपनी जिन्दगी में लगातार दारुण दुख सहने के चलते भानुप्रताप तिवारी नास्तिक हो गए थे। नतीजतन उग्र के मानस में यह बात जड़ें जमाए दिखती है कि शायद ईश्वर अस्तित्वमान नहीं है; क्योंकि वह तो समस्त मनुष्यता का उत्कृष्टतम् रूप होता है। वह होता, तो अमानवीय तत्वों का इतना निर्मम उल्लास न होता, और साधारण जनों की दुनिया इतनी निरीह न होती! हालाँकि उग्र ने कहीं अपने को नास्तिक या निरीश्वर नहीं कहा है, पर उनके साहित्य में ईश्वर की सत्ता के प्रति एक जबरदस्त सन्देह रह-रहकर प्रकट होता है। इसलिए अभी उग्र के एक कथा-नायक के जिस 'सनातनी कम्युनिस्ट' चित्त की बात हुई है, वह उग्र का अपना ही चित्त है। उनकी 'ईश्वरद्रोही' नामक कहानी में ठेठ कम्युनिस्ट विचारधारा के जरिए 'ईश्वर के पूँजीवादी चरित्र' की कलई खोल दी गई है—"ईश्वर कोई नहीं है, कहीं नहीं है। गरीबों और भूखों पर अपनी हुकूमत रखने के लिए अमीरों और दुनिया को नरक बनानेवाले समझदारों की अक्ल ने इस ईश्वर की रचना की है। सब भूल है, सब धोखा है।"

उग्र ने अंग्रेजों की शिक्षा-प्रणाली की तीखी आलोचना की थी। इस शिक्षा को उन्होंने भारतीय जन-मानस को औपनिवेशिक गुलामी में ले जाने के एक विराट् साधन के रूप में पहचाना। यह शिक्षा बड़ी-बड़ी डिग्रियाँ बाँटकर खोखला

सम्मान देती है, हीन-भावना से भरती है; क्योंकि डिग्रीधारी युवक सामान्य से गिरी हुई आर्थिक शर्तों पर तन-मन से खटने को मजबूर हैं—"अंग्रेजी ऑफिस के साहब कितने अभिमानी होते हैं। खुद तो चाहे चौथे दरजे से अधिक की योग्यता न रखते हों, परन्तु जिसे पचास रुपये का क्लर्क बनावेंगे, उसकी योग्यता आचार्य (एम.ए.) से कम होने पर काम न चल सकेगा। एम.ए. पास के लिए पचास रुपये! चौदह वर्ष तक सरस्वती के द्वार पर धरना देने का पुरस्कार पचास कागजी रुपये! धिक्कार है इस विद्या पर!" इसी तरह उग्र ने देखा कि यह शिक्षा-प्रणाली बेरोजगारों की एक फौज तैयार कर रही है। ऊँची शिक्षा मनुष्य को विचारवान् तो बनाती है; लेकिन यदि वह उसे उसकी क्षमता के सर्वाधिक उपयुक्त कार्य में न लगा पाए, तो उसके व्यक्तित्व को कुण्ठित कर देती है। संवेदनशीलता और बेकारी के दो पाटों के बीच फँसकर भारतीय युवक की यह हालत हो जाती है—"जिस उम्र के हमारे नवजवान बी.ए., एम.ए. होकर हाथ में अर्जी, मुँह में कीट्स, बायरन, शेली और किस्मत में भिनभिनाती मक्खियाँ लिये घूमते नजर आते हैं—बेकार, बेतेज, उसी उम्र में विलायतवाले तरुण या नवजवान आसमान के सितारे तोड़ा करते हैं।" इस शिक्षा-प्रणाली का सबसे खराब असर तो यह पड़ रहा था कि हमारी जातीय भाषा विकृत हो रही थी। अंग्रेजियत के दबाव में हमारा विशिष्ट सांस्कृतिक भाव-बोध अथवा हमारा हिन्दीपन पराजित हो रहा था। यों भाषा से उग्र का कोई विरोध नहीं था—खुद उनकी भाषा में अंग्रेजी के तमाम शब्द पूरी जीवन्तता के साथ शामिल हैं—लेकिन उन्होंने चीजों के देसी बोध पर मँडरा रहे जिस संकट की बात की थी, वह आज हमारे गद्य को इस हद तक ग्रस चुका है, कि उग्र का यह व्यंग्य बहुत प्रासंगिक और महत्वपूर्ण जान पड़ता है—"आधुनिक लेखकों की बुद्धि का लालन-पालन होता है अंग्रेजी की गोद में और बड़े होने पर वे शृंगार करते हैं मातृभाषा हिन्दी का। तब यदि सारी के स्थान पर 'गाउन', चूड़ी के स्थान पर 'रिस्टवॉच', चन्दन के स्थान पर 'पाउडर' तथा स्नेहसिक्ता वेणी के स्थान पर स्नेहशून्य-रूक्ष केशकलाप करते हैं, तो इसमें उनका दोष नहीं है। दोष है इस शिक्षा-पद्धति का।"

इस तरह चाहे बाह्य उपनिवेशीकरण हो या आन्तरिक उपनिवेशीकरण—उग्र ने इन दोनों के सभी खतरनाक रूपों और उनके लिए जिम्मेदार शक्तियों से सीधी लड़ाई लड़ी। जैसा कि पहले ही उल्लेख किया गया है—इसका कारण यह है कि उग्र की विद्रोही वैचारिक चेतना का निर्माण स्वाधीनता-आन्दोलन के दौरान और बहुत-कुछ उसी की बदौलत हुआ था। उग्र के समय में यह आन्दोलन महात्मा गाँधी के महनीय व्यक्तित्व की रोशनी में चल रहा था। गाँधी ने अस्पृश्यता के

निवारण के लिए जो मुहिम छेड़ रखी थी; उग्र के जातिवाद-विरोधी विचार उसी मुहिम का एक सम्यक् तार्किक विस्तार हैं। इस सिलसिले में हम भीखू पारेख के इस कथन को देखें, तो उग्र की साहित्य-चेतना का एक और महत्वपूर्ण सम्बन्ध गाँधी के राजनैतिक दर्शन से स्थापित होता है—"शताब्दियों से हिन्दू अस्पृश्यता की अमानवीय प्रथा का पालन करते आ रहे थे; उन्होंने (गाँधी ने) इसके विरुद्ध संघर्ष की घोषणा की और इसकी नैतिक जड़ों को हिलाकर रख दिया। परम्परागत ढंग से स्त्रियाँ हिन्दुस्तान में एक गिरी हुई हैसियत रखती थीं; उन्होंने न सिर्फ पुरुषों के साथ उनकी बराबरी स्थापित की और उनकी एक बड़ी संख्या को सार्वजनिक जीवन में शामिल किया (जिसे न तो लेनिन कर पाए थे और न माओ); बल्कि एक उभयपक्षी व्यक्तित्व (वज्रादपि कठोराणि, मृदून् कुसुमादपि) के आदर्श को रूप देने और उसे जीने की भी कोशिश उन्होंने की।" (यह उद्धरण अंग्रेजी से अनूदित है। चूँकि हिन्दी में 'एण्ड्रॉजिनस' के लिए कोई प्रतिशब्द नहीं मिला, इसलिए मजबूरन 'उभयपक्षी' का व्यवहार करना पड़ा है। 'अर्द्धनारीश्वर' से व्यंजना ईश्वर-प्रसंग में जा पड़ती थी, जो अभीष्ट नहीं है। महात्मा गाँधी के व्यक्तित्व और कृतित्व पर हुए ताजा समीक्षा-कर्म से यह बात सामने आयी है कि उनका जीवन-दर्शन और राजनीति-कर्म कुछ महत्वपूर्ण स्त्रियोचित गुणों के विकास के चलते औरों से कहीं अधिक समर्थ और सम्पूर्ण हो सका था। हाल ही में 'राष्ट्रपिता' की व्याख्या 'मदर ऑव द नेशन' के रूप में भी हुई है। इसीलिए 'उभयपक्षी' के साथ कोष्ठक में संस्कृत का वह कथन दिया हुआ है, जो हमारी सांस्कृतिक परम्परा में कृष्ण के लिए प्रयुक्त होनेवाला सुप्रसिद्ध विशेषण है। यों हमारे सभी प्राचीन महापुरुषों के बारे में यह बात कही जाती है। गाँधी भी पुरुष-संकल्प और स्त्री-करुणा के ऐसे ही संयुक्त सकर्मक रूपक थे।) कहने की जरूरत नहीं कि गाँधी के स्त्रियों से सम्बन्धित युगान्तरकारी विचार उग्र के मन के कितने निकट पड़ते थे।

उग्र भारतीय समाज में स्त्रियों की दुर्दशा देखकर बहुत विचलित हुए थे और उन्होंने उसकी उत्तरदायी पितृसत्तात्मक व्यवस्था की निरंकुशता का जबरदस्त प्रतिकार किया था। स्त्रियाँ विश्व की आधी आबादी हैं, पर उन्हें 'आधी जमीन' का अधिकार और गौरव हासिल नहीं है। उग्र ने इसे विश्व-व्यापी अनैतिक विलास कहा—"वह विलास है, जिसमें स्त्रियों की आवश्यकता जरूर है—बस युगनिर्माण में उसकी राय नहीं ली जाती—यही सारे संसार का सनातन धर्म है—प्रायः आज भी।" लेकिन स्त्रियाँ पुरुषों के समकक्ष खड़ी होकर 'युगनिर्माण' में शरीक हों—दोनों पक्षों के साथ-साथ उन्नयन से ही समूचे समाज का उन्नयन हो सकता

है—"मर्द औरत दोनों के पुष्ट सुधार से ही सन्तुष्ट समाज का सर्जन सम्भव है।" मगर समकक्षता की बात करते हुए भी उग्र पुरुषत्व और नारीत्व में अन्तर करते हैं तथा मनुष्यता के रचनात्मक पोषण के लिए इस अन्तर को अनिवार्य ठहराते हैं—"लड़ना-मरना, नाश करना, यह पुरुष का स्वभाव है, मगर शान्ति और संगीत के योग से सृष्टि करना नारी-प्रकृति है। स्त्री का पुरुष के मुकाबले में परुष बन जाना, बहुत सोचने के बाद भी, मैं नापसन्द करता हूँ।" इसका यह मतलब हर्गिज नहीं कि पुरुषों के दमन से उग्र की स्त्री-पात्राएँ अनजान हैं या उसके प्रति कोई क्षमा-भाव रखती हैं। उनकी एक पात्रा का तो स्पष्ट कहना है कि स्त्रियों को अपने दमन का मुँहतोड़ जवाब देना चाहिए—"सभी स्त्रियों को चाहिए कि पुरुषों का हृदय अपने पैरों-तले दबाकर कुचल दिया करें, जैसे उन्मत्त हथिनी अपने प्रचण्ड पैरों के नीचे बताशे को कुचले! यह पुरुष-जाति धोखेबाजों, अत्याचारियों और कायरों की जाति है—जो सदा हम स्त्रियों को फुसला-फुसलाकर नष्ट करती और हमारे प्राणों को घास-भूसे की तरह पशुता से कुचलती आ रही है।"

यह सर्वविदित है कि उग्र ने अपने जीवन में विवाह नहीं किया था और किसी-न-किसी रूप में जिन्दगी-भर वे वेश्याओं के सम्पर्क में रहे। मगर इन सम्बन्धों को उन्होंने कभी छिपाया नहीं। जाहिर है कि वे किसी अपराध-बोध से ग्रस्त नहीं थे। सामाजिक आचरण की बड़ी गर्हित सचाइयों से उनका सामना हुआ था। इसलिए उनकी नैतिकता इस समाज की नैतिकता से कहीं बड़ी थी। एक जगह उन्होंने बहुत दिलचस्प और सशक्त अन्दाज में अपने व्यक्तित्व के इस पहलू की चर्चा की है—"मेरा खयाल है कि इस विद्या की 'डॉक्टरेट' मुझे फिल्म-कम्पनियों में प्राप्त हुई और आज इस विषय की मेरी जानकारी जितनी प्रचण्ड है; उतनी राहुल सांकृत्यायन संस्कृत नहीं जानते होंगे, अम्बिकाप्रसाद वाजपेयी अखबारनवीसी नहीं जानते होंगे। विनोबा का तत्व-ज्ञान, बिड़ला का अर्थ-ज्ञान, करपात्री का अनर्थ-ज्ञान, सुनीति बाबू का भाषा-तत्व-ज्ञान और हजारीप्रसाद द्विवेदी का साहित्य-ज्ञान मेरे वेश्या-बाजार-ज्ञान के आगे फीके, महत्वविरहित और हेय हैं।" लेकिन उग्र का यह ज्ञान उपभोगमूलक आनन्द से भरा हुआ नहीं है, बल्कि अनुभवजन्य वेदना से बिंधा हुआ है। उनकी इस मान्यता के लिखित प्रमाण मौजूद हैं कि ज्यादातर स्त्रियाँ अपनी विषम आर्थिक परिस्थितियों के चलते वेश्या-कर्म को विवश होती हैं। असंख्य अवसरों पर तो विभिन्न देशों की आपसी लड़ाइयों में वे कभी अपनों, तो कभी बेगानों के व्यभिचार की साधन बनायी जाती हैं—"संसार का इतिहास स्त्रियों पर पुरुषों के अत्याचारों से भरा है। आज की लड़ाइयों में राजनीति के खेल खेलता है पुरुष,

युद्ध भी करता है वही और जय-पराजय दोनों अवस्थाओं में देशी-विदेशी अत्याचारों की शिकार बनती हैं औरतें।''

उग्र ने वेश्याओं की दुनिया का बहुत निकटस्थ निरीक्षण किया था, इसलिए इस सम्बन्ध में उनकी बातों की प्रामाणिकता स्वतःसिद्ध है। जन-कवि गोरख पाण्डेय ने लिखा था–

''दीवारों से टकराकर गिरती है वह
गिरती है आधी दुनिया
सारी मनुष्यता गिरती है
हम जो जिन्दा हैं
हम सब अपराधी हैं...हम दंडित हैं!''

और उग्र ने यह लिखकर इससे किंचित् भिन्न सत्य को नहीं पाया था कि ''जिसका अधिकारी किसी देवता को ही होना चाहिए था, वह समाज के राक्षसों की सम्पत्ति है। इसमें सतीत्व का एकदम अभाव है। स्त्रियों का भूषण लज्जा है। वेश्या पत्थर की दीवार और हृदय चीरकर एक खिड़की बनवाती है और उसी में से संसार को एक दृष्टि से देखती है।'' दरअसल, वेश्याओं का होना–चाहे वे व्यवस्था के हाशिये पर ही रखी जाती हों–समूचे समाज के चरित्र पर एक सख्त टिप्पणी है। सामाजिक कुंठा की घनीभूत तलछट के निर्मम प्रवाह को वे अपने शरीर और अपनी आत्मा, दोनों पर एक साथ झेलती हैं। पूँजी की ताकत के जरिए हम उनके मानवीय अस्तित्व का तिरस्कार करते हैं। और जहाँ मनुष्यता का प्रकाश बुझ गया हो–इसी दुनिया में वह नरक है, वही वेश्याओं का अँधियारा जगत्–''रूप का व्यापार बड़ा नीच है। अत्यन्त घृणित है। नरक यही तो है। जहाँ बात-बात में आस्था का अपमान होता हो–हृदय की अप्रतिष्ठा होती हो, वहीं नरक होता है, यही तो पतनावस्था है।''

उग्र ने विवाह नाम की संस्था, जो जाति-प्रथा से संयुक्त होकर हमारी समाज-व्यवस्था की रीढ़ बनती है–की बड़ी सन्तुलित समीक्षा की है। इस सन्दर्भ में अपनी एक महत्वपूर्ण सांस्कृतिक विरासत की सहज ही स्मृति हो आती है। गोस्वामी तुलसीदास के 'रामचरितमानस' में शंकर-पार्वती-विवाह के समय का अत्यन्त मार्मिक दृश्य है। विदा-बेला में पार्वती को समझाते हुए उनकी माँ मैना ने जो कुछ कहा है और कहते-कहते जिस तरह से वे बिलख पड़ी हैं; उसमें एक भारतीय विवाहिता के जीवन की करुणा का निचोड़ समाया हुआ है–

"करेहु सदा संकर पद पूजा। नारिधरमु पति देउ न दूजा ॥
बचन कहत भरे लोचन बारी। बहुरि लाइ उर लीन्हि कुमारी ॥
कत बिधि सृजीं नारि जग माहीं। पराधीन सपनेहुँ सुखु नाहीं ॥
भै अति प्रेम बिकल महतारी। धीरजु कीन्ह कुसमय बिचारी ॥"

उग्र ने बात-बात के लिए अपने पिता अथवा पति अथवा पुत्र का मुँह ताकनेवाली, पराधीन भारतीय नारी; विवाह के नाम पर कैसे भी पुरुष के साथ बाँध दिए जाने, उसे अपना एकमात्र देवता मानने और उसकी सेवा-टहल अथवा काम-तृप्ति करने को लाचार भारतीय नारी; और मर्यादा के नाम पर अपनी ससुराल में एक तरह के अनवरत दास-कर्म को अभिशप्त भारतीय नारी के गहन जीवन-दुख को आत्मसात् किया था। स्त्री उपभोग, दासता और अन्ध-श्रद्धा के लिए प्रस्तुत वस्तु के बराबर है। उसे एक स्वतन्त्र, संवेदनशील और प्रबुद्ध व्यक्तित्व की तरह चीजों को बरतने, उनकी आलोचना करने और उनसे अपने को अलगाने के जनतान्त्रिक अधिकार प्राप्त नहीं हैं। स्त्रियों की पूजा करने के दम्भ से भरी हुई यह संस्कृति जीवन या समाज-सम्बन्धी किसी भी विषय पर उनकी राय लेने तक का सम्मान उन्हें नहीं देती। उल्टे उसे कठपुतली की तरह नचाकर निर्मम भाव से मजा लेती है—"ब्याह के बाद अपने घर में आयी हुई परायी लड़की जाल में फँसा हुआ शिकार है, मुट्ठी में आया हुआ दुश्मन है। अपनी शर्तों पर उसको अपनाओ, अपनी झकों पर उसे नचाओ!" उग्र ने ससुराल में स्त्रियों को आजीवन कारावास की सी यातना भुगतते हुए देखा था। इसलिए उन्होंने ससुराल को 'नैनी सेण्ट्रल जेल' से बढ़कर माना—"अरे, नैनी जेल और उसका स्टाफ ही 'ससुराल जेल एंड स्टाफ' के सम्मुख तुच्छ है। फिर बेचारे हार्ड लेबर की क्या हस्ती? ससुराल जेल का कठिन परिश्रम मसाला पीसने से आरम्भ होकर दोनों वक्त रसोई बनाना, सबको खिलाकर अन्त में—कम-से-कम दिन में बारह बजे और रात में भी वही—स्वयं खाना, बच्चों की देख-रेख करना और पति को प्रसन्न रखने पर समाप्त होती है। यह दण्ड होल लाइफ के लिए होता है। फिर भी भोले कैदी बड़े प्रसन्न रहते हैं। इसी को स्वर्ग समझते हैं। हाय! हमारी अभागिनी स्त्री-जाति की यही दुर्दशा है।"

इस व्यवस्था की सबसे बड़ी विडम्बना यह है कि अपने ही जीवन-संगी के चुनाव में स्त्री की अपनी ही कोई भूमिका नहीं होती। अपने सौन्दर्य-बोध को जताने का उसे हक नहीं है। वह किसी भी चरित्र के पुरुष की सम्पत्ति हो जा सकती है और हो जाती है। लेकिन इस कसौटी का व्यंग्य यह है कि खुद

उसे सच्चरित्र ही होना चाहिए; क्योंकि वह अपने पुरुष की सम्पत्ति है। इसी बोध में उसके सारे विवेक और सारी आकांक्षाओं को मर जाना चाहिए! मैनेजर पाण्डेय ने स्वामित्व के इस अन्तर्निहित अन्याय पर बहुत सशक्त चोट की है–"...या फिर स्त्री-पुरुष के सम्बन्ध में प्रचलित शब्दावलियों पर गौर करें, तो हम देखते हैं कि इस शब्दावली में स्वतः स्त्री की पराधीनता और पुरुष की श्रेष्ठता निहित है। जैसे 'वर' शब्द श्रेष्ठता का सूचक है, जबकि 'कन्या' हीनता का। या पति शब्द का अर्थ होता है मालिक या स्वामी। यहाँ यह स्पष्ट करना जरूरी है कि पति शब्द का बल श्रेष्ठता का ही नहीं, सत्ता का भी सूचक है। जैसे वैदिक काल में प्रयुक्त 'भूपति' या 'ग्रामपति' जैसे शब्द स्वामित्व के द्योतक हैं। इस हिसाब से स्त्री भी पुरुष के लिए एक सम्पत्ति की तरह है, जिसका पति पतित होने पर भी पति (स्वामी) बना रहता है।"

इस प्रसंग में एक बात पर ध्यान देना जरूरी है--यह कि विवाह नामक संस्था के अन्तर्गत प्रायः सामाजिक-धार्मिक रूढ़ियों के पालन के साथ-साथ भौतिक आधारों की भी अनिवार्यतः नाप-जोख होती है। इससे विवाह में व्यावसायिकता का आयाम जुड़ जाता है। मगर अन्यान्य अवसरों पर इसे मनुष्यता से एकदम हीन मान लेना भी मुनासिब नहीं है। आजकल भी हम देखते हैं कि अतिरिक्त उत्साह में आकर कुछ वामपंथी समीक्षक-नुमा लोग वैवाहिक संस्था को एक नियोजित किस्म का व्यभिचार-भर घोषित करते हैं। जाहिर है कि ऐसे लोगों की व्यवस्थाओं के अवमूल्यन में दिलचस्पी चाहे जितनी हो, उनके विकल्प निर्मित करने की बेचैनी उनमें नहीं होती। उग्र ने ऐसे अतिवादी, अथच गैर-जिम्मेदाराना वक्तव्य नहीं दिए हैं। उन्होंने बहुत सही और सूक्ष्म विश्लेषण करते हुए स्त्रियों के पर-पुरुष-गमन को विषम वैवाहिक संयोगों की स्वाभाविक फलश्रुति माना है। इसलिए रचनाओं में इस-उस के जरिए व्यक्त हुई उनकी वैज्ञानिक दृष्टि इन हालात में भी स्त्रियों को निर्दोष साबित करती है–"जो स्त्री सती नहीं है, उसे उसकी परिस्थिति पर विचार के बिना ही 'कुलटा' या 'सती' कहने को कम-से-कम हम तैयार नहीं हैं। प्रकृति समझे बिना किसी ऐरे-गैरे के साथ स्त्री के पवित्र और कोमल हृदय को बाँधकर उससे जबरदस्ती सतीत्व की आशा करना अत्याचारी, व्यभिचारी, अन्यायी और अधर्मी पुरुष-समाज की सीनाजोरी है, ज्यादती है। हम केवल उन स्त्रियों को असती समझते हैं, जो वासना के फेर में पड़कर प्रेम से विश्वासघात करती हैं और वे स्त्रियाँ जो समाज द्वारा जबरदस्ती किसी पुरुष के गले मढ़ दी जाती हैं।" प्रसंगवश उल्लेखनीय है कि स्त्रियों के घरेलू काम या 'हाउसहोल्ड वर्क' की जो कीमत हमने अब जाकर

पहचानी है और जिसे सकल राष्ट्रीय आय का एक बड़ा हिस्सा माना है; उग्र ने उसको अपने समय में ही पूरा महत्व और आदर दिया था। सचमुच, एक घर की परिकल्पना को अपने व्यक्तित्व के योग से साकार करना जितना बड़ा सृजन है, उतनी ही अमूल्य उसकी हैसियत भी है। इसी से विवाह-रूपी नियोजित व्यभिचार वाला तर्क निरस्त हो जाता है–"...मैं इस तर्क को अस्वीकार करता हूँ और सच्ची नारी को पुरुष की स्वतन्त्र स्वाभिमानी जोड़ीदार मानता हूँ। पुरुष मेहनत से कमाकर लाता है, तो नारी उससे कम मेहनत से उसकी गृहस्थी नहीं चलाती। पुरुष एक परिश्रम की कमाई कमाता-खाता है–स्त्री दूसरे की। एक का क्षेत्र बाजार और कोलाहल है, दूसरी का घर और शान्ति। ईमान, भगवान् और समझ से काम लिया जाए, तो इसमें प्रतिद्वन्द्विता और वेश्याचार की गुंजाइश कहाँ?"

उग्र ने वैवाहिक संस्था के उन्मूलन की बात नहीं की थी, क्योंकि वे जानते थे कि आखिर इसी संस्था के किसी रूप से हमारे समाज को संचालित होते रहना है। उन्होंने स्त्री-पुरुष के बीच के नैसर्गिक लगाव के विकास की हृदयहीन अनदेखी करने अथवा उसकी सम्भावनाओं का गला घोंट देनेवाली संस्था के रूप में विवाह का विरोध किया था। विवाह मानव-सभ्यता में व्यापक और समग्र तौर पर प्रेम की संस्कृति को निर्मित और विकसित करने का एक महत्वपूर्ण विशाल साधन बन जाए, ऐसा वे चाहते थे। प्रेम की उनकी समझ बड़ी सच्ची और संजीदा थी–"प्रेम जाति नहीं जानता, अवस्था नहीं जानता, सांसारिक औचित्य को भी नहीं समझता। संसार की कसौटी पर सच्चे प्रेम को कसना ही अज्ञानता है। प्रेम प्रियतम का अपमान नहीं करना चाहता, बल्कि उसके मान के लिए मिट जाना चाहता है। प्रेम न जाने किस पुण्य से, किस घड़ी, न जाने किस भाग्यवान् के हृदय में चमक उठता है। प्रेम को एक बार उदय हो जाने पर संसार की कोई भी शक्ति छिपा नहीं सकती, मिटा नहीं सकती।" उग्र ने अपने ऐसे ही अपार-शक्ति-सौन्दर्य-सम्पन्न, सच्चे और मंगलकारी प्रेम को विवाह के ऊपर प्रतिष्ठित किया या यों कहें कि उसे विवाह की बुनियाद बनाए जाने का रचनात्मक संघर्ष किया। यह महज़ संयोग नहीं है कि आर्य-धर्म की एक नयी और प्रगतिशील व्याख्या प्रस्तुत करते हुए उन्होंने सर्वत्र 'स्वयंवर' की प्रथा का पुनर्जीवन तथा पुनरभिषेक चाहा था–"स्त्रियाँ तो रत्नों की तरह सदा पवित्र हैं। किसी भी जाति की स्त्री को, किसी भी जाति के पुरुष को मन मिलने पर प्रसन्नतापूर्वक ग्रहण कर लेना चाहिए। यही हम आर्यों का सनातन धर्म है।"

जो व्यक्ति इतने उदात्त प्रेम का अनुभव और अभिव्यक्ति कर सकता है,

वही एक सार्थक घृणा भी कर सकता है। उग्र के मन में, समूचे समाज में सक्रिय मनुष्य-द्रोही शक्तियों तथा उनके अमानुषिक आचरण के प्रति आक्रोश और नफरत के भाव भरे हुए थे। लेकिन उनके व्यंग्य की धार दूसरों के साथ-साथ अपनी ओर भी बराबर उन्मुख रहती थी। वे कब किस पर बरस पड़ें, भरोसा नहीं था। उनके समय के एक बड़े कवि मैथिलीशरण गुप्त ने उनकी इस अभूतपूर्व व्यंग्यधर्मिता की सराहना करते हुए लिखा था—

"धूल और गुलाल दोनों उग्र जी के हाथ
देखना है आज किसका भाग्य किसके साथ?"

लेकिन व्यंग्य का प्रयोजन सकारात्मक ही रहता था। किसी का अपमान करने के लिए द्वेष-मूलक विरोध उन्होंने नहीं किया। उग्र ने अपने रचनाकार के ईमान और प्रतिष्ठा को सबसे ऊपर रखा और उसके साथ कभी कोई समझौता नहीं किया। यही नहीं, वैचारिक भिन्नता के बावजूद अन्य लेखकों की मान-रक्षा के लिए भी वे लड़े और इस प्रक्रिया में अपनी किसी भारी क्षति तक की परवाह उन्होंने नहीं की। 'अपनी खबर' के एक प्रसंग के मुताबिक निराला के लिए वे 'मतवाला-मण्डल' के संचालक महादेवप्रसाद सेठ से लड़ गए थे। और उनके एक अभिन्न मित्र पं. सूर्यनारायण व्यास को जब पराधीन भारत की ग्वालियर रियासत के महाराजा ने 'इंडियन डिफेंस एक्ट' के तहत नजरबन्द करवाया; तो वे उग्र ही थे, जिन्होंने देसी रियासत में रहते हुए भी 'राजा के कान होते हैं, आँखें नहीं' शीर्षक लेख लिखने का खतरनाक साहस किया था। महाराजा को चेतावनी देते हुए उन्होंने लिखा कि "मैं सूर्यनारायण व्यास का मित्र नहीं, शत्रु हूँ, यही बात सारा हिन्दी-संसार हमारी आपसी आलोचना के कारण समझता है; और प्रायः ही मैंने उनकी, उनके साहित्य की आलोचना भी की है। पर जो भी लिखा है—उन्हें मार डालने की नीयत से कम, कूट-पीटकर पुष्ट बनाने की नीयत से अधिक। कान खोलकर सुन लें श्रीमन्त...चापलूसों के कान भरने पर एक तेजस्वी साहित्यकार के स्वाभिमान पर, सम्मान पर अगर आँच आयी, तो यह बात कोई और चाहे बर्दाश्त कर ले, महाकाल 'उग्र' नहीं।"

उग्र के दर्शन में किसी के लिए क्षमा नहीं थी, चाहे वह कोई व्यक्ति हो या फिर यह सारा समाज ही हो! इसका एक बड़ा कारण यह था कि उन्होंने अपनी जिन्दगी में बहुत कष्ट सहे थे; और किसी एक के दुर्भाग्य के विधायक तत्वों को उन्होंने व्यापक तौर पर अपने समाज में बिखरा हुआ पाया था। फिर इनके सतत् प्रत्याख्यान के लिए उन्हें सन्नद्ध होना ही था। बनारस के प्रतिष्ठित

हिन्दी दैनिक 'आज' में उनकी पहली कहानी शशिमोहन शर्मा नाम से छपी थी। इस नाम का जिक्र करते हुए पं. विनोदशंकर व्यास ने लिखा है कि ''जब मैंने उन्हें उनकी युवावस्था में देखा था, तब वे सचमुच 'शशिमोहन' ही थे। पर बाद में जीवन की व्यथाओं से क्लिष्ट होकर उनके व्यक्तित्व में एक तरह की कठोरता और उग्रता आ गई।''

विडम्बना ही है कि जीवन और रचना के अन्योन्याश्रित सम्बन्ध का यह विवेक, उग्र के मूल्यांकन के सन्दर्भ में हिन्दी-जगत् से लगभग अनुपस्थित है। उग्र ने समाज में व्याप्त अमानवीय आचरण के विभिन्न रूपों के विरुद्ध वैचारिक और चिन्तनपरक लेख लिखने के बजाय अपने साहित्य में उनका खुला चित्रण किया। इस तरह उनकी कुत्सा और उनके पाखण्ड पर पड़े झूठी प्रतिष्ठा के पर्दे उतारकर रख दिए। रचनात्मक दृष्टि से यह कहीं ज्यादा कारगर विरोध था। लेकिन ''अपनी अश्लीलता को शालीनता की चादर में छुपाए रखने'' वाले हिन्दी-समाज को यह विरोध बर्दाश्त नहीं हुआ, जो कि स्वाभाविक ही था। ''साहित्य की इस पाखण्डी प्रवृत्ति'' के पीछे मौजूद दुहरे मानदण्ड का खुलासा करते हुए मैनेजर पाण्डेय ने कहा है कि ''...जिस तरह साहित्य को जीवन के दूसरे सन्दर्भों से अलग करके देखने की प्रवृत्ति रही है, उसी तरह साहित्य की आन्तरिक समस्याओं को भी जीवन की समस्याओं से अलगाकर देखा जाता रहा है। यही उस विडम्बना को जन्म देती है, जहाँ एक चीज समाज में तो श्लील मानी जाती है, पर साहित्य में आते ही अश्लील बन जाती है। इतना ही नहीं, समाज में बहुत सारी ऐसी चीजें हैं, जिसे केवल अश्लील ही नहीं, मनुष्य-विरोधी भी कहा जाएगा, लेकिन लोग उसे स्वीकार कर लेते हैं। परन्तु साहित्य में उसमें से किसी एक पक्ष का चित्रण-वर्णन हो जाए, तो उस पर तरह-तरह के आरोप लगाए जाने लगते हैं।''

'अपनी खबर' के मुताबिक उग्र ने रामलीला-मण्डलियों में काम करने के दौरान राम-लक्ष्मण-सीता आदि का पाठ करनेवाले 'स्वरूपों' या किशोर बालकों को तथाकथित साधु-सन्तों-महन्तों द्वारा अप्राकृतिक यौन-सम्बन्धों का शिकार होते देखा था। अपनी मशहूर कथाकृति 'चाकलेट' में उन्होंने इन्हीं घृणित कृत्यों का नंगा और बेबाक चित्रण किया। हिन्दी में यह साहस किसी ने पहली बार किया था। इसलिए इसके विरुद्ध 'कौआरोर' मच गया। रामस्वरूप चतुर्वेदी ने लिखा है कि ''बेचन शर्मा 'उग्र' के उपन्यासों में सामाजिक विद्रूप अपने ब्यौरों में अंकित हुए हैं, जिसके कारण तत्कालीन पत्रकारिता और समीक्षा के क्षेत्रों में व्यापक प्रतिक्रिया हुई। 'विशाल भारत' सम्पादक बनारसीदास चतुर्वेदी ने इस प्रकार की रचनाओं को अस्वास्थ्यकर और अस्वस्तिकर मानते हुए उन्हें 'घासलेटी

साहित्य' संज्ञा दी और उनका व्यापक रूप में विरोध किया।''

इसका उल्लेख जरूरी है कि बनारसीदास चतुर्वेदी ने महात्मा गाँधी से अपनी निकटता का गलत फायदा उठाने के इरादे से, उनकी राय का उपयोग उग्र के खिलाफ करना चाहा था। मगर गाँधी तो गाँधी ही थे–हमेशा चौकन्ने, संवेदनशील और ईमानदार! 'चाकलेट' पढ़कर उन्होंने चतुर्वेदी जी को लिखा था कि ''लेखक ने अमानुषी व्यवहार पर घृणा ही पैदा की है।'' दरअसल नग्न चित्रण के पीछे उग्र का उद्देश्य ऐसे अपकृत्यों के प्रति व्यापक जन-समाज में वितृष्णा जगाना ही था। सन् 1962 में नोबेल पुरस्कार प्राप्त करने के अवसर पर स्टाइन बेक ने अपने भाषण में कहा था कि साहित्यकार की जिम्मेदारी है कि ''वह हमारे दोषों और दुर्बलताओं का पर्दाफाश करे, हमारे काले और खतरनाक सपनों को घसीटकर रोशनी में लाए, ताकि हम सुधरें!'' उग्र ने एक रचनाकार के नाते ठीक इसी सामाजिक भूमिका का निर्वाह किया था। पर उनको समझे बिना उनके विरुद्ध जिस तरह का वितण्डावाद उठ खड़ा हुआ, उससे उनका हृदय विचलित हो गया। नतीजतन हिन्दी साहित्य-संसार छोड़कर सन् 1930 में वे बम्बई चले गए और वहाँ 1938 तक फिल्मों के लिए कहानियाँ, पटकथाएँ आदि लिखते रहे। इस काल को समीक्षकों ने उनकी सुप्तावस्था का काल कहा है। 'घासलेटी आन्दोलन' के संचालक उग्र के इस बहिर्गमन से प्रसन्न थे और उन्हें 'खोया हुआ आदमी' घोषित कर रहे थे। पर वे नहीं जानते थे कि उग्र और उनके बहाने हिन्दी साहित्य का उन्होंने कितना नुकसान किया था। राजशेखर व्यास के अनुसार ''उनकी बाद की रचनाओं में उग्रता और तेज अस्वाभाविक रूप से मन्द हो गया। चूँकि 'उग्र' विद्रोही थे और लीक छोड़कर चलनेवाले थे, इसलिए उन्हें इसका मूल्य भी चुकाना पड़ा। इस संगठित आन्दोलन के कारण उनकी कलम का प्रवाह भी अवरुद्ध हुआ और बाद के 37 वर्षों में उनकी कृतियों का परिमाण उतना न हो पाया, जितना आरम्भ के दस वर्षों में रहा था।''

असल में उग्र बनारसीदास चतुर्वेदी-सरीखे साहित्य-समीक्षकों की प्रशस्ति नहीं चाहते थे, बल्कि उन्हें अपने पाठकों का प्यार चाहिए था। इसीलिए उनकी भाषा-शैली बहुत जीवन्त और आकर्षक है, भरसक सरल और सशक्त है। उनका लेखन कभी भी शास्त्रीय किस्म के पण्डिताऊपन से बोझिल या अकादमिक नीरसता से आक्रान्त नहीं रहा। साहित्य को वे महज कुछ शिक्षा-संस्थानों के एकाधिकार अथवा संकीर्णता से मुक्त करने के पक्षधर थे। इसलिए पाठकों का सामीप्य उन्हें मिला और खूब मिला। छात्र-छात्राएँ 'चन्द हसीनों के खुतूत' जैसी किताबों को अपनी पाठ्य-पुस्तकों के बीच रखकर पढ़ा करते थे। उग्र की

लोकप्रियता और किताबों की बिक्री से हुई उनकी आमदनी उन दिनों इतनी थी कि उससे किसी भी लेखक को रश्क हो सकता था। उग्र का विश्वास था कि सामाजिक तिरस्कार के शिकार और होंगे, पर उनकी ईमानदारी रही आएगी—"जितना मैंने देखा, सुना, पढ़ा, गुना है, उससे समाज लेखनी के धनिक दुराचारियों पर खड्ग-हस्त हो जितना कुपित होता है, उतना किसी कलाकार के नग्न सृजन पर नहीं।"

चाहते तो उग्र भी जयशंकर 'प्रसाद' और सुमित्रानन्दन पन्त की तरह समाज की कुत्सित और पाखण्डपूर्ण सचाइयों से मुँह मोड़कर, केवल सुन्दर और गरिमामय की रचना में लगे रह सकते थे। मगर यह न सिर्फ उनकी चेतना को गवारा नहीं था, बल्कि इसकी आलोचना भी उन्होंने की थी। इसी तरह जैनेन्द्र और यशपाल के उपन्यासों में 'अभ्यागमन के आदर्शीकरण' और फिर उससे 'दार्शनिक स्तर पर रस लेने' की प्रवृत्तियों पर उन्होंने व्यंग्य किया है। उन्हें लगता था कि प्रतिष्ठित साहित्यकार होने के लोभ में वे अपने युग-सत्य के साथ अन्याय ही करेंगे और अन्यों की तरह, गालिब तथा तुलसी-सरीखे अपने प्रिय रचनाकारों की "उदात्त साहित्यिक चेतना का मिथ्याभास प्रस्तुत करके" एक आत्म-मुग्धता या दम्भ और एक आत्म-छल के ही शिकार होंगे। ऐसा न करके उग्र ने तमाम विरोधों के प्रति अपने को निष्कवच बना दिया। अस्वीकार या अपमान या निन्दा की उनके कृतित्व पर आयी तमाम चोटों को देखते हुए रत्नाकर पाण्डेय का यह कहना महत्वपूर्ण लगता है कि वे 'हाइब्रो-लिटरेटियर' न होकर, अपने समूचे समय के एकमात्र 'एबारटिव जीनियस' थे। उनकी इसी अद्वितीय अतिजीविता और अकेली, मगर अविचल सत्य-निष्ठा को रेखांकित करते हुए राजशेखर व्यास ने लिखा है कि " 'उग्र' ने जो लिखा, सर्वथा मौलिक। किसी से प्रेरित या प्रभावित नहीं थे उग्र। उन्होंने अपना पथ स्वयं बनाया। विचारों में उग्रता, समाज के प्रति विद्रोह, समाज और साहित्य में अकेले, किन्तु अपने सिद्धान्त और साहित्य-पथ पर निरन्तर दृढ़-चरण बने रहे—"न दैन्यं न पलायनम्"!"

उग्र ने गालिब के कवि-व्यक्तित्व में अपने गम्भीर जीवन-दुख, अपनी निपट निस्संगता तथा अपनी बेहद आत्म-निर्मम यथार्थ-चेतना और इस सबके बावजूद अपने समुन्नत स्वाभिमान, अपने फक्कड़ अन्दाज तथा अपनी अटूट आस्तिकता के उत्कर्ष का साक्षात्कार किया था। जिस तरह से गालिब का अन्दाज़े-बयाँ 'और' ही था; 'जहाने-खराब' की ठोकरें खाकर जिस तरह से उनकी आत्मा क्षत-विक्षत हुई थी; फिर भी मानवीय प्यार के लिए उनके मन में जैसी गहरी तथा वेदना-भरी कशिश थी और सदियों से प्रचलित समाज की संकीर्ण मान्यताओं अथवा

मर्यादावाद की जैसी मुखालफत उन्होंने की—उससे कुछ कम विशिष्ट उग्र की आपबीती भी नहीं है। लालबहादुर शास्त्री-सरीखे भारत के शीर्षस्थ राजनेता ने कभी कहा था कि "मनुष्य रूढ़ियों के समर्थक होते हैं। उन्हें तोड़नेवाले बिरले ही होते हैं। गालिब उन थोड़े-से लोगों में हैं, जिन्होंने रूढ़ियों को तोड़कर जो ठीक समझा, उसे कहने में कभी संकोच नहीं किया। गालिब अपने समय के बर्नार्ड शॉ थे। शॉ की मौलिकता और वाक्पटुता उनकी सभी बातों में मिलती है।.. .गालिब को बात मामूली भी कहनी होती, फिर भी उनके कहने का ढंग, लहज़ा ऐसा निराला होता कि सुननेवाले पर असर डाले बिना नहीं रह सकता।"

इसलिए यह सिर्फ संयोग नहीं है कि उग्र ने अपनी जिन्दगी के आखिरी दिनों में बहुत अन्तरंगता और लालित्य के साथ गालिब की कविता की व्याख्या की। गालिब के कवितानुभव के साथ अपनी आत्मा की संस्कृति की एकता महसूस करने के सबब ही वे ऐसी व्याख्या कर सके थे। रत्नाकर पाण्डेय ने बिलकुल सही टिप्पणी की है कि " 'उग्र' के जीवन के छियासठ वर्षों की दार्शनिक पीठिका गालिब के कलामों की व्याख्या में व्यक्त हुई है।" जन-साधारण के एक रचनाकार की व्याख्या होने के नाते 'ग़ालिब-उग्र' इतनी जीवन्त और मार्मिक, आकर्षक और बोधगम्य है कि इसके जरिए उग्र, गालिब की कविता को व्यापक हिन्दी जन-समाज से जोड़ने का एक बड़ा काम अन्जाम देते हैं। यों तो हिन्दी में गालिब की अनेक टीकाएँ उपलब्ध हैं, पर उनमें से इतनी अच्छी और उपयोगी कोई नहीं है। मसलन उग्र ने लिखा है कि गालिब का विश्वास था कि जब तक मृत्यु नहीं हो जाती, तब तक जीवन की वेदना अलग-अलग रूपों और रंगों में प्रकट होती ही रहती है—

"ग़मे-हस्ती का 'असद' किससे हो जुज़ मर्ग इलाज
शम्मः हर रंग में जलती है सहर होने तक"

उग्र का जीवन भी ऐसा ही था। उन्हें किसी एक जगह किसी काम में टिकने नहीं दिया गया। जिन्दगी में हर मुकाम से बेदखल किए जाने का तीखा अहसास गालिब को भी था। पर उन्हें इन चीजों से कोई मोह भी नहीं था। इसीलिए वे कह सके थे—

"दैर नहीं, हरम नहीं, दर नहीं, आस्ताँ नहीं,
बैठे हैं रह-गुज़र पे हम, ग़ैर हमें उठाए क्यों?"

यह गौरतलब है कि सारे प्रलोभनों से उग्र के इस बेगानेपन के मूल में है

उनका जबरदस्त अपरिग्रह-भाव। उन्होंने स्वतन्त्रता-संग्राम में सक्रिय भाग लिया था, पं. कमलापति त्रिपाठी–जैसे वरिष्ठ कांग्रेसी नेता के वे अन्तरंग मित्र थे, उनकी क्रान्तिकारी रचनाएँ जब्त की गई थीं और उन्हें जेल की सजा भी काटनी पड़ी थी; लेकिन आजादी मिलने के बाद अपने संघर्षों और सम्बन्धों को 'कैश' कराने का घटिया काम उन्होंने नहीं किया। यह तब था, जब बड़े-बड़ों को बिकते हुए उग्र ने देखा और दर्ज किया था–"सारे-के-सारे बिक गए हैं। किसी ने पद लिये, किसी ने पैसे लिये, किसी ने परमिट प्राप्त किए। गर्जे कि जो भी पा सकने में समर्थ था, उसी ने स्वराज्य के बाद, स्वदेशी मन्त्रों की साधना से, पाकर विश्वास किया।" गाँधी को इस परिस्थिति का अन्दाज़ा पहले से था। उन्होंने स्वतन्त्रता-प्राप्ति के समय कांग्रेस को भंग किए जाने की सिफारिश की थी। पर उनकी मानी न गई। भारतीय राजनीति में ये वही दिन थे, जब गाँधी उसके दरवाजे पर उपेक्षित-से खड़े थे, अपने को निरा अशक्त और पराजित महसूस करते हुए–"आज मेरी पुकार जंगल में चीख की तरह है।"

लगता है कि उग्र के विचार काफी दूर तक महात्मा गाँधी की राजनीतिक-सांस्कृतिक सोच से लगे-लिपटे चलते हैं। कभी वे उसका रचनात्मक समर्थन और पुष्टि करते हैं, तो कभी उसके सम्यक् क्रान्तिकारी विस्तार में जाते हैं। गाँधी ने उस सम्प्रदायवाद का विरोध किया था, जिसके कारण हमारा देश दो टुकड़ों में बँट गया। लेकिन गाँधी को फिर भी इस विरोध की कीमत अपनी जान देकर चुकानी पड़ी। इसी तरह उग्र ने साम्प्रदायिकता पर बहुत चिन्ता व्यक्त की है। जातिवाद के उन्मूलन की कोशिशें तो उन्होंने की ही थीं; धर्म के बन्धन भी वे नहीं मानते थे, जीवन-व्यवहार में भी! आजादी के बाद उन्होंने भारत में हर तरह के सुख, सौभाग्य, सद्बुद्धि और सृजन-कामना को मूर्त होते देखना चाहा था–"स्वराज्य हो गया, हमें फिरकेवाराना ढंग से सोचना बन्द करना चाहिए और सबको हिन्दुस्तानी मानना चाहिए, न कि हिन्दू, मुसलमान, सिख, ईसाई या पारसी।" लेकिन स्वातन्त्र्योत्तर भारत में गाँधी के जिए और बताए मूल्यों का जो मजाक उड़ाया जाने लगा, उससे उग्र-जैसे सच्चे और संघर्षशील बुद्धिजीवियों की आस्थाएँ हिल गई थीं। आजादी के पहले उन्होंने देखा था कि "अत्याचारी हँसते हैं–राज्य पाते हैं, अत्याचार-पीड़ित रोते हैं–भूखों मरते हैं।"; और आजादी के बाद यह पाया कि "दर्शन, दृष्टि दोनों से हम-जैसी जनता के भोलेपन की हरियाली लतेड़कर ये पालिटिशियन सरासर साँड बने हुए हैं।" यों, साधारण जनता की जीवन-स्थितियों में फर्क क्या पड़ा? आजादी किस काम की साबित हुई? गाँधी का तो स्वप्न यह था कि स्वतन्त्र भारत राज्य "समाज के सबसे कमजोर

आदमी की आँख का आँसू पोंछे!" बहरहाल, उग्र की रचनाओं में गाँधी के इसी स्वप्न के बनने के संघर्ष और फिर उसके क्रमशः टूटने की पीड़ा और जिजीविषा का द्वन्द्व मिलता है।

इस तरह से और अन्य सब चीजों को भी जोड़कर देखें, तो उग्र की वैचारिक चेतना महात्मा गाँधी के राजनीति-चिन्तन, शचीन्द्रनाथ सान्याल के क्रान्तिकारी दर्शन, मार्क्सवाद के समता-सिद्धान्त, तुलसी और गालिब के साहित्य से उनके गहन अनुराग आदि से मिल-जुलकर निर्मित होती है। इन सबकी बुनियाद में उग्र के अपने विषम जीवनानुभव, उनका विद्रोही स्वभाव और उनकी अटल सत्य-निष्ठा है। सत्य किसी की अधीनता स्वीकार नहीं करता। वह हर विचारधारा के चौखटे को चीरकर निकल जाता है और किसी भी विचारधारा के सृजनात्मक तत्वों से परहेज नहीं करता। इसलिए उग्र किसी खेमे के रचनाकार न थे, न कहलाए। उन्होंने एक व्यापक परिप्रेक्ष्य में रखकर चीजों को देखा था और उसके लिए, उससे ही अर्जित विचारों तथा अनुभवों का एक व्यापक जीवन-दर्शन निर्मित किया था। इस सिलसिले में यह ध्यान रखना जरूरी है कि आधुनिक मनुष्य की मुक्ति की अपनी सारी आकांक्षाओं और कोशिशों के बावजूद उग्र 'अ-धार्मिक' या नास्तिक नहीं थे। मगर उनका धर्म वैदिक-पौराणिक सनातनपंथी धर्म नहीं था। वे जब यह कहते और मानते थे कि "धर्म के ही बल पर दुनिया टिकी है", तब इस धर्म की स्पष्ट परिभाषा भी करते थे—"सच्चा धर्म क्या है?—सत्य के लिए मर मिटना, भय से अपनी आत्मा का अपेमान न करना तथा सब पर दया रखना।"

यानी उग्र का धर्म मनुष्य-धर्म है, जिसके अन्तर्गत 'मानुष-सत्य' की रक्षा और विकास के लिए करुणामय उद्यम और निर्भीक संघर्ष के रचनात्मक आह्वान उन्होंने किए थे। भक्त-कवि चण्डीदास की ही तरह उन्होंने मनुष्य-सत्य के ऊपर किसी सत्य की सत्ता नहीं मानी—इसलिए अपने मनुष्य-धर्म की सर्वोच्च प्रतिष्ठा के लिए आजीवन संग्राम किया, क्या शब्द के मोर्चे पर और क्या कर्म के! अपने हृदय की सारी करुणा और साहस के साथ उन्होंने यह लड़ाई लड़ी थी। इसको भूल जाने में हमारी कृतघ्नता ही नहीं, हमारी हार भी है; क्योंकि अपने समाज की प्रखर आलोचना करने, उसे उसके वास्तविक अर्थों में समझने और मानवीय संवेदना तथा विवेक के रास्ते पर उसको आगे ले जाने में उग्र के विचार बहुत महत्वपूर्ण साबित हो सकते हैं। आज के दुविधाग्रस्त परिदृश्य में तो इस तीखी परिवर्तनकामी दृष्टि की प्रासंगिकता और भी बढ़ जाती है। मगर अभाग्यवश, उग्र के रचना-कर्म की वैचारिक चेतना का या तो अब तक प्रायः अवमूल्यन ही

हुआ है, आलोचना के नाम पर; या फिर हमारे बौद्धिक आलस्य के चलते उस पर धूल के पर्दे पड़े रहे हैं। लेकिन मुझे एक तीसरा ही कारण जान पड़ता है। उग्र की क्रान्तिकारी रचनाओं में वह आग दबी पड़ी है, जिसके भड़क उठने की कल्पना से हमारे समाज के प्रभु-वर्गों का कलेजा काँपता है। इसलिए प्रसंग आने पर या तो वे उसकी थोड़ी-बहुत सराहना करके उसे टाल जाते हैं या फिर एक ठण्डी और क्रूर चुप्पी से उसे मारते हैं। दोनों ही तरीकों से उग्र की सतत् उपेक्षा और प्रभु-वर्गों के स्वार्थों की सिद्धि, एक साथ सम्भव हैं। रघुवीर सहाय इस साजिश को समझते थे। तभी उन्होंने इसे बेनकाब करते हुए लिखा था–

> **"मेरे लिखे को कभी कुछ लोग दुबारा छाप भी देते हैं**
> **उद्धृत कर देते हैं उनमें से वे अंश जो आज के समाज में**
> **सत्ता के शीर्ष के नज़दीक निरापत्ति दिखते हैं**
> **किन्तु उन निष्कर्षों को नहीं छापते जो मेरे तर्क से निःसृत थे।"**

'अपनी खबर' : जीवन-मर्म की परिवर्तनकामी भूमिका

दबी हुई दूब का रूपक

"फिर बेखुदी में भूल गया राह-ए-कू-ए-यार
जाता वगरनः एक दिन अपनी ख़बर को मैं"

—ग़ालिब

एक तरह की आत्म-विस्मृति के सबब प्रियतम की गली की राह भूली हुई थी, अन्यथा अपनी ही पड़ताल के लिए वहाँ जाने में कितनी कशिश है! आत्मकथा-साहित्य के सन्दर्भ में पाठक की गली में जाना एक बहुत बड़े साहस की माँग करता है, क्योंकि इस तरह लेखक अपने समूचे व्यक्तित्व और वैचारिकता को अपनी 'ऑडिएन्स' की जीवन-दृष्टि के निकष पर रखने का जोखिम उठाता है। पाण्डेय बेचन शर्मा 'उग्र' ने गालिब की कविता से अपनी घनिष्ठता का साक्ष्य प्रस्तुत करते हुए न सिर्फ आत्मकथा का नाम 'अपनी ख़बर' रखा है, बल्कि इस विधा को अपने तथा औरों के सटीक और धारदार विश्लेषण के लिए चुना है।

दरअसल 'उग्र' जानते हैं कि दूसरे के छद्म को उघाड़ना तभी नैतिक है, जब हम सबसे पहले अपने समस्त किए-धिए को सार्वजनिक तौर पर स्वीकार करने का रचनात्मक माद्दा रखते हों। वे आत्म-कथा लिखने के दुहरे खतरे को पहचानते हैं—एक तरफ आत्म-मुग्धता से उपजने वाला आत्म-केन्द्रित आख्यान है, दूसरी ओर दूसरों की निन्दा करने की नकारात्मक प्रवृत्ति है। उन्होंने लिखा है, "अपनी याददाश्त पब्लिक की जानकारी के लिए लिखने में आत्म-प्रशंसा और अहंकार-प्रदर्शन का बड़ा खतरा रहता है।" उनका मानना है कि इन संस्मरणों के रूप में उन्होंने तो सम्बन्धित लोगों को 'आईना' ही दिखाया है। अलबत्ता इस प्रक्रिया में कोई खोट पैदा हो गया हो, तो उनका यह मार्मिक स्वीकार भी है, "इन संस्मरणों को पढ़ने पर किसी को ऐसा लगे कि मैंने किसी की निन्दा या

बुराई की है, तो यही मानना होगा कि मुझे ठीक तरह से लिखना आया नहीं।" इसी तरह के विचार-क्रम में 'उग्र' ने गोस्वामी तुलसीदास की एक उक्ति के जरिए आत्मकथा-लेखन में अक्सर मौजूद रहनेवाले जिस संकट की बात की है, उसका अविस्मरणीय महत्व माना जाना चाहिए–

> **"किये सहित सनेह जे अघ, हृदय राखे चोरि।**
> **संग बस किए शुभ, सुनाए सकल लोक निहोरि ॥"**

"यानी परम प्रेम-पूर्वक किए हुए प्रचण्ड पापों को तो हृदय की अन्ध कोठरी में छिपा रखना, लेकिन किसी दूसरे के संग में होने के कारण भी कोई भला काम बन पड़ा हो, तो उसका ढोल मूसलों पीटना। चार सौ वर्ष पूर्व ही जैसे महाकवि ने बीसवीं सदी के उत्तर का खाका खींचकर रख दिया हो।"

पाखण्ड के प्रति उग्र के मन में कोई सहानुभूति नहीं है। इसलिए वे 'बीसवीं सदी के उत्तर के इस खाके' से अपने को अलगा लेते हैं। यही वजह है कि जिन लोगों की प्रेरणा तथा सहयोग की बदौलत उग्र के व्यक्तित्व का विकास हुआ, उनके प्रति कृतज्ञता से 'अपनी खबर' की भाषा बार-बार सजल हो आती है। दूसरी ओर अपनी ही कमज़ोरियों तथा बुराइयों के प्रसंग आने पर वह दुराव-छिपाव की राजनीति का सहारा नहीं लेते, बल्कि अपने जाने-पहचाने सरस आलोचनात्मक अन्दाज में अपने पाठकों के साथ इन प्रसंगों का साझा करते हैं। उग्र का यह अन्दाज़ उनकी जिन्दगी के आखिरी दिनों में भी ज्यों-का-त्यों रहा। उसे देखकर डॉ. रामविलास शर्मा ने उसकी यह बहुत अच्छी व्याख्या की है, "वह मृत्यु से जूझ रहे थे, वीर की तरह, हृदय में वैसा ही स्नेह, वही जिन्दादिली, बनारसी छाप लिये हिन्दी की वही लाजवाब शैली।"

उग्र का विश्वास मनुष्य के वास्तविक चित्रण में है। स्थायी साहित्य के इस साधारण-से लगने वाले, मगर सर्वोच्च प्रतिमान को वे खूब समझते हैं कि जो वास्तविक है, वही विश्वसनीय हो सकता है; और वही हमारे भाव-जगत् का अन्तरंग हिस्सा बनने की क्षमता रखता है। इसीलिए एक उत्कृष्ट और ईमानदार रचनाकार की चिन्ता मनुष्य के अच्छे-बुरे, शुभ-अशुभ, पाप-पुण्य तथा उत्थान-पतन के समग्र और संश्लिष्ट चित्रण की होती है। मसलन राम ने बालि का वध छिपकर किया था। इसे उनके उज्ज्वल चरित्र पर धब्बे की तरह देखा जाता है। मगर इस सम्बन्ध में आचार्य रामचन्द्र शुक्ल की इस टिप्पणी को याद करें, तो उपर्युक्त बात का मर्म स्पष्ट हो सकेगा, "...हमारे देखने में तो यह धब्बा ही सम्पूर्ण रामचरित को उच्च आदर्श के अनुरूप एक कल्पना-मात्र समझे जाने

से बचाता है। यदि एक यह धब्बा न होता, तो राम की कोई बात मनुष्य की सी न लगती और वे मनुष्यों के बीच अवतार लेकर भी मनुष्यों के काम के न होते। ...यह धब्बा ही सूचित करता है कि ईश्वरावतार राम हमारे बीच हमारे भाई-बन्धु बनकर आए थे और हमारे ही समान सुख-दुख भोगकर चले गए।''

मनुष्य को महिमामंडित करके महामानव बना दिया जाए या समाज के जो 'अन्तःकालनेमि' हैं, वे साहित्य में भी 'सुवर्ण के भोले मृग की तरह दिखाई देते' रहें; उग्र इन दोनों ही स्थितियों के विरुद्ध हैं। उनके लिए आदर्श स्थिति वह है, जिसमें सच अपनी पूरी प्रखरता के साथ प्रकट हो। लेकिन हमारे यहाँ आचरण और ख्याति के बीच ऐसे अन्तराल हैं कि लोग 'साँच की आँच' बर्दाश्त नहीं कर सकते, ''बहुतों के बारे में सत्य प्रकट हो जाए, तो उनके यश और जीवन का चिराग ही लुप्-लुप् करने लगे। कुछ तो मरने-मारने पर भी आमादा हो सकते हैं।'' फिर भी 'अपनी खबर' के 'प्रवेश' में उग्र ने लोगों के बारे में सत्य को उजागर करने की अपनी आकांक्षा व्यक्त की है। हनुमान जी के दिलचस्प रूपक के जरिए उन्होंने मनुष्य के सही और सम्पूर्ण चित्रण की जरूरत पर जोर दिया है, ''मेरे खतरनाकप्राय जीवन में ऐसे कोलाहलकारी संस्मरणों की भरमार है, जिन्हें यदि रेकार्ड पर उतार दिया जाए, तो सम्बन्धित महानुभाव फरिश्ते नहीं, आदमी नजर आने लगें। हनुमान विशुद्ध प्राकृतिक रूप में बाल और पूँछ के साथ ऐसे नजर आएँ कि अन्ध-भक्त लोग भड़ककर रह जाएँ।''

उग्र का मानना है कि एक समाज में रहकर मनुष्य विकसित होता है। यानी उसके विकास में उसके तमाम साथियों और उनसे मिलकर बनी परिस्थितियों का योगदान होता है—इस तरह वह हम सबकी ही अच्छाइयों का सार अर्जित करके ऊपर उठता है। उसके संघर्ष की इस ठोस जमीनी प्रक्रिया का विश्लेषण, हमारे समाज के अन्य असंख्य व्यक्तियों के निर्माण और विकास में सहायक हो सकता है। इसीलिए उग्र 'अन्ध-भक्त बिरादरी' के बरअक्स 'समझदार समीक्षकों' की बात करते हैं। इस सन्दर्भ में उनका यह व्यंग्य गौरतलब है—''अघाते नहीं थे महादेव सेठ उदीयमान कवि 'निराला' के गुण गाते! यह तब की बात है, जब 'निराला' को कोई कुछ भी नहीं समझता था। आज तो बिना कुछ समझे सब-कुछ समझनेवाले समीक्षक स्वयंसेवकों की भरमार-सी है।''

'भक्ति' में एक नासमझी है और एक सहूलियत भी है—किसी की उत्थानमयी मूर्ति की पूजा करके कर्तव्य की इतिश्री हो जाती है; उसकी श्रेष्ठता को अपने आचरण और विचार में उतारने का खयाल नहीं रहता। समाज के प्रभु-वर्ग उसको बदलने नहीं देना चाहते। इसलिए वे पूजा की इन प्रवृत्तियों को

फैलाने की साजिश रचते हैं। मैनेजर पाण्डेय ने एक जगह लिखा है कि "प्रत्येक समाज का प्रभुत्वशाली वर्ग किसी क्रान्तिकारी व्यक्ति और विचार को सामाजिक प्रक्रिया में सक्रिय भूमिका निभाने से रोकने, हटाने और उसे प्रभावहीन बनाने के लिए उसकी या तो हत्या करता है या पूजा या फिर हत्या करके पूजा।" इसलिए यह उल्लेखनीय है कि उग्र ने 'मतवाला-मण्डल' के अपने घनिष्ठ मित्र और तुलसीदास के बाद हिन्दी के सबसे बड़े कवि निराला को 'अलौकिक' अथवा 'मानवेतर' अथवा 'पूजनीय' महामानव बनाए जाने का विरोध किया था और अपने खास चुहल-भरे अन्दाज में उनकी वास्तविक छवि को निर्मित करने की अपनी आकांक्षा व्यक्त की थी, " 'निराला' व्यक्ति पर भी संस्मरणों की निहायत चुस्त पुस्तिका प्रस्तुत की जा सकती है—उस रंग की जिससे यह झलके कि वह धरती के हैं, हमीं आपमें-से सबके सिद्ध, न कि उस रंग की जिससे यह जाहिर हो कि वह आदमी तो हैं अपोलो और भीम—जैसे, लेकिन न तो उनमें हड्डी है और न बाल। वही हनुमान जी बिना पूँछ के!"

उपर्युक्त उद्धरण से बात आगे बढ़ाई जाए, तो 'अपनी खबर' "इसी धरती के" एक साधारण-से व्यक्ति, "हमीं आपमें से सबके सिद्ध"—पाण्डेय बेचन शर्मा 'उग्र' के जीवन-संघर्ष की कथा है, जिसमें उनका जीवन-दुख आद्यन्त प्रवाहित है। मगर सुधी जनों ने कहा है कि दुख के होने का सबूत यह है कि उसके जिम्मेदार कारणों और परिस्थितियों को नष्ट करने की चेतना और गतिविधि हमें दिखाई पड़े। यह सही है कि 'अपनी खबर' के पाठ के दौरान उग्र के समकालीन और उनके मित्र महाप्राण निराला की ये कविता-पंक्तियाँ हमारे मन में गूँजती रहें—"दुःख ही जीवन की कथा रही/क्या कहूँ आज, जो नहीं कही!"; लेकिन तब हमें विपत्तियों से लड़ने का निराला का यह ओजस्वी संकल्प भी बराबर याद आएगा—"बोला मैं—'यही सत्य, सुन्दर! नाचतीं वृन्त पर तुम, ऊपर/होता जब उपल-प्रहार प्रखर!' " कहने का मतलब यह कि उग्र के जीवन-मर्म की विशेषता यह है कि वह एक परिवर्तनकामी भूमिका का निर्वाह करता है। इस दुख में बुझ जानेवाली राख नहीं है, बल्कि इसमें चीजों को बदल देनेवाली ऊर्जा का समावेश है—एक छटपटाहट है—और ठीक यही कारण है कि उग्र इसे "अपने जीवन के आरम्भिक बीस बरसों की घटनाओं से कसमसाती कहानी" कहते हैं। यानी घटनाएँ जीवन की अन्तर्निहित कसमसाहट के एक सूत्र में बँधी हुई हैं, उनका यहाँ संकलन नहीं किया गया है।

मेरी समझ से 'अपनी ख़बर' का सबसे ज्यादा महत्व यह देखने में है कि कैसे-कैसे अपनी ज़िन्दगी के अभावों तथा अपने परिवेश की विसंगतियों से घिरा

और उनसे उबरने की छटपटाहट से भरा हुआ मनुष्य अपने व्यक्तित्व का सकारात्मक विकास करता चलता है—यह कितना मुश्किल और आश्चर्यजनक, दिलचस्प और मार्मिक एक साथ है। इस आत्मकथा के विशेष सन्दर्भ में मैं इसे जीवन का सनसनीखेज सौन्दर्य कहना चाहूँगा। इस तथ्य की बहुत प्रभावशाली व्यंजना रामविलास शर्मा के इस वाक्य में निहित है कि "उग्र नरक से ऊपर उठते हुए 'मतवाला' तक पहुँचे थे।" रामविलास जी को यहाँ 'नरक' शब्द लिखने की प्रेरणा सम्भवतः स्वयं उग्र के इस कथन से मिली होगी कि "जीवन को स्वर्ग और नरक दोनों ही का सम्मिश्रण कहा जाए, तो मैंने नरक के आकर्षक सिरे से जीवन-दर्शन आरम्भ किया और बहुत देर, बहुत दूर तक उसी राह चलता चला। ...मेरी कोशिश सही न होगी, स्वर्ग जीवन में मुझे कहीं नज़र आया नहीं।"

एक जगह पर गोस्वामी तुलसीदास को उद्धृत करते हुए उग्र ने कहा है कि उनका प्रारब्ध कुछ ऐसा रहा कि गंगा नदी के तट पर रहकर भी पीने को पानी नहीं मिला और कल्प-वृक्ष की छाया में भी दारिद्र्य को सहना पड़ा—"मछली, मुर्गी, मांस, तीतर-बटेर, साग-सब्जी, ऋतु-फलों का उन दिनों चुनार में ढेर-ही-ढेर लगा रहता था। तब घी रुपया सेर बिकता था। लेकिन घी खाने योग्य पैसे तब अपनी गिरह में थे ही नहीं। घी जब इतना सस्ता था, तो अनाज भी तो भूसा-भाव रहा होगा। अनाज, गुड़, खाँड, चीनी सभी पानी के मोल थे; फिर भी अपने लिए दुर्लभ थे। 'सुरसरि तीर बिनु नीर दुख पाइहै, सुरतरु तरे तोहि दारिद सताइहै'—तुलसी बाबा वाली बात हमारे सामने थी।"

जो लोग 'वाटर-वाटर एव्रीव्हेयर एंड नॉट अ ड्रॉप टु ड्रिंक" सरीखी कविता-पंक्तियों पर मुग्ध रहते हैं, उन्हें तुलसी की उपर्युक्त पंक्तियों की मार्मिक उत्कृष्टता को समझना चाहिए। यह भी जानना चाहिए कि जीवन की छोटी-छोटी प्राथमिक आकांक्षाओं के विफल रह जाने का दुख इस दुनिया का सबसे वास्तविक और सबसे ज्यादा घुला देनेवाला दुख होता है। दुख यहाँ कोई अस्थिर और निराकार मानसिक सृष्टि नहीं, बल्कि एक ठोस और मजबूत वास्तविकता है, जिससे कोई बचाव नहीं है।

'अपनी खबर' के 'दिग्दर्शन' में उग्र ने तुलसी के ही एक विनय-सम्बन्धी पद के माध्यम से अपने जीवन की विवशताओं और दुखों का बहुत सघन चित्रण किया है। उन्होंने लिखा है कि "नीचों को मैंने परम प्रसन्न प्रेमपूर्वक 'प्रभु! प्रभु!' पुकारा" और 'प्राणों से भी अधिक प्रिय आत्मसम्मान त्यागकर खलों के सामने मैंने खाली पेट खोल-खोलकर दिखलाया!" किन्तु फिर भी "लालच से ललचाने के सिवाय 'नाथ! हाथ कछु नहिं लग्यो!' " उग्र का मानना है कि अपने राम

की पहचान न होने अथवा अपने जीवन-सत्य से साक्षात्कार न हो पाने के कारण ही ''दुख दसहू दिसि पायो!''

पाण्डेय बेचन शर्मा 'उग्र' की यह लेखन-शैली आचार्य हजारीप्रसाद द्विवेदी के रचना-स्वभाव से होड़ लेती हुई है। अपनी ज़िन्दगी के उनके इस तरह के सिंहावलोकन और 'अपनी खबर' की आद्यन्त आत्म-निर्ममता को द्विवेदी जी के मशहूर उपन्यास 'अनामदास का पोथा' की 'भूमिका' में व्यक्त हुई आत्म-वेदना के समकक्ष रखकर देखा जाना चाहिए; जिसका विश्लेषण करते हुए डॉ. नामवर सिंह ने एक ऊँचा, मगर सही दावा किया है—''साहित्य में आत्मवेदना का ऐसा अनावृत स्वर तुलसी और शायद निराला के बाद यहीं सुनने को मिलता है। ..यह आत्मवेदना इसलिए और भी गहरी है कि इसमें आत्मोपहास का स्वर घुला हुआ है। व्यथा आत्मदया में नहीं डूबने पाती। बीच-बीच में आत्म-व्यंग्य उसे कोड़े मारता रहता है। कभी अपने नाम का मजाक, कभी अपने काम का!''

उग्र के जीवन-दुख का सबसे पहला प्रसंग उनका जन्म ही है। वे सन् 1900 ई. में उ.प्र. के मिर्जापुर जनपद की चुनार तहसील के सद्दूपुर नामक मुहल्ले में जन्मे। उनके एक दर्जन भाई-बहनों में से ज्यादातर जन्मते ही या फिर एकाध वर्ष के ही अन्तराल में मृत्यु को प्राप्त हुए। इसलिए उनका जन्म विषाद-भरी परिस्थितियों में हुआ—''...अधिकतर बच्चे दगा दे गए थे, अतः मेरे जन्म पर कोई खास उत्साह नहीं प्रकट किया गया। शायद थाली भी न बजायी गई हो, नौबत और शहनाई तो दूर की बात।'' पूर्व अनुभवों के आधार पर उनके जीवित बने रहने की उम्मीद बहुत थोड़ी थी, इसलिए जन-साधारण में प्रचलित विश्वासों के मुताबिक उनकी जन्मकुण्डली नहीं बनवाई गई और उन्हें जन्मते ही महज एक टके की कीमत पर बेच डाला गया। उग्र दुख पर हँसने की कला जानते हैं—यह उनकी सबसे बड़ी शक्ति है। मुझे लगता है कि इस जीवन के रहस्य को समझने की जिसे गम्भीरतर अन्तर्दृष्टि प्राप्त हो, वही ऐसा कर सकता है। अपने बेचे जाने की इस विचित्र कार्यवाही पर हँसते हुए वे लिखते हैं कि ''जन्मते ही मुझे यारों ने बेच डाला।'' इसी कारण उनका नाम बेचन पड़ा—''अलबत्ता 'जन्मजात बिका' का बिल्ला-जैसा नाम तौक की तरह गले मढ़ा गया—बेचन!'' ऐसे नाम कथित निचली जातियों में रखे जाते थे, ब्राह्मणों के यहाँ नहीं—''ब्राह्मण के घर में पैदा होने पर भी मुझे यह जो मन्द नाम बख्शा गया, उसकी बुनियाद में मेरी बहबूदी, जिन्दगी-दराज की कामना ही थी।'' कालान्तर में कुछ इस कामना की बदौलत और अधिकांशतः अपनी संघर्ष-क्षमता से जीवन की तमाम प्रतिकूलताओं को पार करते हुए उग्र मृत्यु को जीत लेने का यह अद्भुत

आत्म-विश्वास अर्जित कर लेते हैं—"आज जीवन के 60वें साल में मैं साधिकार कह सकता हूँ कि मुझे ही नहीं, मौत को भी यह नाम नापसन्द है।" प्रसंगवश निराला के ये शब्द याद आते हैं—

> **"मृत्यु की बाधाएँ बहु द्वन्द्व**
> **पारकर कर जाते स्वच्छन्द**
> **तरंगों में भर अगणित रंग**
> **जंग जीते, मर हुए अमर।"**

बाद में पाण्डेय बेचन शर्मा ने जब अपने लेखकीय जीवन की शुरुआत की, तो 'उग्र' उपनाम इसलिए रखा कि तत्कालीन अंग्रेज सरकार से अपने सशक्त विरोध को सूचित किया जा सके, "आज मुझे अपने लिए उपनाम चुनना हो, तो सम्भव है—बुरा न होने पर भी—'उग्र' मैं न चुनूँ। लेकिन आज से चालीस वर्ष पूर्व राष्ट्र-भक्त लेखक ऐसे कर्कश उपनाम इसलिए चुना करते थे कि बलवान ब्रिटिश साम्राज्य के नृशंस शासक नाम ही से दहल जाएँ।"

उग्र के पूरे नाम को गौर से देखें, तो महसूस होगा कि इसकी विचित्र-सी सुन्दर संरचना है। इसे अपने रचना-स्वभाव के मुताबिक ही उन्होंने गढ़ा था। इसमें दो जातियाँ उल्लिखित हैं—उग्र के यहाँ ऐसे उल्लेख का कोई रिवाज न था। सबूत यह कि उनके पिता का नाम बैजनाथ पाण्डेय और भाई का उमाचरण पाण्डेय था। 'शर्मा' सभी ब्राह्मणों का 'अलंकार' है—धार्मिक अनुष्ठानों में मन्त्रोच्चार के दौरान नाम के साथ यही उपाधि या विशेषण जोड़ा जाता है। सम्भव है कि उग्र जातिगत रूढ़ि को यों ही उलट देने की अपनी सहज चंचल वृत्ति के कारण नाम के पहले जाति लिखते हों, मगर पंजाब में अमृतसर और उसके आसपास की कुछ निचली जातियों में नाम के पहले 'पाण्डेय' लिखने के कुछ उदाहरण मिलते हैं। जो हो, उग्र अपने नाम से भी भाषा के प्रति अपने विशिष्ट सौन्दर्य-बोध, जन्म-समय के विलक्षण-मांगलिक देशज-नामकरण से अपने अनुराग और अपने ब्राह्मणत्व को सूचित करते हैं। और वे नाम तक के जरिए परम्परा के प्रति विद्रोह, निचली जातियों (यदि इन्हीं से वे प्रेरित हुए थे) से लगाव और साम्राज्यवाद की मुखालफत की अपनी चेतना के प्रमाण प्रस्तुत करते हैं।

मुझे लगता है कि 'उग्र' उपनाम के चुनाव के पीछे अपनी माँ से प्राप्त उनका संस्कार भी सक्रिय रहा होगा—"मेरी माता ब्राह्मणी होने के बावजूद परम उग्र, कराल-क्षत्राणी स्वभाव की थीं।" और उग्र ने लिखा भी है कि "हम सबमें माता के स्वभाव का प्रभाव खासा था।" लेकिन इस प्रभाव को वे शुभ नहीं

मानते—उनकी निगाह इतनी चौकन्नी रहती है कि वे कभी अपने विचलन का यश-गान नहीं करने लगते; भरसक उसके दुष्परिणामों को पहचानते हुए उसे मानवीय मूल्य के स्तर पर निरस्त करते हैं। क्रोध अगर सात्विक न हो, तो पाप की जड़ है। तुलसीदास का स्मरण करते हुए उग्र लिखते हैं कि " 'जेहि बस जन अनुचित करहिं चरहिं विश्व प्रतिकूल।' सो, माता के क्रोध का कुफल माता को मिला, भ्राता के क्रोध का भ्राता को। खुद बेचन पाँडे को क्रोध का कुफल जो मिला, उसे मैं ही जानता हूँ और अच्छा करता हूँ कि डायरी नहीं लिखता, वरना दुनिया जानती।"

बहरहाल। उग्र के पिता बैजनाथ पाँडे "तेजस्वी, सतोगुणी, वैष्णव-हृदय के थे।" चुनार में अपनी थोड़ी-सी जजमानी और निकटवर्ती जलालपुर माफी गाँव में थोड़ी-बहुत खेती-बाड़ी के सहारे वे अपने परिवार का खर्च आसानी से चला लेते थे। वे चुनार के एक समृद्ध व्यापारी बिहारी साहु के राममन्दिर में पाँच रुपये प्रतिमाह के वेतन पर पुजारी थे। लेकिन ईश्वर की भक्ति के नाम पर उन्होंने यह वेतन कभी नहीं उठाया। इसके अतिरिक्त भी अपनी सत्यनिष्ठा के चलते वे 'अर्थागमोपाय' जानने के बावजूद हमेशा 'संकुचितकाय' ही रहे। पिता के सम्यक् सदाचार के प्रति सराहना का भाव रखते हुए भी उग्र ने इस बात पर व्यंग्य किया है कि वे चालीस वर्ष ही की उम्र में बारह बच्चों के जनक बन चुके थे—"...बैजनाथ पाँडे अच्छे तो थे—बहुत—लेकिन अन-बैलेन्स्ड भी कम नहीं थे।" उग्र के पिता क्षय-रोग के शिकार हुए। उन्हें बकरी के मांस के स्वरस-सेवन की सलाह दी गई। मगर "प्राणों के लिए अवैष्णवी उपाय अस्वीकृत" कर देने के कारण उनका असमय निधन हो गया। उग्र ने पिता की बीमारी और मृत्यु का बहुत करुण चित्र खींचा है, "मैंने अपने पिता को बुरी तरह बीमार देखा, घर में चारों ओर निराशा! ...पिता का मरना ...आई का पछाड़ खा-खाकर रोना मुझे मजे में याद है। यद्यपि तब मैं बहुत छोटा, रोगीला, बेदम-जैसा बालक था। जब मेरे पिता का देहान्त हुआ, मैं महज दो साल और छः महीनों का था। यानी मैंने जब जरा ही आँखें खोलकर दुनिया को देखा, तो मेरा कोई सरपरस्त नहीं! प्रायः जन्मजात अनाथ—ऐसा—जिस पर किसी का भी वरदहस्त नहीं रहा।"

पिता के न रहने के बाद घर में 'अखण्ड अराजकता' व्याप गई। परिवार के 'नेता और अन्नदाता' बने उग्र के बड़े भाई, जिनका व्यक्तित्व सभी सम्भव बुराइयों का समवाय था। इन्हें उग्र ने ब्राह्मण नहीं, 'ब्रह्मराक्षस' कहा है। इन्होंने अपने घर ही को वेश्याओं का, जुए का, शराब, गाँजे और चरस का अड्डा बना दिया। इन्होंने एक-एक करके अपनी पत्नी और माँ के सारे गहने, घर के सारे

बर्तन-भाँडे, सारे धर्मग्रन्थ और सारी पैतृक खेती औने-पौने दामों में बेच डाली। यहाँ तक कि अपने व्यसनों की भरपाई करने में इन पर इतना कर्ज चढ़ गया कि आए-दिन अपमानजनक तगादों के कारण चुनार में इनका रहना नामुमकिन हो गया। तब ये घर छोड़कर पहले काशी और फिर अयोध्या की रामलीला-मण्डलियों में अभिनय करने लगे। वहाँ से ये दस-पाँच रुपये चुनार भी भेजा करते थे, मगर ये नितान्त अपर्याप्त थे। बड़े भाई ने 'बेचन' को भी 'रामलीला के घाट पर उतारकर' अपने साथ रख लिया। उग्र के अनुसार इसका सबसे अहम लाभ उन्हें यह था कि " 'ब्वॉय सरवेण्ट' चौबीस घण्टे हाजिर—बिला तनखाह। ऊपर से रामलीला में लक्ष्मण और जानकी बनकर आठ-दस रुपये मासिक कमाकर देनेवाला।"

बड़े भाई ने 'बेचन' को तो रामलीलाओं में 'नाचने-गाने' के लिए विवश किया ही; अपने अपकृत्यों से घर में उन्होंने इतना दारिद्र्य भर दिया कि उनकी माँ परिजनों के भरण-पोषण के लिए दूसरों के घरों में मजदूरी करने के लिए मजबूर हो गईं। बकौल उग्र, "...चुनार में अक्सर चूहे डण्ड ही पेला करते थे, या जजमानी से भिक्षा मिल जाती थी, या मेरी आई किसी की मजूरी कर कूट-पीसकर लाती थी।" इसके अतिरिक्त बड़े भाई प्रायः नशे में रहते थे और सारी "मर्यादाओं और धर्म को ताक पर रखकर" घर के सभी सदस्यों पर अकारण अमानुषिक अत्याचार करते थे—"यों तो भाई मुझे भी मारता-पीटता था, बेसबब, बहुत बुरी तरह, अक्सर, लेकिन वह जब मेरी माँ को मारता और वह अनाथा-विवशा रोती-घिघियाती (लड़का अपना ही था, अतः खुलकर रो-घिघिया भी नहीं सकती थी), तब भाई का आचरण मुझे बहुत ही बुरा मालूम पड़ता था। पर मैं कर ही क्या सकता था! चार-पाँच साल का बालक!" इस स्तर का उत्पीड़न सहने के बावजूद भाई को बर्दाश्त किया जाता रहा, तो उसके लिए उग्र स्वजन-मोह तथा घरेलू स्त्रियों की कुलीनता को भी कुसूरवार ठहराते हैं—"पर ये कुलीन औरतें मुखर विरोध करने में असमर्थ थीं, इसलिए कि मेरे उन्मत्त भाईसाहब एक ही लाठी से दोनों ही को हाँकने में कोई ग्लानि या हानि नहीं समझते थे।" जहाँ जीवन-विवेक का इस हद तक पराभव हो चुका हो, वहाँ उग्र किसी तरह की ममता के बरअक्स एक निर्मम सामाजिक बहिष्कार की अपील करते हैं, "...घरवाले मारे मोह के परिवार के उस प्राणी का विरोध करने में असमर्थ थे। शास्त्रों में विधान है कि कुल-धर्म-विरुद्ध आचरण करनेवाले को सड़ी अँगुली की तरह काटकर समाज-तन से अलग कर देना चाहिए। हम जब तक ऐसा करते रहे, तब तक समाज का स्वास्थ्य चुस्त-दुरुस्त था।" यहाँ उग्र ने सामाजिक स्वास्थ्य की

बात इसलिए की है कि भाई के व्यवहार की रुग्णता का विस्तार अथवा एक किस्म के आत्म-हनन की प्रक्रिया उन्होंने समूचे तत्कालीन समाज में लक्ष्य की थी—"मेरे यह बड़े भाईसाहब जब जवान थे, तभी सनातन धर्म के भाग्य में, परिवार-पद्धति के भाग्य में, सर्वनाश की भूमिका लिखी हुई थी। अतएव जाने-अनजाने युग के साथ भाईसाहब को भी इस सर्वनाश नाटक में अपने हाथों पाँव में कुल्हाड़ी मारने का उन्मत्त पार्ट अदा करना पड़ा। हम नजदीक थे, अतः भाईसाहब का काम हमें अधिक दुखदायी एवं बुरा लगा। लगा, दुनिया में उन-जैसा बुरा कोई था ही नहीं। ...मेरे घर में जो हो रहा था, वह अकेले मेरे ही घर का नहीं, कमोबेश समाज के घर-घर का नाटक था।"

'अपनी खबर' की एक महत्वपूर्ण विशेषता है, उग्र द्वारा ब्राह्मणवाद की सख्त मुखालफत। यह प्रतिवाद पूर्व-नियोजित किस्म का नहीं है, बल्कि लेखक के अस्तित्व-मात्र की शर्तों से जुड़ा हुआ है। ध्यान देने की बात है कि इसके पीछे वामपंथी विचारधारा के सिद्धान्त काम नहीं कर रहे हैं, बल्कि इसमें शुद्धतः जीवनानुभव से निःसृत विवेक का योगदान है। इसलिए इसमें अश्वघोष, चण्डीदास, कबीर और निराला की परम्परा के विद्रोह की प्रकृति दिखाई पड़ेगी। कबीर ने कहा था कि "पण्डित भया सो का भया, बूझा नहीं विवेक"—और उग्र ऐसे पण्डित अथवा ब्राह्मण हैं कि वे ब्राह्मणों में व्याप्त मूर्खता, नशाखोरी और व्यभिचार से चोट खाकर, "सभी को पाप पर मोहित" और "तत्वतः धर्म से विरहित" जानकर सनातन धर्म के विनाश की घोषणा करते हैं। यह घोषणा एकदम बेलाग, पवित्र और ठोस है; अभिप्राय यह कि इसमें एक ब्राह्मण-मन के पछतावे, क्रोध अथवा अफसोस का रंच-मात्र नहीं है—"अब से पचास-साठ वर्ष पहले अखिल भारतीय स्तर पर सहस्र-सहस्र ऐसे ब्रह्मराक्षस पैदा हुए थे, जिन्होंने कुकर्मों के स्लो-पॉयजन द्वारा मारते-मारते सनातन धर्म को मार ही डाला। इस पूर्णता से कि वह सनातन धर्म तो अब पुनः जागने-जीनेवाला नहीं, जिसके सरगना ब्राह्मण लोग थे। ब्राह्मण-कुल में मैं भी पैदा हुआ हूँ। कोई पूछ सकता है कि सनातन धर्म या ब्राह्मण-धर्म के इस विनाश पर मेरी क्या राय है। मेरी क्या राय हो सकती है? मैं कोई व्यावसायिक 'राय' साहब नहीं। जो वस्तु नष्ट होने योग्य होती है, जिसकी उपयोगिता सर्वथा समाप्त हो जाती है, वही नष्ट होती है, उसी का अन्त होता है। रहा मेरा ब्राह्मण-कुल में पैदा होना, सो उसे मैं नियति की भूल मानता हूँ।" जजमानी-वृत्ति को उग्र गरीब ब्राह्मणों द्वारा अर्जित की जानेवाली 'भीख' की संज्ञा देते हैं। मगर ब्राह्मण यदि अपने चरित्र से हीन हो चुका हो, और फिर भी सम्मान का अधिकारी बना घूमता हो; तो इस प्रपंच की उग्र ने बहुत कठोर

शब्दों में भर्त्सना की है, "यह भीख भी शानदार थी, तब तक जब तक ब्राह्मणों के घर में ब्राह्मण पैदा होते थे। लेकिन जब ब्राह्मणों के घर में ब्रह्मराक्षस पैदा होने लगे, तब तो यह जजमानी वृत्ति नितान्त कमीना धन्धा—स्वयं नीचातिनीच होकर भी दूसरों से चरण पुजवाना—रह गई थी।"

उग्र का न तो यज्ञोपवीत हुआ था और न विवाह। यानी उन्हें 'द्विज' बनने का संस्कार प्राप्त नहीं हुआ और 'कुरुक्षेत्र' के कवि रामधारी सिंह 'दिनकर' को याद करें, तो अविवाहित रहने के कारण उनकी स्थिति भीष्म पितामह की सी रही—"होकर भी जिनका हो न सका संसार!" इसलिए उग्र सांसारिक बन्धनों को काट फेंकते हैं और घोषित करते हैं कि—"जब से पैदा हुआ, तब से आज तक शूद्र-का-शूद्र हूँ।" असल में ब्राह्मणों के कदाचार और अमानवीयता से प्रताड़ित होकर उग्र, चण्डीदास के बताए सर्वोच्च सत्य—'मानुष-सत्य' को पहचानते हैं; और निराला की भाँति "अपने आँसुओं/अपने ही मुख-चित" बिम्बित देखते हैं—यानी शूद्र-जन के साथ अपनी सत्ता को एकात्म महसूस करते हैं। इस स्थिति में उनके लिए सच्चे गौरव की प्रतिष्ठा है—"सो, जैसे मैं स्वयं को बुरा नहीं मानता, वैसे ही शूद्र को भी नहीं मानता। मैं जैसे स्वयं को भला ही समझता हूँ, वैसे ही शूद्र को भी भला ही समझता हूँ। शूद्र द्विज (या ब्राह्मण) का पूर्व-रूप है, वैसे ही जैसे मूर्ति का पूर्व-रूप अनगढ़ पत्थर। और मैं अपनी अनगढ़ता को गर्व से देखता हूँ, इसलिए कि जब तक अनगढ़ हूँ, तभी तक विश्वविराट् की मूर्तियों की सम्भावनाएँ मुझमें सुरक्षित हैं।"

'ब्राह्मणपन' के इस तीखे विरोध की स्वाभाविक फलश्रुति है—समाज की अधिसंख्य शोषित, वंचित और श्रमशील गैर-ब्राह्मण जनता से आत्यन्तिक लगाव। 'अपनी खबर' में उल्लेखनीय ढंग से आमदनी के सबसे निचले स्तर पर गुजर-बसर करनेवाली आबादी में अपना प्रतिरूप देखने के कारण, उससे लेखक के एकमेक हो जाने की तड़प वाला प्यार व्यक्त हुआ है। लेकिन खास बात यह है कि उग्र अपने इस साधारण जन की जीवन-स्थितियों में बदलाव और बेहतरी लाने के लिए अपने वैचारिक और व्यावहारिक जेहाद की चेतना के बावजूद उसकी डींगें नहीं हाँकते। मुझे लगता है कि प्यार का शायद चरम रूप वह है, जिसमें आप उन्हीं जीवन-स्थितियों के बीच उस जन को चाहें और उसके अस्तित्व में अपने को घुला देने के साहस से सम्पन्न हों। ऐसा प्यार हर हाल में उस गतिविधि से ज्यादा सच्चा और कारगर साबित होता है, जो दृश्य के बाहर खड़े हुए बुद्धिजीवियों और राजनेताओं के 'महान' भाषणों में अक्सर पायी जाती है। इस प्रवृत्ति के सर्वथा विपरीत, उग्र ने साधारण जन से अपने प्रेम का यह बेहद अन्तरंग चित्र

खींचा है, "...आज भी, मैं निस्संकोच शूद्र हूँ और ब्राह्मणों के घर में पैदा होने के सबब—साधारण नहीं—असाधारण शूद्र हूँ। ब्राह्मण-ब्राह्मणी से मुझे शूद्र-शूद्राणी अधिक आकर्षक, अपने अंग के, मालूम पड़ते हैं। यहाँ तक कि आज भी जब मैं खानाबदोशों, बंजारों, जिप्सियों का गन्दगी, जवानी, जादू और मूर्खता से भरा गिरोह देखता हूँ, तब मेरा मन करता है कि ललककर उन्हीं में लीन हो जाऊँ, विलीन। उन्हीं के साथ आवारा घूमूँ-फिरूँ, किसी हरजाई, आवारा, बंजारन युवती के मादक मोह में—नगर-नगर, शहर-शहर, दर-दर—छुरी, छुरे, मूँगे, कस्तूरी, मग के नाफे, शिलाजीत बेचता।"

इसी तरह उग्र का अपनी माँ के साथ जो सम्बन्ध है, वह मानवीय प्यार और करुणा का एक अद्वितीय उदाहरण है। उनकी माँ का नाम जयकली था, पर वे यह बात छिपाते नहीं कि उसे "बिगाड़कर लोग 'जयकल्ली' पुकारते थे।" वे अपनी माँ को माई के बजाय जाने कैसे 'आई' ही पुकारते रहे, लेकिन बाद में उन्हें यह जानकर सुखद अचरज हुआ कि "महाराष्ट्र में तो घर-घर में माता को आई ही सम्बोधित किया जाता है।" आई "परम क्रोधिनी" होने के साथ-साथ "परम भोली" थीं और शिक्षा से इतनी अनजान थीं कि 'उग्र' का 'उर्द' उच्चारण कर पाती थीं; मगर यह उनके लिए असहज नहीं, बल्कि बहुत प्रिय स्थिति थी—"मैं यह कहना चाहता था कि मेरी जननी इस कदर अनपढ़ थीं कि जो सार्थकता उन्हें 'उर्द' जी में मिलती थी, वह 'उग्र' जी में नहीं। बिलकुल नहीं।" उग्र के बचपन में उनकी एक चाची वात्सल्य से द्रवित होकर उन्हें अक्सर एकान्त में पाकर कुछ-न-कुछ खाने को दे देती थीं, लेकिन उनकी आई को जैसे ही इसका पता लगता, वे "धरित्री पर बैठ पसारे हुए पाँवों पर मुझे पट लिटा, देवरानी को दिखा-दिखा, सुना-सुनाकर धमार की धुन में धमकती थीं।" जब उग्र लगभग युवा हो गए थे, तब भी उनकी माँ का यह क्रोध बरकरार रहा—"मैं सोलह साल का हो गया था, तब भी वह मुझे मारने को ललकती थीं। एक बार तो अनेक झाड़ू उन्होंने मुझ पर झाड़ भी डाले थे।" इस तरह उग्र को अपनी माँ से सज्जनता, स्वाभिमान और क्रोध के संस्कार तो मिले ही; श्रम के सौन्दर्य और लोक-गीत तथा लोक-संगीत के महत्वपूर्ण संस्कार भी प्राप्त हुए। सिर्फ एक उदाहरण देना हो, तो उग्र ने अपनी श्रमशील माँ की इस सुन्दर मूर्ति का स्मरण किया है—"हमारे लम्बे-चौड़े दरिद्र कच्चे घर को होली-दिवाली पर वह अकेले ही कछाड़ बाँधकर पोतनी या पीली मिट्टी से दिव्य कर देती थीं।"

'अपनी ख़बर' में भूख और अन्न की समस्या से जुड़ी चिन्ताएँ इस तरह मौजूद हैं कि हमें विचलित कर देती हैं। हिन्दी के महत्वपूर्ण साहित्य को देखते

हुए यह एक बड़ी बात है, क्योंकि डॉ. विश्वनाथ त्रिपाठी लिखते हैं कि "हरिशंकर परसाई के अधिकांश व्यंग्य-निबन्धों का नायक निम्न-मध्यवर्गीय है। इन निबन्धों में गेहूँ, चावल, चीनी, मिट्टी का तेल, किराए का मकान, गन्दी नाली, दहेज, बीमारियाँ, दवाएँ, श्राद्ध, चन्दा, चुनाव, बाढ़, अकाल आदि बार-बार आते हैं। ...तथाकथित गम्भीर साहित्य में गेहूँ, चावल, चीनी जैसी मामूली चीजों को कोई खास महत्व नहीं दिया जाता। 'सवा सेर गेहूँ' प्रेमचन्द की मशहूर कहानी है। तथाकथित शिष्ट साहित्य इन जीवनाधार वस्तुओं से भरसक परहेज करता है। घीसू-माधव की सबसे बड़ी आकांक्षा भरपेट पूड़ी-तरकारी खाने की थी। ऐसे साहित्य-रसिक काफी संख्या में हैं, जो इसे अवास्तविक और फूहड़ मानते हैं। ये पढ़ना-लिखना शुरू करते ही आसपास की दुनिया छोड़ देते हैं। जिन वस्तुओं पर हमारा जीवन आधारित है, वे कुछ लोगों को इतना अनायास मिल जाती हैं कि महत्वहीन हो जाती हैं। अगर ये चीजें सभी को सुलभ हों, तो उनसे ऊपर उठ जाना समझ में आता है; लेकिन जिस देश में आबादी का अधिकांश गरीबी की रेखा के नीचे जीवन व्यतीत करता हो, वहाँ इसे भाव-बोध से खारिज कर देना हृदयहीनता है। जिस वस्तु के न मिलने से आदमी मर जाए, पशु हो जाए, बैल-घोड़े की तरह जिन्दगी बसर करे, उसे साहित्य-जगत् से वे ही खारिज कर सकते हैं, जो खाते-पीते बैल-घोड़े हैं। ...गेहूँ की महँगाई का संत्रास अस्तित्ववादी संत्रास से भिन्न है, अरूप नहीं, वह समस्या-स्थिति है, जिससे अधिकांश देशवासी जूझ रहे हैं। ...मन की परतों में सिर्फ कुलीनतावादी और अवकाशभोगी वर्ग की कुंठाएँ और जन-निरपेक्ष महत्वाकांक्षाएँ ही नहीं रहतीं—गेहूँ, चावल, कपड़ा, मकान की समस्याएँ ही रहती हैं। अभाव में रहनेवाले आदमी का मन भी रीता होता है, वह भी उदास होता है, जीवन की सार्थकता की तलाश वह भी करता है।"

बहरहाल, उग्र के बड़े भाई ने घर में ऐसे हालात बना दिए थे कि "अक्सर जुए से जब नाल की रकम वसूल होती, तब मेरे घर में भोजन की व्यवस्था होती थी; आटा, चावल, दाल और नमक आता था।" एक तो खाने के लाले पड़े थे, उसमें भी विडम्बना यह और थी कि बचपन में उग्र को भूख की बीमारी थी—"तब मैं चार साल का था। सारे तन में पेट परम प्रधान। मेरे देह में वह रोग था, जिसमें आयुर्वेदीय चिकित्सक लोहे की भस्म या मण्डूर खिलाते हैं।" पहले उल्लेख किया जा चुका है कि बड़े भाई के दुर्व्यसनों में लिप्त रहने के कारण उग्र की माँ को दूसरों के घरों में मजदूरी करने के लिए बाध्य होना पड़ा था। पर 'बेचन' के लिए वे ही अन्नपूर्णा थीं। मानवीय करुणा, वात्सल्य और तपस्या की प्रतिमूर्ति—"मेरा

भाई जब परदेश होता और घर में भूनी भाँग भी न होती, तब आई मुहल्ले-टोले से मन-आध मन गेहूँ ले आतीं; एक निहायत करुण गीत गाती-गाती मेरी तरुणी भाभी के साथ उसे पीसतीं। तब कुछ पैसे मिलते, तब हमारे घर चूल्हा चेतता, मुँह निवाले लगते। मैं खुश हो चहकने लगता और आई कहावत सुनाकर खुश हो जातीं—'पेट में पड़ा चारा, तो नाचे लगा बेचारा'।"

देखा जाए, तो प्रकृति ने उग्र के साथ न्याय नहीं किया। दो साल और छह महीनों की अबोध अवस्था में ही वे पितृहीन हो गए। फिर मँझला भाई, बड़े भाई और भाभी से लड़कर अयोध्या भाग गया और साधु बनकर वहाँ की रामलीलाओं में काम करने लगा। फिर बड़े भाई द्वारा माँ, भाभी और बेचन लगातार सताए जाते रहे; माँ दूसरों के यहाँ मजूरी करती भटकती रहीं। उग्र की स्थायी आवास, भोजन-वस्त्र, शिक्षा और चिकित्सा की निहायत प्राथमिक जरूरतें भी पूरी नहीं हो पाती रहीं। यों उनके जीवन के शुरुआती बीस वर्ष अभावों की एक अटूट शृंखला में बन्दी रहे—इसे देखकर हिन्दी के प्रतिष्ठित जन-कवि नागार्जुन की यह कविता बरबस याद आ जाती है—

> **"पैदा हुआ था मैं/दीन-हीन अपठित किसी कृषक-कुल में**
> **आ रहा हूँ पीता अभाव का आसव ठेठ बचपन से**
> **कवि! मैं रूपक हूँ दबी हुई दूब का।"**

दूब कुचली जाकर भी उठती है—अपनी उसी हरीतिमा, ताजगी और प्रसन्नता के साथ। उग्र को अभावों और विडम्बनाजनक स्थितियों की बहुत मार सहनी पड़ी, पर अन्ततः उन्होंने सफलता और सार्थकता हासिल की। जिस कुल में उनका जन्म हुआ था, उसे देखते हुए रामलीलाओं में काम करना शर्म की बात थी; मगर यहाँ उग्र ने विद्यालयों में न हो सकी अपनी शिक्षा की कमी पूरी की—'रामचरितमानस' की कविता से उनका गहरा परिचय और प्रेम स्थापित हुआ। यही कारण है कि 'अपनी खबर' में वे जहाँ-जहाँ तुलसी को याद करते हैं, उनकी बात और मार्मिक तथा प्रभावशाली बन जाती है। एक बार रामलीला-मण्डली में भरत का 'पार्ट' करनेवाला साथी बीमार पड़ गया, तब 'गाँजे के नशे में चूर' बड़े भाई ने 'बेचन' को बुरी तरह पीटने की धमकी देकर उनसे यह 'पार्ट' अदा करवाया। इस प्रसंग को याद करते हुए उग्र ने लिखा है कि "वसिष्ठ की सभा में परम साधु बड़े भाई के मोह में भरत को रोते चित्रित किया है तुलसीदास जी ने। मुझे रोना आया था बड़े भाई के क्रूर भय से। ...मैं रोता था भाई के भय से, जनता ने समझा भरत जी अभिनय-कला का शिखर छू रहे हैं।"

राम और भरत के आपसी सम्बन्ध से उग्र की जीवन-स्थितियों का यह मार्मिक विरोध उनके शुरुआती जीवन पर कई रूपों में छाया रहा। एक बार जब पुलिस जुआरियों का एक जुलूस बनाकर, उन्हें राजपथ से हवालात की ओर ले गई, तो इन गिरफ्तार लोगों में उग्र के बड़े भाई भी थे। इसीलिए उन्होंने लिखा है कि ''उस भयकारी जुलूस के पीछे काफी दूर तक अपने भाई या अन्नदाता के लिए रोता हुआ मैं भी गया था।'' बहरहाल, जिसे अपने बचपन में 'घर में जुआ जमने पर, भाई की आज्ञा से दरवाजे पर बैठकर गली के दोनों नाके इसलिए ताड़ने रहते थे कि पुलिसवाले तो नहीं आ रहे हैं', और पास में 'पीसा' न होने के कारण जिसे कभी हनुमान-चालीसा चुरानी पड़ी थी; उसने एक दिन अपना यह उत्कर्ष भी देखा–''सागर विश्वविद्यालय आजकल 'उग्र' पर रिसर्च करा रहा है। उसी हनुमान-चालीसा चुराने वाले पर।'' उग्र के इस कथन में जीवन-संघर्ष की धूप में तपे हुए चेहरे का अजेय गौरव है, वातानुकूलित कमरों में मौजूद रहने वाले चेहरों की निरर्थ मुलायमियत नहीं है। जिस जमाने में उनके लेखकीय व्यक्तित्व का निर्माण हुआ, उसमें स्वाभाविक ही था कि वे तमाम कष्ट सहकर भी अपने पुंरुषार्थ से कामयाबी हासिल करते। रामविलास शर्मा ने इस युग की विशेषता बताते हुए लिखा है कि ''मतवाला-मण्डल के प्रायः सभी सदस्य एक-एक करके उठ गए। वह युग महान था, साहस, संघर्ष, वेदना, विजय का युग।''

चुनार की मिट्टी की सौग़ात

''सुनु कपीस अंगद लंकेसा। पावन पुरी रुचिर यह देसा ॥
जद्यपि सब बैकुंठ बखाना। बेद पुरान बिदित जगु जाना ॥
अवधपुरी सम प्रिय नहिं सोऊ। यह प्रसंग जानइ कोउ कोऊ ॥''

–गोस्वामी तुलसीदास

उग्र ने अपनी जन्म-भूमि चुनार से अपने प्यार की पराकाष्ठा जताने के लिए राम के अयोध्या-प्रेम का उपर्युक्त उदाहरण हमारे सामने रखा है। यह अकारण नहीं है कि 'चुनार' शीर्षक अध्याय में अयोध्या के विगत वैभव और वर्तमान श्रीहीनता का जबरदस्त चित्रण इसलिए किया गया है कि उसके बरअक्स चुनार की प्राकृतिक सुषमा को उभारा जा सके। दरअसल राम को अयोध्या बैकुंठ के मुकाबले प्रिय लगी थी और उग्र को अयोध्या के मुकाबले चुनार प्रिय लगा–''मैं चुनार में पैदा हुआ, जो काशी के कलेजे और गंगा-तट पर होकर भी त्रिशंकु

की साया में होने से तीर्थ नहीं है। इतना ही नहीं, तीर्थ का पुण्य-हरण करनेवाला भी है। फिर भी, चुनार मुझे तीर्थ और अयोध्या और साकेत से भी अधिक प्रिय है। यह अपनी जन्म-भूमि चुनार के बारे में पाण्डेय बेचन शर्मा 'उग्र' की राय है।'' यही नहीं, 'अयोध्या की सरयू' के मुकाबले 'चुनार की गंगा' उन्हें प्रिय है–''मुझे सरयू उतनी अच्छी नहीं लगतीं, जितनी नर, नाग, विबुध बन्दनी गंगा।'' सरयू की आलोचना करते हुए वे यह कहने से भी नहीं हिचकते कि ''मुझे तो सरयू भी मटमैली, रजस्वला नजर आती है।''

'रामायण' में अयोध्या के जिस सौन्दर्य, सुख और समृद्धि का वर्णन आदिकवि वाल्मीकि ने किया है, उग्र का मानना है कि वह मानव-कृत व्यवस्था थी, जो ''कलकत्ता-बम्बई ही नहीं, लन्दन-न्यूयार्क के म्युनिसिपल कार्पोरेशनों के आगे आज भी प्रसन्न चुनौती'' जैसी है। मगर समय के साथ यह व्यवस्था ध्वस्त हो गई, क्योंकि उसे कायम रखने के लिए हरिश्चन्द्र, दिलीप, रघु, भगीरथ, इक्ष्वाकु, दशरथ और राम-सरीखे पुरुषार्थी व्यक्तित्व नहीं रह गए। उग्र के शब्दों में, अयोध्या का वैधव्य आ गया–''असल में अयोध्या आदमी के बनाए बनी हुई थी, भले वे आदमी राम-जैसे शक्तिमान क्यों न रहे हों। वैसे आदमी नहीं रहे, तो अयोध्या राँड हो गई।''

अयोध्या से चुनार इसी स्तर पर विशिष्ट है कि वह अपने सौन्दर्य के लिए मनुष्य के अधीन नहीं है। मानव-कृत सांसारिक विधान तो नश्वरता को अभिशप्त हैं, लेकिन प्रकृति के औदात्य और आकर्षण का शायद समय के पास भी कोई जवाब नहीं है। आज अयोध्या के पास जो समस्त बची हुई सम्पत्ति है, उस पर चुनार की प्रकृति का यह जरा-सा अंश भारी पड़ता है–''मैं कहता हूँ, सारी अयोध्या में जितने गढ़े-गढ़-मन्दिर-मूर्तियाँ हैं, उतनी और ऊपर से उतनी ही और चरणाद्रि (चुनार) की अनगढ़ पार्वतीय विभूति के बाएँ चरण की सबसे छोटी अँगुली के नाखून से निकाली जा सकती हैं।'' अयोध्या की आलोचना का उग्र का यह आवेश जितना प्रखर है, चुनार की मिट्टी से उनका लगाव उतना ही संजीदा है। उसके सत्व से वह भीतर तक भीगे हुए हैं। इसीलिए अपनी धरती की सुषमा को वे 'नन्दन वन' के समकक्ष रखते हैं, ''चुनार से सटी विन्ध्याचल की सुखद घाटियों में पारिजात के, पलाश के, बहेड़े के, महुवे के वन-के-वन। जब शरद ऋतु में सारी घाटी पारिजात पुष्पों की सुखद सुगन्ध से भर जाती है, लगता है, यही तो नन्दन-वन है।'' अपनी इसी सभ्यता की बदौलत चुनार को प्राचीन भारत के तपस्वियों की साधना-भूमि रहे होने का गौरव प्राप्त है। यही नहीं, ''क्रान्तिकारी ब्रह्मर्षि वैत्तानिक विश्वामित्र का सिद्धाश्रम चुनार के निकट ही'' था। इसलिए

चुनार के साथ यह सौभाग्य संलग्न है कि वह कभी एक बड़ी ऐतिहासिक घटना का मंच बना था, "...ऋषि विश्वामित्र राजा दशरथ से आग्रह करके राम और लक्ष्मण को चुनार दिखलाने को ले गए थे। राम चुनार न गए होते, तो शायद ही राम होते, क्योंकि विश्वामित्र ने चुनार ही के आसपास उन्हें वे विद्याएँ दी थीं—शस्त्रास्त्रों के प्रयोग की शिक्षा, जो सारे जीवन रघुनन्दन के काम आती रहीं।"

चुनार की मिट्टी के बने 'बेचन पाँडे' अगर अयोध्या का जिक्र बार-बार ले आते हैं, तो यह अकारण नहीं है। अयोध्या से उनका एक खास आध्यात्मिक सम्बन्ध है, जिसके अनुभव का स्रोत हमारे प्राचीन भक्ति-काव्य में है। असल में यों तो उग्र जीवन-भर अविवाहित रहे, मगर बचपन में ही, नाटक में सही, वे रामचन्द्र जी की विवाहिता बन चुके थे। इस विशेष अर्थ में अयोध्या तो उनकी ससुराल ही है, "...ऊपर चुनार के साथ अयोध्या का नाम फोकट-फीके नहीं लिया गया है। त्रेता में जिस अयोध्या में राम बाम दिसि जानकी विराजा करती थीं, कलिकाल में उसी अयोध्या में, रामलीला में ही सही, कुछ दिनों बेचन पाँडे भी सीता जी बना करते थे। ...सो, जिसकी अपनी जोरू जिन्दगी-भर नहीं रही, वह जिन्दगी के आरम्भिक वर्षों में ही राम की जोरू बन चुका था।" लेकिन इस सन्दर्भ में भाव-बोध के स्तर पर कवि कबीरदास के समक्ष वे अपने को कहीं खड़ा नहीं कर पाते—

"बालम! आओ हमारे गेह रे!
तुम बिनु दुखिया देह रे!
सब कोई कहै तुम्हारी नारी!
मोहि होत सन्देह रे!..."

ध्यान से देखें, तो यहाँ उग्र की वाणी में एक दुहरी व्यथा का संश्लेष है। एक तरफ एक अविवाहित का दारुण एकाकीपन है, फिर दूसरी ओर इस अकेलेपन की मार खाया हुआ मनुष्य अपने ईश्वर से भी बेगाना है—अपनी चेतना में कबीर की-सी गहराई और छटपटाहट वे महसूस नहीं कर पाते। ज्यादा सही मायने में यह अपने प्रिय की पहचान का संकट है अथवा अपने प्रिय के लोप से पैदा हुई संसार-भर की बीहड़ भटकन है, जो तुलसीदास के हनुमान की स्थिति से अधिक मेल खाती है—"तव माया बस फिरउँ भुलाना। तातें मैं नहिं प्रभु पहिचाना॥" हनुमान जी को तो अन्ततः अपने प्रिय मिल भी गए, लेकिन उग्र

के प्रेम में कहीं भी ठौर न पाने की पीड़ा और व्यर्थता की यह छीजन हमेशा रही—"यानी यह जो आज बड़े तीसमारखाँ बनते हैं पाण्डेय बेचन शर्मा 'उग्र' दरअसल जोरू हैं राम की। मगर क्या होंगे! राम की जोरू थे कबीरदास जी!"

जितना प्रेम है, उससे ज्यादा उसके फलीभूत न हो पाने के सन्देह का त्रास है; और जहाँ प्रेम है, वहाँ किसी और की ज्यादा सच्ची और संजीदा उपस्थिति है। रकीब हो तो कबीर-जैसा, जिसके सम्मान में उग्र अपना यह एकल सुख भी अपने ही विरुद्ध तोड़-फोड़ डालते हैं। जैसा कि होता है, हमारी एक चीज़ क्षत-विक्षत रहती है, तो हम अपनी दूसरी चीजों को मुकम्मल करने की कोशिश करते हैं। प्रेम का हमारा रास्ता एक जगह रुँध जाए, तो उसकी अभिव्यक्ति दूसरी जगहों पर दूसरे रूपों में होती है। प्रेम के अन्य रूपों में हम उसके मूल रूप को ही खोजते और निर्मित करते हैं; और इस तरह मूल रूप की वंचना के अपने ठोस दुख को उन अन्य रूपों की तरल निर्मिति में घुलाने की चेष्टा करते हैं। मुझे लगता है कि चुनार से उग्र का जो प्यार है; जिसके चलते उसके इतिहास में धँसकर उन्होंने उसकी वर्तमान वस्तु और रूप की नई रचना की है; उसे उपर्युक्त बातों की सम्बद्धता में समझा जाना चाहिए।

सन् 1905 ई. की पाँच-सात हजार आबादी की छोटी-सी बस्ती—चुनार का जो अहवाल उग्र ने सुनाया है, वह बेहद मनोरंजक है, लेकिन अपने इतिहास की बहुत सही और मार्मिक समझदारी से रौशन है। चुनार में गंगा-तट पर चरण की आकृति की एक पहाड़ी 'चरणाद्रि' और उस पर बने परम प्राचीन दुर्ग तथा उसके एक विकराल तहखाने का बड़ा ऐतिहासिक महत्व है। द्वापर युग के प्रसिद्ध सम्राट् जरासन्ध, उज्जयिनी के सम्राट् विक्रमादित्य, उनके भाई राजर्षि भर्तृहरि, आल्हा-ऊदल नामक बहादुर बन्धुओं, विभिन्न हिन्दू-मुस्लिम राजाओं-रानियों, भारत के अंग्रेज शासकों और स्वाधीनता-संग्राम के जुझारू सेनानियों आदि के इतिहास के अलग-अलग बिन्दुओं पर इस किले से विभिन्न प्रकार के सम्बन्ध रहे। योगिराज भर्तृहरि की समाधि इस किले में है। इसी के नजदीक एक गुहा में वह वर्षों साधना-रत रहे। इसीलिए "विश्वासी लोग आज भी भर्तृहरि की आत्मा का आवास चुनार-गढ़ के आस-पास मानते हैं।" हिन्दी के आदि-उपन्यासकार बाबू देवकीनन्दन खत्री ने 'चन्द्रकान्ता', 'चन्द्रकान्ता सन्तति' और 'भूतनाथ'-सरीखे अपने मशहूर उपन्यासों में इसी किले को वर्णन का आधार बनाया है। किंवदन्ती के मुताबिक इसी किले के निकट श्री वल्लभ महाप्रभु के पुत्र विट्ठल महाराज का जन्म हुआ और 'आचार्य कूप' में उनका पालन-पोषण हुआ। इसी से चुनार वल्लभ सम्प्रदायियों का पुण्य-तीर्थ है।

चुनार दुर्ग में हज़रत मुहम्मद की दाढ़ी का पवित्र बाल भी कभी सादर सुरक्षित रहा करता था। साथ ही चुनार में मुस्लिम वली हजरत कासिम सुलेमानी की मशहूर दरगाह है। दरगाह के विशाल वार्षिक मेले को उग्र खास तौर पर याद करते हैं, क्योंकि उसमें बिना भेद-भाव के शहरी-ग्रामीण, हिन्दू-मुसलमान जनता भाग लेती थी। अंग्रेजों के जमाने में चुनार दुर्ग में गोरा-तोपखाना पलटन रही—"शत-शत अंग्रेज सोल्जर्स" रहे। न जाने कितने अंग्रेज इस किले के पीछे बनी पुरानी कब्रगाह में दफ्न हैं। उग्र ने इस विचित्र बात को बड़े चुटीले अन्दाज में पकड़ा है, "कब्रों पर उनके नाम-पते पढ़कर ताज्जुब होता है नियति के विलास पर, जो इंग्लैंड की मिट्टी को चुनार में दफनाने का विधान करती है।"

इस सचाई में कैसी विडम्बना निहित है कि जिन गोरों ने अपने जीवन का अधिकांश चुनार में ही जिया और अन्ततः भारत-भूमि में हमेशा के लिए मिल जाना जिनकी नियति रही; उन्होंने अपने जीते-जी चुनार की जनता अथवा भारतवासियों से मनुष्योचित व्यवहार नहीं किया। यह उनके शासन की जड़ें खोद देनेवाला उनका अविवेक ही था—उनके अमानवीय चरित्र पर इतिहास की खासी निर्मम टिप्पणी—अगर इतना समय पाकर भी वे आपसी प्यार, सहानुभूति और सहयोग की कोई संस्कृति बना नहीं पाए। उनकी आँखों पर शक्ति, साधन-सम्पन्नता, विलास और ऐश्वर्य के पर्दे पड़े थे। इसलिए भारत की दुखी, गरीब और अधनंगी जनता से वे घृणा का ही सम्बन्ध बना सकते थे और यही सम्बन्ध उन्होंने बनाया भी। साथ ही इस रिश्ते की सभी मुमकिन फलश्रुतियाँ भी उन्होंने लागू कीं—जहाँ शासक हर तरह के आत्म-संघर्ष से हीन हो, वहाँ जनता में वह विद्रोह का विष फैलाता है। उग्र ने अंग्रेजों के अत्याचार को अपनी नजरों से अदेखा नहीं जाने दिया है। उन्होंने पाया कि गोरों के जनता से सम्बन्ध सेव्य और सेवक, भोगी और भुक्तभोगी तथा पीड़क और पीड़ित के-से रहे—"तब चुनारवालों को ये गोरे महाकाल के दामाद दसवें ग्रह-जैसे लगते थे। अक्सर लोग इनकी छाया से भी दूर भागते थे। लोअर लाइन्स से गुजरनेवाले गरीब ग्रामीणों या चुनारियों को ये रिटायर्ड या सिपाही गोरे कारण-अकारण बेंतों से बुरी तरह सिटोह दिया करते थे। औरतें तो लोअर लाइन्स में जाने की हिमाकत कर ही नहीं सकती थीं। जरगो नदी पार से शहर को विविध वस्तु बेचने आनेवाली अहीरिनों, कोरिनों, चमारिनों को अक्सर उन्मत्त गोरे दौड़ा लेते थे, रगड़-सगड़ देते थे पशुरत—रेप!"

हाँ...इन अत्याचारी, आत्म-सुख-लिप्त और अहम्मन्य गोरों से अगर कोई सम्बन्ध भारतीय जन का था, तो वह अजनबीपन, अचरज और भय का

मिला-जुला सम्बन्ध था; जिसका सबसे निश्छल रूप भारतीय बच्चों की प्रतिक्रियाओं में प्रकट होता था—"उन दिनों नित्य ही सद्दूपुर मुहल्ले की बँभनटोली गली से सोल्जर्स, एंग्लो-इंडियन गोरा-काला पादरी, और वह घोड़ी-सवार मेम विधवा मिसेज विल्सन गुजरती थी। भयभीत कौतूहल में मुहल्ले के हम अधनंगे बच्चे 'साहब, सलाम!' और 'मेमसाहब, सलाम!' किया करते थे।" यह बहुत उल्लेखनीय है कि उग्र आत्मकथा लिखते वक्त अपने दारिद्र्य और अपमान की स्मृतियों से कभी अलहदा नहीं हो पाते। यही वजह है कि उन्हें "भयंकर, प्रचण्ड प्रताप वाले गोरे" बराबर याद आते हैं। उन्हें चुनार नोटिफाइड एरिया का तत्कालीन सुपरिंटेंडेंट, नेवीकट दाढ़ी रखनेवाला एक बूढ़ा हथकटा गोरा सिपाही मिस्टर ओब्रायन नहीं भूलता, क्योंकि "नगर की सफाई वगैरह उसी के चार्ज में थी। उसका एक हाथ बिलकुल कट गया था। कोट की दाहिनी आस्तीन यों ही लटकती रहा करती थी। वह बाएँ हाथ में बेंत लेकर मिलिटरी फुरती से चलता था। किसी भी काले आदमी को गली में बैठकर लघुशंका वगैरह करते देखते ही दे बेंत दे बेंत! सिटोहकर धर देता था। फिर रिपोर्ट, ऊपर से जुर्माने होते थे। मेरी गली के चिंगन तेली पर मिस्टर ओब्रायन का बेंत कई बार बरसा था, क्योंकि चिंगन तेली सरे-राह बैठकर पेशाब करना अपना जन्मसिद्ध अधिकार मानता था। इस तीखे अंग्रेज को देखकर मेरे तो होश फाख्ता हो जाते थे। ..चिट्टा-गोरा बिलाड़ जैसे सूट पहन ले।"

अभावों और विपत्तियों की मार खाकर मनुष्य के जीवन का संगमरमरी शिल्प टूट जाता है और बिखर जाता है। उसमें कोई संगति नहीं रहती। यों न कहें, तो इस परिस्थिति का एक अपना ही शिल्प होता है—बेहद बदरंग, अस्त-व्यस्त और दुर्बोध, एक गैर-मानवीय-सा शिल्प। घीसू-माधव के जीवन-सा या चिंगन तेली के उपर्युक्त आचरण-सा। एक अंग्रेज सिपाही के भाव-बोध में पेशाब करने की जगह बदल जाने से बड़ा उलट-फेर हो जाता है, लेकिन चिंगन तेली-सरीखे असंख्य साधारण जनों के जीवन में ऐसी तमाम चीजों के बदल जाने से भी किसी बेहतरी के आने की सम्भावना न हो, तो इस विसंगति का क्या किया जाए? इसे समझने के लिए भी तो अन्तर्दृष्टि चाहिए, जो उनके पास भला क्या होगी, जिन्होंने अपने निजी ऐशो-आराम के लिए सारे सार्वजनिक साधनों पर कब्जा कर रखा हो और आम जनता को उसके न्यूनतम मानवीय अधिकारों से वंचित किया हो—"बीसवीं सदी के आरम्भ में गोरी सेना, रिटायर्ड अंग्रेज और ईसाइयों के सबब वज्र ग्रामीण चुनार का एक भाग बम्बई और कलकत्ते के किसी स्वच्छ भाग की तरह तत्कालीन आधुनिकता से मंडित था। नोटिफाइड एरिया की ओर

से सारे चुनार में अगर दो सौ लैम्प-पोस्ट खड़े किए गए होंगे, तो उनमें से सौ से ऊपर केवल लोअर लाइन्स में लगाए गए होंगे, जहाँ गोरे बसते थे। छोटी बस्ती, सुथरी सड़कें, शान्ति-सुख-निवास की तरह छोटे-छोटे हरे-भरे बंगले, वजनी और हल्के-फुल्के फर्नीचर, फैशनदार परदे, दरियाँ, गलीचे, अच्छी तरह पहन-खा-पीकर लोआपोआ गोरे बच्चे! गुड़ियों की बीवियों–जैसे हाथीदाँत के बने यूरोपियन बालक।''

असल में, देखिए, तो कुछ लोगों के ऐश्वर्य का यह ढाँचा तमाम जनता के जीवन की बदहाली पर टिका हुआ है। एक का रक्त पीकर दूसरा पुष्ट है। एक तरफ 'लोआपोआ गोरे बच्चे' हैं, तो दूसरी ओर 'अधगामड़िये छोकरे' हैं। हिन्दी के प्रसिद्ध कवि वीरेन डंगवाल की पंक्तियाँ हैं–

''सातों समुद्रों और निखिल नदियों का पानी है वहाँ
और यहाँ हमारे कण्ठ स्वरहीन और सूखे हैं''

कहने की जरूरत नहीं कि उग्र ने इस विडम्बना को ऐन अपने जीवन में पहचाना और महसूस किया–''कुत्तों की रखवाली पर नियुक्त नौकर–चमार, भंगी, मेहतर–जिनके तन पर ऐसे साफ़ कपड़े, जैसे हमारी बँभनटोली में एक के भी नहीं। मेरी स्थिति तो कुछ पूछिए ही मत। सिवाय मैली, मारकीनी, मुफ्त मिली धोती और एकमात्र कुरते के बन्दे के सिर पर तो दो पैसे वाली दुपलिया भी मुहाल न थी। न ही चरणों में चमरौधा ही।'' मगर उग्र इस बात को नकारते हैं कि वे बहुत दुखी रहे हैं। अपने अभावों को वे यह कहकर पी जाते हैं कि–''बचपन और यौवन शायद स्वयं में इतने भरपूर होते हैं कि उस आलम में अभाव भी भावों-भरे भासते हैं।''

गोस्वामी तुलसीदास ने एक जगह लिखा है कि ''समुझी नहिं तसि बालपन, तब अति रहेउँ अचेत।'' इस उद्धरण से उग्र का यह तर्क समझ में आता है कि दुख, अपमान और हताशा का सम्बन्ध ज्ञान से है। जब चेतना होगी, तभी ये चीजें होंगी। चेतना से जयशंकर 'प्रसाद' इतने परेशान हो गए थे कि उन्होंने 'आँसू' में उसके थम जाने की आकांक्षा व्यक्त की–''चेतना लहर न उठेगी/जीवन-समुद्र थिर होगा।'' मगर चीजों का सामना करने का उग्र का अपना ही विलक्षण अन्दाज है। अज्ञान में ही सुख है, इस तरह के उनके कथन की व्यंजना यह है कि एक प्रबुद्ध और संवेदनशील व्यक्ति के जीवन में सुख प्रायः नहीं है। लेकिन फिर वे सुख का रास्ता बताते हैं। ज्ञान की गुरुता से दब जाना ठीक नहीं है। उग्र की यह विशेषता है कि वे कठिन क्षणों में कठिन स्थितियों के हास्यास्पद पहलू देख

लेते हैं। वहीं से पकड़कर वे उन्हें पराजित करते हैं। उनके लिए कुछ भी असाध्य नहीं है, ज्ञान भी नहीं—"समझिये तो, जीवन में जितना भी सुख है, अज्ञान ही के सबब होता है। देखिए तो, जगत् में ज्यादातर जीवधारी अज्ञानी ही होते हैं। फिर इस ज्ञान की कोई गारण्टी नहीं कि कब अज्ञान न साबित हो जाए।"

दुख पर वही हँस सकता है, जो उसके चरम को जानता हो। उसको जब हम जान लेते हैं, तब वह हमें रास आ जाता है। उग्र ने लिखा है कि जीवन का 'नरक' उन्हें रास आ गया है। वे हँस लेते थे, क्योंकि दुख का जहर पीकर वे नीलकण्ठ हो गए थे। साधारण जनता में भी यह अजब शक्ति होती है। वह अपने दुखों को ही नहीं, अपने विरोधियों या अत्याचारियों को भी अवमूल्यित करके, उन्हें 'रिडिक्यूल' करके रख देती है। उनकी खिल्ली उड़ाकर वह अपने लिए जीवन-रस अर्जित करती है। अत्याचार और अपमान का यह सतत् द्वन्द्व चलता है। इसमें अपमान की भूमिका सर्जनात्मक है, क्योंकि वह एक तरह का प्रतिरोध है; हमला नहीं है, शोषण नहीं है। प्रतिरोध की हँसी अकाट्य होती है। उसे चाहे जैसे लौटाइए, लौटती नहीं है। वह मर्मस्थल में बिंध जाती है। मिस्टर ओब्रायन ने चुनार की जनता से अपना जो सम्बन्ध बनाया था, उसमें ये बातें चरितार्थ नजर आती हैं—"दाहिना हाथ टूटा। बायें में चमड़ा-मढ़ा बेंत। तेज़, चालाक चाल। सपने में जैसे प्रेत! 'टुटवा साहब' हम उसे सभय पुकारते थे। अपने लिए टुटवा साहब-जैसा हेय प्रयोग सुनते ही कहनेवाले को, खाह वह बूढ़ा हो, जवान या बालक, बिना पकड़े, बिना पीटे, बे-सताए वह छोड़ता नहीं था।"

चुनार उग्र की जन्मभूमि थी। कोई आश्चर्य नहीं कि उनमें संघर्षों को सहने की ताब थी, अत्याचारियों के विरोध का हौसला था, अपने राष्ट्र के भूखे और निरुपाय जन-समाज से मोहब्बत थी, और सबसे बड़ी बात यह कि विडम्बनाओं पर हँसने का उनमें अद्भुत साहस था। तभी उन्हें यह अधिकार भी था कि वे चुनार से इतना प्यार करते!

प्रत्येक वाणी में महाकाव्य-पीड़ा

"मुझे भ्रम होता है कि प्रत्येक पत्थर में
चमकता हीरा है;
हर-एक छाती में आत्मा अधीरा है,
प्रत्येक सुस्मित में विमल सदानीरा है,
मुझे भ्रम होता है कि प्रत्येक वाणी में

महाकाव्य-पीड़ा है,
पल-भर मैं सबमें-से गुज़रना चाहता हूँ,
प्रत्येक उर में से तिर आना चाहता हूँ,
इस तरह खुद ही को दिए-दिए फिरता हूँ,
अजीब है ज़िन्दगी!!"

—गजानन माधव मुक्तिबोध

'अपनी ख़बर' में पाण्डेय बेचन शर्मा 'उग्र' ने मुक्तिबोध के-से आत्मीय और आकुल आवेग के साथ अपनी 'अजीब' जिन्दगी में आए कुछ प्रमुख व्यक्तियों के चरित्र की गहरी छानबीन की है। अपने साथ-साथ औरों के बारे में भी सम्यक् सच कहने की उनकी अचल निष्ठा के चलते यह व्यक्तित्व-रचना बहुत पारदर्शी, जीवन्त और हृदयग्राही बन पड़ी है। खास तौर पर अयोध्या की रामलीला-मण्डलियों में अभिनय करते हुए पंजाब, उत्तर-पश्चिम के सीमान्त इलाकों, उत्तर प्रदेश और मध्य भारत के तमाम नगरों की यात्राओं के अनुभवों की उनके जीवन में काफी महत्वपूर्ण भूमिका है। तब वे सीता और लक्ष्मण बननेवाले बालक थे, जिन्हें रामलीला-जगत् की भाषा में 'स्वरूप' या 'सरूप' कहा जाता था। इस दौरान उन्हें बाहरी दुनिया के तो विविध साक्षात्कार हुए ही, मनुष्य की प्रायः निभृत रहनेवाली अच्छी-बुरी प्रवृत्तियों को भी उन्होंने जाना-पहचाना। जिन दो मण्डलियों में उन्होंने काम किया था, उनके संचालकों—नागा महन्त भागवतदास और महन्त राममनोहर दास—को बहुत करीब से देखने का उन्हें मौका मिला। इसीलिए इन पर एक-एक अध्याय उन्होंने स्वतन्त्र रूप से लिखा है।

उग्र ने नागा भागवतदास के घुड़सवारी के शौक, कंजूसी और तमाम सम्पत्ति जोड़ने की उनकी प्रवृत्ति, मण्डली पर उनके बेहद कठोर अनुशासन कायम करने, उनके जीवट और साहस, संयम और सदाचार की विस्तृत चर्चा की है। "निशानेबाज़, खूँख्वार सरहदी डाकुओं" के लिए मशहूर सीमान्त शहर बन्नू में जाकर रामलीला वही करवा सकते थे। उग्र ने उनका यह बहुत आकर्षक चित्र खींचा है—"दाढ़ीधारी, छापा-तिलकधारी, उजले वस्त्रधारी महन्त जी आँखों पर चश्मा चढ़ाए, हाथ में बेंत की छोटी चँवरी लिये जब उस घोड़े पर सवारी करते थे, बड़ा चमत्कारी दृश्य उपस्थित हो जाता था। भागवतदास महन्त एक आँख के काने थे। उन्हें बंगड़ वैरागी 'भागवतदास कानियाँ' कहकर मन्द माना करते थे, क्योंकि त्यागी-वैरागी होकर भी भागवतदास पैसा-जोड़ थे, कौड़ी-पकड़।" लेकिन यह कृपण-कठोर महात्मा 'स्वरूपों' के साथ विशेष हमदर्दी और प्यार का

बर्ताव करते थे। फलतः मण्डली में उन्हें पीठ-पीछे 'बटुक-विलासी' कहा जाता। पर वे ऐसे न थे। उग्र ने उनके वास्तविक रूप की रक्षा की है—"सरदी के दिनों स्नान के बाद शीत से काँपते उन किशोरों को प्रायः नियम से महन्त जी अपने कोमल इटालियन कम्बल में बुला लिया करते थे—एक, दो, तीन को—और उनके गाल हथेलियों से रगड़-रगड़ कर गरमाया करते थे। मेरे मते यह क्रोधी, कठोर-स्वभावी महन्त का महज निर्विकार कोमल पक्ष था। महन्त भागवतदास सिद्धान्त और लँगोट के सच्चे थे।"

नागा भागवतदास के विपरीत महन्त राभमनोहरदास खर्चीले थे, सहकर्मियों को अच्छा वेतन देते थे, "वैरागी होने पर भी गृहस्थों के बाने में" रहते थे, रामलीला-प्रदर्शनों के श्रेष्ठ प्रबन्धन में निष्णात थे, मण्डली में साधुओं के बजाय अधिकतर "व्यावसायिक और आवारा-मिजाज" अभिनेताओं को रखते थे; मगर सबसे खलने वाली बात यह थी कि उनका चरित्र साफ-सुथरा नहीं था—"... लँगोट के वह कच्चे थे—भद्दे ढंग से। वह किसी-न-किसी सुन्दर 'स्वरूप' पर रीझकर पहले सोने के गहनों से उसे लाद देते (दे नहीं डालते, केवल पहनने की सहूलियत देते)। फिर उसी को लोहे के कैश बॉक्स की कुंजी भी दे देते। सेक्रेटरी और शिष्य के बीच के काम उससे इतने लेते कि अक्सर थककर वह उन्हीं के गुदगुदे गदेले पर रात काट देता था। और सवेरे मण्डलीवालों में अनैतिक कानाफूसी चलती।" इसके बाद तो यह पतन संक्रामक रोग-सा फैलता—"एक बार यह प्रकट हो जाने पर कि अमुक स्वरूप महन्त से 'विलट' गया, मण्डली के दूसरे मनचले अधिकारी, भण्डारी, श्रृंगारी, लीलाधारी भी मौके-बे-मौके उस पर जरूर लपकते। फलतः स्वरूप को कुरूप बनने में कुछ भी देर न लगती।"

जिस समाज के साहित्य में जीवन के गर्हित सच से मुँह चुराने की नैतिक दुर्बलता के कारण न तो आत्मकथाओं की समृद्ध परम्परा बन पायी हो, और न सशक्त वर्तमान; उसी हिन्दी-समाज में रहते हुए उग्र ने उस दुनिया के वीभत्स अँधेरों को उजागर किया, जिसके वे मूक दर्शक नहीं रह पाए, बल्कि विवश हिस्सेदार हुए। सचाई के निषेध में उन्होंने अपनी अप्रतिष्ठा मानी, इसलिए लिखा—"फिर भी, मैं बिगड़ा नहीं, ऐसा कहना 'बनना' होगा, जो मेरी बान नहीं, बाना भी नहीं।" लेकिन सच बोलनेवाले का जोखिम यह होता है कि असंख्य असत्यवादियों के समूह में कठघरे में वही खड़ा किया जाता है—अकेला! हमने एक ऐसा वातावरण तैयार कर रखा है, जिसमें आत्म-स्वीकृतियाँ न हों, आत्म-छल हो! यह इसलिए कहा गया कि बाद में इसी हिन्दी-समाज के एक बड़े आलोचक रामविलास शर्मा ने उपर्युक्त बात को कुछ इस तटस्थ अन्दाज में प्रस्तुत किया;

मानो यह सब उग्र के जीवन की लाचारी नहीं, बल्कि उनकी एक सामान्य सकर्मक अभिरुचि रही हो—"आठ साल के उग्र ने जुल्फों में फूल-चिड़ी बनाना, रामलीला में सीता का अभिनय करना सीखा। महन्त भागवतदास की रामलीला-मण्डली के साथ उन्होंने लाहौर, अमृतसर और बन्नू-कोहाट तक की यात्रा की, यात्रा के दौरान महन्त-मण्डली में अप्राकृतिक व्यभिचार की जानकारी प्राप्त की।"

रामविलास जी के इस कथन में एक तथ्यात्मक संशोधन करते चलें कि उग्र ने अप्राकृतिक व्यभिचार नागा भागवतदास की मण्डली में नहीं, महन्त राममनोहरदास की मण्डली में बताया है। जैसा महन्त था, वैसी ही मण्डली थी—"इस तरह राममनोहर दास की राम-मण्डली जबरदस्त पाप-पार्टी भी थी।" यह पाप-पार्टी इतनी नृशंस थी कि उग्र के जीवन के पहले प्रेम और एकमात्र सच्चे प्रेम की इसने बलि ले ली थी। उग्र उस वक्त बारह बरस के 'बेचन पाँडे' थे। रामलीला के मंच पर सीता बनकर बैठे हुए वे उस "सत्रह-साली, निराली ब्यूटीवाली, कमल-लोचना" को एकटक देखा करते थे—"बारह साल की उम्र में मैं सत्रह साल की एक अभिरामा श्यामा पर ऐसा आशिक हो गया था कि 'सीने में जैसे कोई दिल को मला करे है' का अनुभव मुझे तभी हो गया था। ...मेरा प्रथम और अन्तिम प्रेम भी वही था। उसके बाद जो मामले हुए, उसी शाश्वत साहित्य के संक्षिप्त, सस्ते संस्करण मात्र थे।"

बाराबंकी की उस युवा सुन्दर विवाहिता के साथ एक ट्रैजेडी घटी। उसका पति बम्बई में नौकरी करता था और साल में एकाध बार घर आता था। इस परिस्थिति का दुरुपयोग करते हुए, रामलीला-मण्डली के महन्त और वरिष्ठ वासनाकुल सदस्यों ने उसे पहले महँगे वस्त्र भेंटकर उपकृत किया, फिर धर्म-कर्म की आड़ में उसे भयावह यौन-रोग का पुरस्कार दिया। उसके पति को इसकी जानकारी हुई और उसने "पिशाच के उल्लास से" उसको इतनी यातना दी कि इस हादसे में उसकी मृत्यु हो गई। मरते समय उसने अपने इस दुर्भाग्य के लिए मण्डली को कुसूरवार ठहराया। महन्त-मण्डली तो पुलिस से अपने अच्छे सम्बन्धों और 'राम नाम के प्रभाव' की बदौलत बच निकली, मगर 'बेचन पाँडे' पर इस दुर्घटना का बहुत बुरा असर पड़ा—"...मारी जाने, मर जाने, भस्मीभूत हो जाने के बावजूद बाराबंकीवाली की वह बाँकी छवि, वह मादक, छलकती, छाती को छूती, अछूती जवानी की हवा मेरे हृदय से न गई, न गई। और मैं उदास-उदास रहने लगा, प्रेत-बाधित जैसा। मेरी चंचलता कम होने लगी, भीड़ छँटने लगी। ...वही उस्ताद का शेर : 'दिले नादाँ, तुझे हुआ क्या है? आख़िर इस दर्द की दवा क्या है?' "

प्रेम के प्रसंग में गालिब-सरीखे महाकवि की स्मृति प्रमाण है कि उग्र प्रेम में अनन्यता और अमरता के तत्वों की अनिवार्यता मानते हैं। यों तो कहा जा सकता है कि उनका हृदय रूप के आकर्षण से बिंध गया था, जिसकी वेदना उनके मन से कभी न गई। मगर उस आकर्षण की अद्वितीयता और निरन्तरता से इन्कार सम्भव नहीं है। इसलिए प्रेम को वह समूची जिन्दगी को छा लेने, उसे अपने ताप से आविष्ट रखने, यानी संजीदा अर्थों में मनुष्य को 'जिलाये' रखनेवाली एक अक्षुण्ण शक्ति मानते हैं। वह 'सुदुर्लभ' है, क्योंकि हमने जीने के लिए अपने चारों ओर प्रेम की एक संस्कृति को निर्मित करने की जरूरत नहीं समझी है। उसे अपने हाथों नष्ट करके लोकोत्तर और काम्य बना रखा है। तभी उग्र कहते हैं कि "मुहब्बत सांसारिक हानि-लाभ के तराजू पर तौली जाने योग्य जिंस कदापि नहीं।" वह घर और बाहर की सन्धि पर अवस्थित है। इस सन्दर्भ में मैनेजर पाण्डेय का यह कहना बहुत गौरतलब है कि "प्रेम या तो 'घर' के ढाँचे से मुक्ति में सम्भव है, या फिर उसके विरुद्ध सम्भव है।" इसलिए प्रेम जीवन का चरम सुख तो है, पर जीवन में उसकी अनुपस्थिति से इस अनुभूति का जो स्वतःस्फूर्त 'कन्ट्रास्ट' निर्मित होता है; उसी में उसका मर्मस्पर्शी सौन्दर्य है। गालिब की कविता के संसर्ग में उग्र ने अपने ही जीवन के व्यावहारिक धरातल पर इस सचाई को महसूस किया था—"...और मेरे सलोने सौभाग्य में बारह बरस की ही वय में मुहब्बत बदी थी। उस शायर ने झूठ कहा होगा, जिसने कहा, 'मेरा मिज़ाज लड़कपन से आशिक़ाना था', लेकिन मैं सच कहता हूँ। कोई पूछ सकता है—इससे मेरा फायदा हुआ या नुकसान? यह सवाल वही करेगा, जिसे मुहब्बत के राहोरस्म का इल्म मुतलक न होगा। ...कहा उस्ताद ने : 'इश्क से तबीअत ने ज़ीस्त का मज़ा पाया; दर्द की दवा पायी, दर्द बेदवा पाया'।"

बहरहाल। पाण्डेय बेचन शर्मा 'उग्र' ने चुनार के अपने सद्दूपुर मुहल्ले के दो ऐसे अत्यन्त प्रभावशाली व्यक्तित्व प्रस्तुत किए हैं, जिनसे वे आजीवन प्रभावित रहे। इनमें एक हैं भानुप्रताप तिवारी, और दूसरे महादेव मिश्र उर्फ बच्चा महाराज। अचरज यह है कि दोनों लगभग परस्पर-विरोधी चरित्र हैं और दोनों ने उग्र की चेतना पर अमिट छाप छोड़ी। एक के जीवन में अथाह वेदना और दूसरे के यहाँ अटूट मस्ती। एक से उग्र को जीवन की भयावह विडम्बना से लड़ने के अपार धीरज का संस्कार मिला, तो दूसरे में सारी सम्भव बुराइयों में लिप्त रहने पर भी उल्लास और निश्चिन्तता को जीते रहने का अद्वितीय आत्म-बल दिखाई पड़ा। एक विद्वान था, दूसरा रसज्ञ था। एक की जीवन के सुनिश्चित शिल्प में आस्था थी, तो दूसरे ने इस शिल्प को लगातार विशृंखल करते रहने

का सुख जिया था। एक से उग्र ने अध्ययन तथा लेखन में कर्मठता और ईश्वर तथा धर्म को जाँचने की आधुनिक दृष्टि हासिल की; तो दूसरे से सामाजिक जीवन के पारम्परिक ढाँचे के प्रति विद्रोह और निजी सुखों के बीच औरों के हित साधने का उद्योग करना सीखा।

भानुप्रताप तिवारी चुनार के दुर्ग के अधिकारी रहे थे, इसलिए बड़े-बड़े अंग्रेज अफसरों, बंगाली बाबुओं, क्षेत्रीय अधिकारियों से उनके सम्बन्ध बहुत अच्छे थे। अरबी, फारसी, उर्दू, अंग्रेजी, ब्रजभाषा और खड़ी बोली के 'मर्मी ज्ञाता' होने के कारण ईसाई मिशनरियों, साधुओं, फकीरों आदि से भी उनके सम्पर्क रहते थे। वे इतने विद्वान् थे कि 'चुनार में विश्वकोश' माने जाते थे। कहते हैं कि अंग्रेजों की संगत अथवा जीवन-दुख के सतत् आधिक्य के कारण ईश्वर में उनका विश्वास नहीं रहा था, ऋषि-मुनियों के प्रति उनमें उपहास का भाव था, लेकिन सम्भवतः इसीलिए कबीर, दादू, दरिया, मलूकदास, रैदास-सरीखे गैर-ब्राह्मण सन्तों की रचनाएँ उन्हें ज्यादा पसन्द थीं। एक असाध्य रोग से उनका जीवन विषाक्त हो गया, पर उन्होंने हार स्वीकार नहीं की—"भानुप्रताप तिवारी के ब्रह्माण्ड या बीच खोपड़ी में कोई ऐसा व्रण हो गया था, जिसके सबब अधेड़ अवस्था ही में वह सहज, सामाजिक जीवन के अयोग्य हो गए थे। रोग असाध्य था, कर्म-भोग दारुण; फिर भी, तिवारी जी सारे जीवन-दर्प से डटे हुए मरण से लोहा लेते रहे।"

भानुप्रताप तिवारी के निजी पुस्तकालय में विभिन्न भाषाओं की लगभग दस हजार बहुमूल्य सजिल्द किताबें थीं। उन्होंने स्वयं मिर्जापुरी बोली में 'रामचरितमानस' की एक टीका की थी, चुनार का एक संक्षिप्त इतिहास लिखा था और तमाम श्रेष्ठ किताबों के अनुवाद, भाष्य, समीक्षाएँ आदि की थीं। तीस-चालीस वर्षों तक उनकी यह 'स्वान्तःसुखाय' साधना चलती रही। बीसवीं सदी की शुरुआत के पहले ही उनकी लिखी कई पुस्तकें छपी थीं—"अमूल्य-वितरणार्थ"! उग्र ने इस बात का बहुत आभार के साथ स्मरण किया है कि भानुप्रताप जी ने उन्हें उनकी किशोरावस्था में 'मुंशी मथुराप्रसाद-रचित त्रिलिंगुअल डिक्शनरी' दी थी। अपने रोग के चलते उन्होंने जिन्दगी-भर जो यातना सही, उग्र ने उसका यह बहुत करुण मानवीय चित्रण किया है—"चिलकती दुपहरी या चमकती चाँदनी में पीपल के पेड़ के निकट खड़े-खड़े पेशाब करते हुए भानुप्रताप तिवारी पूरे प्रेत मालूम पड़ते थे—हड्डीले, रक्तरहित, उजले—धँसी आँखें, चेहरे पर सारी सृष्टि के लिए श्मशानी-शाप। मैले चारखाने का रुईदार पायजामा और उसी रंग का लम्बा दगला रुईदार।"

दुर्भाग्य ने मृत्यु के बाद भी भानुप्रताप तिवारी का साथ नहीं छोड़ा। ऐसे

प्रतिभाशाली और अध्यवसायी सम्मानित व्यक्ति का एकमात्र पुत्र—रामगुलाम तिवारी उर्फ 'मलुक्की' परले दर्जे का जुआरी और शराबी निकला। पिता की रोग-जन्य असहायता और माँ की अन्धी ममता का लाभ उठाकर वह बर्बाद हुआ। तहसीली रजिस्ट्रार के क्लर्क मलुक्की को गबन के जुर्म में दो वर्ष की सख्त सजा मिली। उसने जुए और शराब के खर्चों की भरपाई के लिए अपने स्वर्गीय पिता का सारा बहुमूल्य पुस्तकालय, उनकी लिखी पाण्डुलिपियाँ बेच डालीं। अभाव, अपमान और दुख से त्रस्त होकर उसकी पत्नी और माँ की क्रमशः मृत्यु हो गई। उसका एक किशोर पुत्र बेसहारा हो गया और पेट के लिए दूसरों के यहाँ मजदूर हुआ और उनके व्यभिचार का शिकार हुआ। उग्र ने इस कथा की यह आखिरी मार्मिक तस्वीर हमारे सामने रखी है कि "ऐसे भयानक दुःख से विदीर्ण होकर भानुप्रताप का मकान भी 'भहरा' पड़ा, जिसकी एक-एक ईंट या ढोंका दुनियादार पड़ोसी चुन ले गए।"

भानुप्रताप जी की एक किताब के मुताबिक उग्र के एक प्रपितामह सुदर्शन पाँडे अपनी कुल-देवी भगवती दुर्गा के प्रसिद्ध-सिद्ध थे। 'जगज्जननी वात्सल्यमयी सर्वकल्याणी सर्वमंगला' उनके लिए तमाम कष्ट सहकर भी उनकी चमत्कारिक इच्छाओं को लोगों की नजरों के समक्ष फलीभूत करती थीं, ऐसा माना जाता है। उग्र ने उनके कुछ चमत्कारों का बड़ा दिलचस्प वर्णन किया है। भानुप्रताप जी के हवाले से उन्होंने यह भी बताया है कि उनके खानदान के लोग हरसू (पाँडे) नामक ब्रह्म के वंश के हैं। तेजस्वी राजपुरोहित हरसू पाँडे ने राजा द्वारा किए गए अपने एक अपमान से क्षुब्ध होकर इक्कीस दिनों तक अनशन किया, जिससे उनके प्राण जाते रहे। कहते हैं कि हरसू मरने के बाद शक्तिशाली ब्रह्म-प्रेत हो गए। उनके शाप से वह राजा बर्बाद हो गया। उसके राज्य के ध्वंसावशेष के बीच हरसू ब्रह्म की भारत-प्रसिद्ध समाधि है, उत्तर प्रदेश और बिहार की सीमा पर स्थित चैनपुर में; जहाँ जाने से बुरा-से-बुरा भूत-प्रेत-बाधित व्यक्ति स्वस्थ हो जाता है। उग्र हरसू के वंशज होने पर गर्व जरूर करते हैं, लेकिन वे इस सन्दर्भ में मध्यकालीन आग्रहों अथवा अन्धविश्वासों से पीड़ित नहीं हैं। अपनी आधुनिक वैज्ञानिक अनुभव-सम्पन्न दृष्टि के चलते वे "ब्रह्म या प्रेतात्मा अथवा भूतों के अस्तित्व" को सिरे से खारिज करते हैं। इसलिए वे भूतों के भय के बजाय मनुष्य पर मनुष्य के आतंक की असली समस्या की याद दिलाते हैं, अपने जाने-पहचाने व्यंग्य-भरे अन्दाज में, "संसार का सबसे भयानक भूत मैं पंचभौतिक आदमी को मानता हूँ।"

सद्दूपुर मुहल्ले के सर्वाधिक समृद्ध ब्राह्मण ब्रह्मा मिश्र के पुत्र पण्डित

महादेव मिश्र उर्फ बच्चा महाराज ने चुनार के चर्च मिशन स्कूल में उग्र को तीसरी से छठी कक्षा तक हिन्दी पढ़ायी थी। लेकिन एक बार संस्कृत-हिन्दी के अध्यापक और फिर सरकारी वैक्सीनेटर भी वे कुछ वर्षों तक ही रहे। बाकी जिन्दगी उन्होंने "अद्भुत आकर्षक आवारगी" में बिताई; अफीम, शराब, वेश्या और जुआ से वे नब्बे वर्ष की अपनी लम्बी उम्र तक लगातार संलग्न रहे। इस बीच उन्होंने अपने "महाविचित्र" चरित्र के आकर्षण से मुहल्ले के सैकड़ों युवकों को "हराम-घाट" पर सहर्ष उतार दिया। पर वे "विरुद्धों के सामंजस्य" थे। महादेव के नियमित पूजन, शंकराचार्य की लिखी स्तुतियों के सस्वर गान; दुर्गासप्तशती, गीतगोविन्द और विनयपत्रिका के पदों के पाठ; ज्योतिष, वैद्यक और तन्त्र-मन्त्र आदि में भी उन्हें महारत हासिल थी। उग्र ने उनके चरित्र को विद्वत्ता और विलास का चरम संयोग माना है—"......बच्चा महाराज ने क्या पढ़ा था, कहाँ पढ़ा था, मुझे आज भी पता नहीं, पर सारे जीवन वह प्रथम श्रेणी के धूर्त, ऐय्यार, वस्तुतः बदमाश थे। वह उस सीमा के दुष्ट थे, जिसके एक ही जूता आगे सहृदय सज्जनता का हलका शुरू हो जाता है। वह बहुत आकर्षक वक्ता, सुरीले, परम रंगीन मिज़ाज, परम धूर्तराट, सर्वभक्षी, सर्वपायी और भगवान् झूठ न कहलाए—सर्व-भोगी थे।"

बच्चा महाराज जालसाज़ी करके चुनार के तमाम साहूकारों के कई हज़ार रुपए खा गए। बुढ़ापे में वे बनारस की दाल-मण्डी के मशहूर वेश्या-बाज़ार के आचार्य बन गए और धर्म-कर्म की आड़ में उनकी दलाली, उनके संसर्ग और सम्पत्ति का सुख-लाभ पाते रहे। जुआ खेलते वक्त उनकी मूल्य-निरपेक्ष धार्मिकता अपने शबाब पर होती—"मुझे आज भी मज़े में याद हैं बच्चा गुरू के भाव जो वह जुआ में कौड़ी-कप्तेन विपरीत पड़ने पर व्यक्त किया करते। "हे नाथ!" वह भगवान् को सम्बोधित करते—"कहाँ भूल गए दयालो! दास को? प्रभो, दीनबन्धो, दया करो!" और कौड़ी-कप्तेन अपने पक्ष में पड़ते ही वह तड़पकर 'विनयपत्रिका' सुनाने लगते : जयति राज राजेन्द्र राजीव लोचन राम, नाम कलि कामतरु सामशाली। हेलया दलित भूभार भारी!" लेकिन आश्चर्य है कि ऐसा व्यक्ति अपने आस-पास के हर पीड़ित जन के काम आने के लिए हमेशा प्रस्तुत रहता था। इसे लोग दो पक्षों के बीच पड़कर दलाली कमाने की उनकी रणनीति मानते थे, पर उग्र ने उनकी इस विशेषता को समझा और सराहा है—"हो सकता है, उनकी नीयत यही रही हो, लेकिन आज मुझे लगता है कि जन-सेवा—सारी बुराइयों के बावजूद—उनकी जान में घुली-मिली हुई थी। गीता में 'पण्डित' उसे माना गया है, जो विद्या-विनय-सम्पन्न ब्राह्मण, गौ, हाथी, कुत्ता और चाण्डाल को भी समदर्शी-भाव एक नज़र से बराबर देखता हो। यथाशक्ति सबका कल्याण

साधने में बच्चा गुरू समदर्शी थे। ब्राह्मण की सहायता करते हुए यदि कभी उन्हें चाण्डाल दुःख-ग्रस्त नजर आया होगा, तो उसी आग्रह से उसके लिए भी उन्होंने सोचा होगा।''

कैसा विपर्यय है कि ऐसे फक्कड़, मस्त और जिन्दादिल आदमी की पत्नी बड़ी बदमिज़ाज, बदशक्ल और बेग़ैरत थीं। एक तरह से बच्चा महाराज के जीवन में जो-कुछ अच्छा था—प्यार, सौन्दर्य, सुख और उत्साह—उसके निषेध की वह साक्षात् मूर्ति थीं। इस तरह उनके जीवन-दर्शन को सबसे कड़वी चुनौती उनकी अपनी 'सहधर्मिणी' से ही मिलती रही। बदले में वे उसकी उपेक्षा, तिरस्कार और मार-पीट करके रह जाते रहे। उनके जीवन में उठती हुई प्रतिभा का जो एक जटिल किस्म का पतन नजर आता है, उसका उत्स इन व्यक्तिगत सम्बन्धों की दारुण विफलता में भी है; या शायद दोनों एक-दूसरे को उकसाते रहे, ''और अब मेरे सामने चित्र आता है गुरू जी की विवाहिता-धर्म-पत्नी गुलजारी चाची का। शायद वही बच्चा गुरू के जीवन की आदि या बुनियादी ट्रेजेडी रही हों। वह बड़ी कुरूपा थीं। उनका मुँह चेचक के दाग़ों से भरा, गोल, नाक छोटी, होंठ मोटे, छरहरी-लम्बी गुलजारी चाची। वह शायद बेशऊर स्त्री भी थीं। कहाँ बच्चा गुरू-जैसा रंगीन-मिज़ाज वाममार्गी, कहाँ गुलजारी चाची जैसी रंगभंगिनी वामांगिनी!...वह उसे बुरी-से-बुरी गालियाँ सुनाते। और वह भी थी कि अपने दुर्भाग्य ही जैसी; बीच में फूटे ढोल-जैसे कण्ठ से कुछ-न-कुछ कु-भाषा बोल ही देती।'' लेकिन कुल मिलाकर बच्चा महाराज भाग्यशाली थे। उन्होंने अपने जीवन में जो अपार सुख भोगा, उसके मुकाबले दुख तो उन्हें नहीं ही मिला। उन्हें नब्बे वर्ष की दीर्घायु प्राप्त हुई और अन्त तक ''उनकी आँखें बोलती, बड़ी और आवाज़ कड़कदार'' बनी रही। 'अपनी खबर' में उग्र ने एक जगह ईश्वर के इस विचित्र विधान पर अफसोस ज़ाहिर किया है, जिसके अन्तर्गत बच्चा महाराज-जैसों को कोई कष्ट नहीं मिलता और बाबू शिवप्रसाद गुप्त-जैसे परोपकारी-दानी दारुण दुख-भोग सहते हैं। शायद इसलिए कि बच्चा महाराज ने ईश्वर को अपने व्यक्तिगत जीवन के सरोकारों से मुक्त रखा; नतीजतन ईश्वर को भी उनकी ''सर्वतन्त्र-स्वतन्त्रता'' जैसे भा ही गई। जो हो, भानुप्रताप तिवारी और महादेव मिश्र उर्फ बच्चा महाराज—दोनों चरित्रों की रचना उग्र के हाथों इतनी प्रामाणिक, 'बोल्ड' और संश्लिष्ट हुई है कि उन्हें एक ठेठ कस्बाई भारतीय संवेदना का स्थायी हिस्सा होना ही है। आख़िर वे हमारे बीच जीते हुए कुछ विशिष्ट पात्रों में-से हैं। समाज में उनकी जड़ें बहुत गहरी हैं और भावी को उन्हीं के जीवन-मूल्यों से अपना नया चुनाव खड़ा करना है।

पाण्डेय बेचन शर्मा 'उग्र' की जो आधी-अधूरी शिक्षा भी हो पायी, उसका श्रेय उन्होंने अपने चचा पं. जगन्नाथ पाण्डे को दिया है। पहले वह निस्संतान थे, इसलिए 'बेचन' को गोद लेकर पढ़ाया-लिखाया। हालाँकि उन्होंने टुकड़ों में सहायता की और सातवीं कक्षा तक पढ़ाकर बेसहारा छोड़ दिया, पर काफी-कुछ उसी की बदौलत ''राष्ट्रीय गान-द्वन्द्व'' में उतरने के लिए उग्र सांस्कृतिक रूप से अपने को तैयार कर सके। फिर भी चचा के स्वार्थ-जन्य अपघात को वह भुला नहीं पाए–''थर्ड, फोर्थ, फिफ्थ पास कर सिक्स में मैं पहुँचा ही था कि मेरी चाची के एक सुन्दर-सा पुत्र पैदा हो गया। सो चचा-चची का वात्सल्य-बाजार-भाव गिरते देर न लगी। गोद भी मैं जुबानी लिया गया था, विधि-विरहित, सो मुझे पुनः कठोर धरती पर धम-से पटक देने में अदूरदर्शियों को देर न लगी। चचा जी अपने परिवार के साथ काशी चले गए। मैं पुनः उसी भाई के ग़ैर-ज़िम्मेदार चंगुल में लाचार जकड़ा गया। 'पुनि मो कहँ सोइ दिन, सो राती'।''

विद्रोह की प्रवृत्ति उग्र में शुरूआत से ही थी, अलबत्ता उसका विकास बाद में हुआ। पर इस प्रवृत्ति के मूल में उन्होंने अपने बड़े ''भाई के अनुचित आचरणों'' से पैदा हुई आकुलता की बात की है। पहले विद्रोह से उन्होंने साहसी होने का खिताब भी पाया और विद्यालय से ''रस्टीकेट'' हो जाकर पढ़ने से अपनी जान भी छुड़ाई। चुनार के चर्च मिशन स्कूल के ''एक कठमुल्ला जी'' के खिलाफ उन्होंने निर्देशक-संस्था, यानी बनारस के जयनारायण मिशन स्कूल के अंग्रेज प्रिंसिपल को शिकायती तार भेज दिया–''मौलवी लियाकत अली, मिशन टीचर इन्सल्ट्स अवर रिलिजस फ़ीलिंग्स; नो सेटिसफैक्ट्री इन्क्वायिरी।–बेचन पाण्डे।'' फिर ''चचा की कृपा से'' जब वे बनारस के मशहूर हिन्दू (कॉलिजिएट) स्कूल में छठे दरजे में दाखिल हुए, तब वहाँ के स्थानापन्न प्राध्यापक ''देव-तुल्य बालकों के हितैषी'' कालीप्रसन्न चक्रवर्ती ने उनकी बड़ी सहायता की। आठवीं कक्षा में जब चचा ने उन्हें निराश्रित छोड़ दिया; तो चक्रवर्ती जी ने ही बाबू शिवप्रसाद गुप्त के नाम एक रुक्क़ा लिखकर, उनके 'सेवा-उपवन' के अन्नसत्र से उग्र के लिए साल-भर की भोजन-सामग्री उपलब्ध करवायी। लेकिन उस समय उन्होंने स्कूल के हेडमास्टर गुरुसेवक सिंह उपाध्याय का मज़ाक़ उड़ाने का ''भयानक दुस्साहस'' कर दिया–विद्यार्थियों और अध्यापकों की एक गोष्ठी में उनकी नकल उतारते हुए एक तुकबन्दी का पाठ किया। बाद में इस अपराध के लिए क्षमा माँगने से भी इन्कार कर दिया और ''असाधारण दुर्भाग्य'' यह कि वार्षिक परीक्षा भी वे उत्तीर्ण न कर पाए। अन्नसत्र का सहयोग बन्द हो गया। घर से फीस कौन भरता? इसलिए बनारस से नाता तोड़ना पड़ा।

पाण्डेय बेचन शर्मा 'उग्र' ने अपने पाँच गुरु माने हैं, जिनकी बदौलत साहित्य-जगत् में वे विकसित और प्रतिष्ठित हुए—बड़े भाईसाहब, यानी पं. उमाचरण पाण्डेय उर्फ 'त्रिदण्डी जी', पं. श्रीकृष्णदत्त पालीवाल, पं. काशीपति त्रिपाठी, लाला भगवान 'दीन', और पं. बाबूराव विष्णु पराड़कर। बड़े भाई ने उन पर बहुत अत्याचार किए थे, पर उन्हें साहित्य के पठन-पाठन और "यथाशक्ति लिखने" का शौक भी था। अबोध बेचन को इस दुनिया का पहला संस्कार उन्हीं से प्राप्त हुआ—"वह हमारे सामने बैठकर कवित्त रचते, लेख लिखते। प्रत्यक्ष न सही, लेकिन अप्रत्यक्ष रूप से भाईसाहब के इस विद्या-व्यसन का बेचन पर बहुत शुभ प्रभाव अवश्य पड़ा होगा। सो, वह खराब आदमी—मेरा बड़ा भाई—मेरा आदि-गुरु था।"

पं. काशीपति त्रिपाठी उर्फ़ 'बड़के भैया' उग्र के सहपाठी-सखा कमलापति त्रिपाठी के बड़े भाई थे। उनसे उग्र को अपने लेखक के निर्माण के लिए भारी आत्म-बल मिला। काशीपति जी ने उनकी प्रतिभा को पहचाना ही नहीं, सामाजिक तौर पर उसकी इतनी सराहना की; कि उग्र ने बड़ी विनम्रता से याद किया है—". ...जिक्र मेरा मुझसे बेहतर प्रमाणित होने लगा।" साथ ही, साधनहीन उग्र वर्षों कमलापति त्रिपाठी के दरवाज़े पड़े रहे; वहीं उन्होंने पढ़ना और कविता, कहानी, नाटक, निबन्ध लिखना, पत्रकारिता करना सीखा। पर इस वातावरण अथवा कमलापति जी के निकट वे पहुँचे थे अपने ही बल पर। हिन्दू स्कूल की एक कविता-प्रतियोगिता में उन्हें दूसरा स्थान मिला था। अंग्रेज़ों के विरोध और महात्मा गाँधी की अभ्यर्थना पर केन्द्रित होने के कारण "राष्ट्रीय भावना से भरी संस्था" में बक़ौल उग्र एक "बिल्कुल ग़लत-सलत, रद्दी" रचना सम्मान पा गई। इसी प्रतियोगिता में यशस्वी कवि सुमित्रानन्दन पन्त को प्रथम पुरस्कार मिला था। उग्र की यह बड़ी विशेषता है कि अपने बारे में तो वे कोई मुगालता पालते ही नहीं; श्रेष्ठतर प्रतिभा का सम्मान करना जानते हैं, उसके सम्मुख अपनी हीनता के स्वीकार तक में वे हिचकते नहीं। ऐसी वस्तुनिष्ठ विनम्रता दुर्लभ है—"यद्यपि रचना श्रेष्ठ पन्त जी की थी, मेरी कुछ भी नहीं थी, लेकिन स्कूल में प्रतिभा का अभाव होने से मुझ अंधे के हाथ भी बटेर लग गई थी।"

उग्र की लेखन-प्रतिभा को बनारस हिन्दू विश्वविद्यालय के प्रवक्ता, "अखाड़िया स्वभाव के दंगली विद्वान्" लाला भगवान 'दीन' के 'आशीर्वाद का पोष' प्राप्त हुआ था, यद्यपि वे उनके विद्यार्थी नहीं रह पाए। ध्रुवचरित पर लिखे गए उग्र के खण्ड-काव्य 'ध्रुव-धारणा' पर लाला जी ने बहुत मेहनत करके उसे प्रकाशन-योग्य बनाया था। इसके अनन्तर उनकी दूसरी कृति 'महात्मा ईसा' का

सम्यक् परिष्कार भी उन्हीं ने किया। यों उनकी तमाम फुटकर रचनाओं को लाला जी बड़े स्नेह और शुभ-चिंतना के साथ माँजते रहे। मगर उग्र ने अपने गुरु के व्यक्तित्व का सटीक चित्रण किया है, व्यक्तिगत सम्बन्धों के कारण भावुक वे नहीं हुए हैं—''लाला भगवान 'दीन' जी की पर्सनेलिटी उनके उपनाम कें अनुरूप ही थी। मुँह पर चेचक के दाग़, पक्का रंग, ठिगना कद, मटमैला, भद्दा मुंशियाना लिबास। अलबत्ता लाला जी जब बोलने लगते थे, तब उनके व्यक्तित्व की असाधारणता स्पष्ट हो जाती थी।''

उग्र को लाला भगवान 'दीन' के साथ-साथ मुंशी प्रेमचन्द, सम्पूर्णानन्द, पं. कृष्णकान्त मालवीय और गणेशशंकर विद्यार्थी-सरीखे तत्कालीन महारथियों का स्नेह मिला था। फिर साहित्य की इस संस्कृति की क्रमिक छीजन भी उन्होंने देखी थी। इसलिए काफी दुख के साथ उन्होंने यह खालीपन तभी महसूस कर लिया था, जो बाद में हमारे यहाँ लगातार फैलता गया है—''पहले सौ-में-सौ साहित्यिक ऐसे होते थे, जो कहीं ज़रा भी प्रतिभा, ज़रा भी प्रसाद देखते ही उसका यथोचित आदर करते थे। आज जैसे वह चीज़ चली ही गई है।''

सन् 1920-21 के आस-पास उग्र ने ब्रिटिश शासन के खिलाफ अनशन करके शहीद हो जाने वाले आयरलैण्ड के महात्मा मैक्स्विनी पर एक लम्बी कविता लिखी थी, जो बाबू शिवप्रसाद गुप्त के निर्देशानुसार तत्कालीन उत्तर भारत के प्रतिष्ठित हिन्दी दैनिक 'आज' में प्रकाशित हुई। पहले जिक्र हो चुका है कि शिवप्रसाद जी द्वारा संचालित 'सेवा-उपवन' के अन्नसत्र से कक्षा आठ के निराश्रित विद्यार्थी बेचन पाँडे को एक साल तक भोजन-सामग्री मिलती रही थी। शिवप्रसाद गुप्त खानदानी रईस—करोड़पति थे। मगर अपनी अधिकांश सम्पत्ति उन्होंने राष्ट्र की स्वाधीनता, समाज के सांस्कृतिक उत्थान और साधनहीन तथा गुण-सम्पन्न व्यक्तियों की प्रतिभा के विकास में लगा दी। बनारस में 'ज्ञानमण्डल' के निर्माण, 'आज'—सरीखे हिन्दी दैनिक की प्रतिष्ठा, काशी विद्यापीठ की स्थापना और महात्मा गाँधी तथा मदनमोहन मालवीय जैसे महापुरुषों को राष्ट्र-कल्याण के लिए भारी धन-समर्पण करने में वे सारी उम्र सक्रिय रहे—''अगर मुझे मजे में विदित न होता कि दोष देवताओं में भी होता है, तो दिवंगत बाबू साहब को मैं आदमी न कह देवता ही कहता।...सावन के सजल-घन की तरह शिवप्रसाद जी सहज स्वभाव से सभी के लिए जीवन-मय-सजल थे।'' शिवप्रसाद गुप्त को स्वाधीनता-आन्दोलन में योगदान करने के जुर्म में अंग्रेजों ने छः महीने तक जेल में रखा। उग्र के मुताबिक कोमलता की दुनिया में पले-बढ़े ऐसे समृद्ध व्यक्ति के लिए वह जेल फाँसी के बराबर थी। उसके कारण वे गम्भीर रूप से

बीमार पड़ गए और उनका आखिरी वक्त क्षण-क्षण रुला देने वाली यन्त्रणा को झेलते हुए बीता। निरपराध का दुःख प्रकृति का निर्मम व्यंग्य ही है! जहाँ सत्कर्मों के बदले बेसबब ठोकरें खानी पड़ें, वहाँ प्रार्थनाएँ एक निःशब्द रुलाई में काँपती रहती हैं– "...तो यह सारे-का-सारा उत्तम अभियान, विधि-विहित दान, सबकी पूजा, सबका सम्मान, सबके लिए अपार मोहमय प्यार सदाचार नहीं, अपराध था?...जिस 'सेवा-उपवन' में उन्होंने सारे संसार की सेवा की थी, उसी में बहुत दिनों तक वह पक्षाघात से परम पीड़ित पहियादार गाड़ी पर झुँझलाते, खुनसाते घुमाये जाते थे। वह अक्सर बनारसी बोली में व्यथा-विह्वल दोहाइयाँ दिया करते थे–"रमवाँ, रे रमवाँ! कौनु गुनहवाँ करली रे रमवाँ!" प्रसंगवश अदम गोंडवी का यह शेर याद आता है–

"खुदी सुकरात की हो या कि हो रूदाद गाँधी की
सदाक़त ज़िन्दगी के मोर्चे पे हार जाती है"

बाबू शिवप्रसाद गुप्त की ही तरह उग्र ने उन सबका मर्मस्पर्शी श्रद्धा और आत्मीयता के साथ स्मरण किया है, जिन्होंने साहित्य की दुनिया में पाँव जमाने के संघर्षों में उनकी निर्णायक सहायता की थी। लेकिन इन सबके व्यक्तित्व उनकी भाव-प्रवणता के जल में विलयित नहीं हो गए हैं, बल्कि उन्हें एक कलात्मक दूरी पर रखकर हरेक की आकर्षक निजता को उन्होंने बरकरार रखा है। इनमें हिन्दू स्कूल के उनके 'तेजस्वी हिन्दी अध्यापक' और 'शिष्य-वत्सल बेचारे' पं. साँवली जी नागर भी शामिल हैं; जो उन्हें 'प्रायः एक कोस पैदल चलकर' 'ज्ञानमण्डल' ले गए थे और बाबू शिवप्रसाद गुप्त तथा बैरिस्टर श्रीप्रकाश जी से उनका पहला परिचय कराया था। इनमें 'आज' के एक सहकारी सम्पादक मुंशी हरिहरनाथ भी हैं, जिनके प्रयत्नों से पं. बाबूराव विष्णु पराड़कर ने उनकी पहली कहानी 'गाँधी आश्रम' प्रकाशित की थी। इनमें उनकी पहली समालोचना छापने वाले 'मर्यादा' मासिक के 'गर्वीले' सम्पादक सम्पूर्णानन्द जी हैं, जिनके 'ज्ञान-विज्ञान-चर्बीले चश्मों में भी' उनकी लेखनी के लिए 'पर्याप्त स्नेह' था। पराड़कर जी तत्कालीन वातावरण में आपत्तिजनक 'क्रान्तिकारी उग्रता' के बावजूद उनकी रचनाओं को 'आज' में तब तक छापते रहे, जब तक कि 'हिन्दी-हद तक सारे देश में' उनकी 'प्रचण्ड पब्लिसिटी' नहीं हो गई। उग्र की रचनाओं को उन्होंने सिर्फ सम्मान नहीं दिया था, बल्कि उन्हें पाठकों के वास्तविक सम्मान का अधिकारी बनाने के लिए अथक श्रम भी किया था। इस दुहरी भूमिका का निर्वाह एक पिता की-सी आत्मा से ही सम्भव है, जिसे परोक्षतः उग्र कहते भी हैं–"उन्होंने बे-बोले ही मानो मुझे

गोद ले लिया। सारे 'ज्ञानमण्डल' की कानाफूसी एक तरफ रख, अपना काम छोड़, घण्टों तक वह मेरी कहानियों को व्याकरण की पटरी पर लाते, गलत-बयानियाँ सुधारते, बदशक्ल शब्द या मुहावरे काट-छाँटकर, सुन्दरता सँवारकर वह मेरी शूद्र रचनाओं को दिव्य द्विजत्व दिया करते थे। जब वह मेरी कहानी पढ़ते-पढ़ते हँसने लगते अथवा सजल हो उठते, तब मुझमें, बिना बोले ही, आत्मविश्वास घट-घट उँड़ेल देते थे।''

पराड़कर जी बंगाल के 'बड़े-बड़े बमबाज योगी-मिजाज क्रान्तिकारियों' से जुड़े रहते थे। मन्मथनाथ गुप्त–जैसे क्रान्तिकारी भी उग्र के साथ हिन्दू स्कूल, बनारस में छात्र रहे थे। इसके अलावा उग्र की रचनाओं की प्रखरता से शचीन्द्रनाथ सान्याल और राजेन्द्र लाहिड़ी–सरीखे देश की आजादी के लिए शहीद हो जाने वाले सेनानी बहुत प्रभावित थे। स्वभावतः ब्रिटिश सरकार के खिलाफ 'षड्यन्त्रकारी उपद्रवों' में इन लोगों ने उग्र का सक्रिय साथ चाहा था। लेकिन उग्र ने शब्दशः स्वीकार किया है कि रचना के स्तर पर वीर होने के बावजूद व्यावहारिक धरातल पर वे 'कायर' ही थे। इस कायरता को लेकर उनके मन में ग्लानि भरी हुई है और बहादुरी के प्रति श्रद्धा। ये दोनों चीजें एक घटना के उनके वर्णन में मूर्त होती हैं। इलाहाबाद में 'राजनैतिक डाका' डालने के काम से बचने के लिए जब उन्होंने एक महत्त्वपूर्ण क्रान्तिकारी को, दो ही दिनों में घर लौट आने के भाभी को दिए अपने वचन की दुहाई दी; तो ''बहादुर योगेश बाबू ने जिस घृणा-भरी दृष्टि से मेरी तरफ तरेरकर ताका था, वह आज भी मुझे भूली नहीं है।'' योगेश बाबू की इस दृष्टि को उग्र न स्वयं भूल पाए, न अपने पाठकों से उसे छिपा सके। यों अपनी भूमिका के संकट की जाँच में उन्होंने हमें भी शरीक किया है। जाहिर है कि मन और कर्म के बीच की फाँक में फँसकर हम जो कष्ट पाते हैं, वे एक ईमानदार चेतना के ही कष्ट हो सकते हैं। जिसे उग्र दूसरे की 'घृणा-भरी दृष्टि' कह रहे हैं, उसकी सतत् कचोट दरअसल खुद उनके आत्म-संघर्ष में परिणत हो गई है। मसलन एक रचनाकार के संघर्ष की प्रकृति को समझने में कवि केदारनाथ सिंह की ये पंक्तियाँ बहुत मददगार साबित होती हैं–

''उठता हाहाकार जिधर है
उसी तरफ़ अपना भी घर है...
उसी ओर कुछ झुका-झुका-सा
सोच रहा हूँ रुका-रुका-सा
गोली दगे न हाथापाई
अपनी है यह अजब लड़ाई''

तो यह लड़ाई उग्र अपने मोर्चे पर अपने खास ढंग से लड़ रहे थे। इसीलिए मानव-जीवन की वृहत्तर समझ से सम्पन्न दार्शनिक और क्रान्तिकारी शचीन्द्रनाथ सान्याल इस बात को हमेशा पहचानते और इसका सम्मान करते रहे। उग्र से उनके सम्बन्ध कभी शिथिल नहीं हुए। उनका व्यक्तित्व मानवीय करुणा और तेजस्विता का निष्कलुष संयोग था। उग्र की आँखों में खिंचे हुए उनके रूप की यह झलक बहुत अविस्मरणीय है—"वह मेरी लेखनी में जो आग थी, उसी से परम सन्तुष्ट थे। मुझमें जो नहीं था, उसके लिए तिरस्कार सान्याल महाशय के दर्शन में नहीं था। सान्याल बाबू दुःखों के दाह से सुवर्ण की तरह दप्-दप् दहकते दार्शनिक थे। कसौटी की तरह श्याम। बड़ी-बड़ी, डोरीली, करुण आँखें!"

शचीन बाबू ने जिस बात से प्रभावित होकर उग्र की चर्चा अपने संस्मरणों में अनेक बार की है, उसी से पं. बाबूराव विष्णु पराड़कर भी उन्हें बहुत चाहते थे। उग्र की रचनाओं से यह प्रमाणित होता है कि उनका यह आत्म-मूल्यांकन बिलकुल वाजिब है—"क्या हुआ कि पं. पराड़कर जी मेरी लेखनी की तरफ आकर्षित हुए—मुझे पता नहीं। वह रूखे दीखने वाले महापुरुष थे, प्रायः चुप रहने वाले। मेरी लेखनी में अंग्रेजी राज के प्रति घोर घृणा तथा क्रान्तिकारियों के लिए तरल महामोह जो था—मैं समझता हूँ—उसी पर वह मुक्त-प्राण महाराष्ट्रीय मोहित हुए होंगे।"

असल में, उग्र ने यहाँ जिन दो बातों का उल्लेख किया है, उनमें अन्योन्याश्रित सम्बन्ध है—अपनी धरती तथा उसके बाशिन्दों के लिए महामोह और उन पर शासन करनेवाले विदेशी आततायियों के प्रति घोर घृणा! जिससे प्रेम है, उसके दुर्भाग्य के लिए जिम्मेदार शक्तियों के प्रति युयुत्सा का भाव होगा ही! मुक्तिबोध ने लिखा है कि **"भोले भाव की करुणा बहुत ही क्रान्तिकारी सिद्ध होती है!"** रचनात्मक साहित्य में भी आक्रोश उतना ही सार्थक हो पाता है; जितनी उसकी बुनियाद में मौजूद पीड़ाएँ सच्ची होती हैं। उग्र में अपने राष्ट्रीय अपमान के एहसासों को बहुत गहन वाणी प्रदान करने की सामर्थ्य थी—

"प्रभु! परतन्त्र हैं हम आज!
दलित हैं पर-पद प्रबल से गलित हैं सब साज।"

प्रार्थना की कोख में प्रतिकार की आग होती है। इसीलिए पाण्डेय बेचन शर्मा 'उग्र' भारत के सबल सांस्कृतिक अतीत से अनुप्राणित होकर इतनी आन्दोलनधर्मी रचना कर सके थे—

''भयंकर ज्वालाएँ
जाग उठें, सब ओर आग की हो जाए भरमार!
मधुर रागिनी नहीं चाहते–
और न स्वर सुकुमार!
वज्र-नाद-सा बोल उठे हम सबके उर का तार!...
रावण-दर्प-हारी राम,
कुरु-बल-वन-दावानल, कर्मवीर-कृष्ण ऐसा,
अथवा पिनाकी भूतनाथ श्री कपालभृत
ऐसा वीर-भारत हमारा उग्र नाच उठे!''

सोचा है नत हो बार-बार

''वह था किशोर काल।
दैव के चक्र से वक्रगति आ मिले/मैं था सत्रह का, चौबीस के
जवाहरलाल!
किरण तारुण्य की/तिलक ललाट पर/ब्याह नहीं हुआ शुभ्र
कमला से उस काल।
गीता की आवृत्ति करके/सुनायी मैंने/मैं हूँ कवि आज, धन्य
नेता हैं जवाहरलाल!''

–सूर्यकान्त त्रिपाठी 'निराला'

''जानकार जानते होंगे कि चौदह-पन्द्रह साल की वय में जवाहरलाल और श्रीप्रकाश लन्दन में शिक्षा पा रहे थे–उत्तम-से-उत्तम। लेकिन उसी उम्र में मुझे क्या शिक्षा मिली थी, मेरा जी ही जानता था। सच तो यह है कि शब्द शिक्षा मेरे निकट आते-आते भिक्षा बन जाया करता था।''

–'उग्र'

''वैसे कमलापति जी हिन्दू स्कूल और मेरी ही कक्षा में पढ़ते थे, लेकिन मैं था फटेहाल अदना बालक और कमलापति थे प्रतिष्ठित पैसापति-पुत्र। ब्राह्मण हमारे ही रंग के, लेकिन अधिक चटकदार। सरयूपारीणों में पंक्ति, यानी परम श्रेष्ठ। कमलापति धवल-नवल वस्त्र

धारण कर माथे में भस्मी लगाए स्कूल आते। मैं जाता हीन-दीन मलीन कपड़े पहने–धूल उड़ती चेहरे पर।''

–'उग्र'

पाण्डेय बेचन शर्मा 'उग्र' उस जमाने के लेखक थे, जिसमें प्रमुख साहित्यकार अपने वक्त के शीर्षस्थ राजनेताओं से बराबरी की जमीन पर बहुत अंतरंग संवाद कायम करते थे; और उनकी राजनैतिक गतिविधियों पर बहुत पैनी निगाह रखते थे। रचनात्मक लेखन में वे उनका वैचारिक विरोध, उन पर व्यंग्य-विनोद करते थे। यह समय था, जब सारस्वत साधना को शासन-प्रशासन के बरअक्स श्रेष्ठतर कर्म समझने-मानने की हिम्मत और आत्म-गौरव से लेखक-कवि सम्पन्न थे। इसलिए जब वे नाम लेकर नेताओं की आलोचना करते थे, तो उसमें एक सार्थक 'चैलेन्ज' की गूँज रहती थी। यह तब था, जब रचनाकार आज के मुकाबले बहुत साधनहीन और विपन्न था। लेकिन आज स्थिति यह है कि एक तो राजनीतिज्ञ आलोचना के स्तर से ही नीचे गिर गए हैं, दूसरे साहित्यकारों में आलोचना का साहस भी नहीं रहा है। आलोचना की आवाज न सुनी जाने की हद तक क्षीण है। मैनेजर पाण्डेय के शब्दों में कहें, तो हम सम्भवतः 'समर्पण, सहयोग और सहानुभूति की संस्कृति' के समय में आ गए हैं। लेकिन असहयोग, विद्रोह और निर्मम आलोचना का भी एक समय रहा है; निराला की एक पूरी कविता और 'उग्र' के दो गद्यांश इस बात के साक्ष्य के तौर पर ऊपर उद्धृत किए गए हैं।

यों तो इसके असंख्य उदाहरण प्रस्तुत किए जा सकते हैं, पर यहाँ प्रसंग उग्र और उत्तर प्रदेश के उस वक्त के वरिष्ठ कांग्रेसी नेता पं. कमलापति त्रिपाठी के आपसी रिश्ते का है। 'अपनी खबर' में कमलापति त्रिपाठी पर एक अध्याय ही है, जिसमें उन्हें सीधे सम्बोधित करते हुए उग्र ने जो कुछ लिखा है; वह उ. प्र. की सामान्य जनता के हितों का पक्षधर, एक अत्यन्त प्रखर रचनाकार ही लिख सकता था। व्यंग्य, विरोध और विनोद का ऐसा अद्भुत और सशक्त संश्लेष रचनात्मक गद्य-लेखन में शायद ही कहीं मिले। कमलापति त्रिपाठी बनारस में उग्र के सहपाठी रहे थे और बहुत घनिष्ठ मित्र भी। स्वाधीनता-आन्दोलन में उग्र की कमलापति से कहीं ज्यादा हिस्सेदारी और कुर्बानी रही, पर वे कभी शासन-प्रशासन में शक्ति हासिल करने या कोई पद-भार ग्रहण करने की होड़ में नहीं पड़े। दरअसल यह उनके लिए गौरव की बात ही नहीं थी। लाभ और लोभ से उनके दूर रहने के कारण ही उनकी वाणी में यह इस्पाती चोट सुनायी पड़ती है–''तुम सिंचाई मन्त्री बन गए जब, तब भी मैंने अहंकार योग्य कोई खुसूसियत तुममें नहीं देखी थी।...जीवन में जीवट से डटने की क्षमता, बल, 'पावर'

मुझे बहुत ही सुहाते हैं। मैंने कहा, 'भाते हैं', 'सुहाते हैं'। 'लुभाते' ये मुझे उतना नहीं। देखो तो, जब से तुम 'पावर' में हो, मेरी-तुम्हारी भेंट तक नहीं।...विश्वास रखो, मैं तुम पर एक अक्षर भी न लिखता—यह सब तो अपना अहंकार प्रकट करने के लिए लिखा है—खासकर प्रान्त के उन साहित्यिकों, कलम-बाजों, आचार्यों, तथाकथित प्रतिभाशालियों पर, जो आज तुम्हारे प्रसाद से प्रसादीलाल बने हुए हैं।"

उग्र का यह अहंकार सात्विक है, क्योंकि यह कदाचार के विरुद्ध है। एक बार सन् 1948-49 में जब पं. कमलापति त्रिपाठी प्रादेशिक हिन्दी साहित्य सम्मेलन के अध्यक्ष बने, तब उन्होंने उग्र के विद्रोही स्वभाव के भय से उन्हें सम्मेलन के मंच से बोलने की इजाजत नहीं दी थी। उस समय मिर्जापुर से छपनेवाले 'मतवाला' के सम्पादक उग्र ने कमलापति त्रिपाठी के इस 'अ-साहित्यिक' चरित्र की खबर ली थी—"पाँचवें दिन अपने पेपर में मैंने तुम्हारे दर्शन की, भाषण की, हिन्दी साहित्यिक-आसन पर से पॉलिटीशियन मुख्यमन्त्री पन्त के पद-पल्लव पकड़ने के आचरण की भर्त्सना की थी—जरा भी अपनत्व दिखाए बगैर।" इसके परिणामस्वरूप अगली मुलाकात में कमलापति त्रिपाठी ने उग्र की तरफ से 'दीठ हटा, पीठ दिखाते तीव्र-तिरस्कार से' कहा था कि "कोई मुझसे पॉलिटिक्स में भिड़ावे (फिर देखे...)।"

देखा जाए, तो कमलापति त्रिपाठी जी के इस व्यवहार में एक मित्र का भी सौजन्य नहीं है। लेकिन उग्र सारे आक्रोश के बावजूद अपने मित्र के प्रति एक शुभ रचनात्मक दृष्टिकोण से आलोचना करने का अपना विलक्षण संयम बरकरार रखते हैं। स्वाधीनता-संघर्ष के दिनों की याद करते हुए वे लिखते हैं, "...इस बात पर मेरी-तुम्हारी शर्त लगी थी पाँच-पाँच रुपए की कि आगे जेल कौन जाता है। जेल तुम भी गए, लेकिन मैं तुमसे पहले पहुँचा था। और हम दोनों एक ही भाव में, एक ही बैरक में, एक ही 'झिरी' में, एक ही जेल में सन् उन्नीस सौ बीस और एक में थे!...आज यह सब मैं इसलिए लिखता हूँ कि तुममें जो श्रेष्ठ है, तेजस्वी है, उसमें मैं हूँ।...जेल तो मैं ही तुम्हें ले गया, अखबार-नवीसी की तरफ तो मैं ही तुम्हें ले गया। मतलब महज यह कि तुम्हारे शुभ में मेरा अनुराग आज भी है और अशुभ में भगवान् न करें, किसी का अनुराग हो।" इसके बाद उग्र ने जो कुछ लिखा है, वह कमलापति त्रिपाठी के नाजायज अहंकार को, उनकी राजनैतिक शक्ति की ऐंठन को छलनी करने के लिए। आधुनिक राजनीति में मनुष्यता के ह्रास का सवाल उठाते हुए वे कमलापति जी की कार्य-शैली और उनकी मानसिकता को कठघरे में खड़ा कर देते हैं। भाषा में जबर्दस्त प्रवाह और

अचूक प्रहार है तथा 'कमला' जैसे आत्मीय सम्बोधनों की बदौलत मामला कतई किरकिरा भी नहीं होने पाता; उल्टे बहुत जीवन्त और मर्मस्पर्शी बन पड़ता है—"हरिश्चन्द्र ने कहा, कोई हमसे सत्य में भिड़ाए, रामचन्द्र ने कहा, कोई हमसे मर्यादा में भिड़ाए, गौतम बुद्ध ने कहा, कोई मुझसे करुणा में भिड़ाए, लेकिन कमलापति पण्डित ने पलटा लेकर कहा, कोई हमसे पॉलिटिक्स में भिड़ाए! तो कमला! इस पॉलिटिक्स में तुम्हारे, सत्य, मर्यादा और करुणा तो होगी ही? या मॉडर्न पॉलिटिक्स उक्त गुणों से विरहित होता है?"

यहाँ उग्र ने भारतीय इतिहास के महान मानवतावादी शासकों के सम्मुख पं. कमलापति त्रिपाठी के बहाने आधुनिक राजनैतिक चरित्र के ओछेपन को उघाड़कर रख दिया है। राजनैतिक पतन की वास्तविकताओं को प्रकाशित करने की इस लेखकीय क्षमता की, पतन में शरीक होने के प्रलोभनों से कहीं कोई तुलना नहीं है। एक अपनी ऐतिहासिक जिम्मेदारी का निर्वाह है, तो दूसरा उसका व्यंग्य बनकर रह गया है। उग्र को याद आता है कि सन् 1921 में काशी में टीचर्स ट्रेनिंग कॉलेज में उन्होंने और कमलापति ने महात्मा गाँधी के 'पावन चरण-स्पर्श' की अपनी योजना में सफलता प्राप्त की थी। उस घटना की स्मृति में भी उग्र को कमलापति जी के मुकाबले अपने जीवन-कर्म की नैतिक श्रेष्ठता का सबूत मिल जाता है—"मुझे याद है—मेरे हाथ में उनका दाहिना चरण आया था और तुम्हारे बायाँ। युग-पुरुष के वामपद की विभूति अगर वही है, जिससे तुम मण्डित हो कमलापति पण्डित! तब महात्मा के दक्षिण-पद की विभूति में क्या होगा, उसकी कल्पना की अनुभूति भी ब्रह्मपद-प्रसूति मालूम पड़ती है।"

बहरहाल, पं. कमलापति त्रिपाठी को उग्र का यह ओजस्वी सम्बोधन एक लेखक के स्वाभिमान, उसके अपरिग्रह, उसकी वाणी की शक्ति और प्रखरता, उसके अपमान और दुःख की सम्मिलित अभिव्यक्ति का एक अप्रतिम उदाहरण है। इसमें एक राजनीतिज्ञ और एक लेखक के आपसी सम्बन्ध का अनुकरणीय आदर्श झिलमिलाता है। कहने की जरूरत नहीं कि सही-सार्थक दिशाओं में अपने मित्र के व्यक्तित्व के विकास की, अपनी बदहाल जनता की जीवन-स्थितियों में बदलाव तथा बेहतरी की, और अपने राजनेता को कर्तव्य-पथ से विचलित न होने देने की; उसके रचनाकार की ये तीनों चिन्ता-धाराएँ यहाँ एकमेक हो गई हैं—"कमाल मेरे भाई! तुमने करके दिखा दिया! लेकिन किसको दिखलाया? बेचन को? परिवारियों को? रिश्तेदारों को? बनारसवालों को? या प्रदेश की भूखी, दुःखी जनता को? काफी दिनों तक तुम शक्तिशाली रहे! इस अरसे में जनता का हित कितना हुआ? मैं नहीं जानता। मैं लखनऊ से काफी दूर रहता हूँ। लेकिन इसी

के उत्तर में तुम्हारा भविष्य है, यह मैं जानता हूँ। मालूम नहीं कमला कि आज तुम भले हो या बुरे। बुरे हो तो बुरा नहीं। चारों ओर ही बुरे-ही-बुरे हैं, परन्तु यदि भले हो तुम मेरी जान! तो आज बहुत ही भले लगोगे, क्योंकि भले लोग नजर आ नहीं रहे हैं।''

पं. कमलापति त्रिपाठी से उग्र का साथ बनारस में हुआ था, जब वे चुनार से वहाँ पढ़ने आए थे। उन दिनों की जो आत्म-छवि उग्र ने निर्मित की है, वह हमें द्रवित कर देती है—''...तब मन-ही-मन अपने सामाजिक स्टेटस पर बड़ा ही लज्जित-जैसा महसूस करता था। गुणहीन, गरीब, गर्हित चरित्र...।'' लेकिन बनारस ने उग्र के इस चरित्र के सम्यक् रूपान्तरण का काम भी किया। दूसरे शब्दों में, उन्हें बहुत-कुछ दिया। एक बहुत आधुनिक नगरीय संस्कृति से उनका साक्षात्कार हुआ, जिससे चुनार के गर्हित अतीत की अपनी हीन-भावनाओं से उन्हें निजात मिली—''चुनार में, फिर भी, लुके-छिपे जुआ होता, लेकिन बनारस में तो बागों में, बँगलों में, बजड़ों पर एक तरह खुले-आम जुआ होता, शराबें होतीं, सुन्दरियाँ होतीं, वार-नारी, जार-नारी।'' यह वह बनारस था, जिसका अपने समृद्ध और उन्नत सांस्कृतिक अतीत से कोई वास्ता न था, बल्कि सर्वथा विरोध ही था। बनारस के इतिहास की स्मृतियाँ, उसके वर्तमान में उग्र को व्यथित कर देती थीं, ''काशी की हवा में ज्ञान इस कदर कि शंकराचार्य से वहाँ का चाण्डाल बहस कर बैठा था; मण्डन मिश्र की मजदूरन दो-चार सुना गई थी; काशी के तोते तक शंकराचार्य से संस्कृत में टर्र-टर्र करने की हिमाकत कर सकते थे। जब मैं विद्यार्थी था, तब की काशी में प्रियंवदा मजदूर थीं, चार्वाक चाण्डाल थे, टर्र-टर्र तोता-रटन्त श्रुति-धारी द्विज थे—अलबत्ता नहीं थे तो करुणामय संन्यासी दार्शनिक दिव्य शंकराचार्य महाराज।'' बनारस का उग्र का वर्णन गवाह है कि वहाँ रहकर उन्होंने वेश्याओं की दुनिया को, उसमें संलग्न लोगों की चारित्रिक बनावट को भीतर से जाना-पहचाना; और उस सबके प्रति एक कट्टर धार्मिक या पवित्रतावादी दृष्टिकोण अपनाने के बजाय उसमें रस लेने की अपनी व्यंग्यात्मक बनारसी प्रवृत्ति को विकसित किया। हिन्दी में इसकी एक पुष्ट परम्परा है, जहाँ व्यंग्य में शुष्क कड़वाहट नहीं, बल्कि एक तरह के लालित्य का पुरस्कार मिला रहता है—''भारतेन्दु हरिश्चन्द्र ने दुछत्ती के दरवाजे से देखा था नीचे ठठेरी बाजार में किसी परम सुन्दरी रमणी के पीछे-पीछे कनफटे बाबा को ताक-झाँक में जाते और कहा : **''मृग-नैनी को नैन-सर बाबा जी को लाग, गयो कमण्डल...में, चर्रानो बैराग''।''**

उग्र के व्यक्तित्व के विकास में बनारस का सबसे बड़ा योगदान यह रहा

कि वहाँ के राजनैतिक वातावरण ने उन्हें स्वाधीनता-आन्दोलन से जोड़ दिया—पत्रकारिता और रचना-कर्म के साथ-साथ। इस बात का जबर्दस्त एहसास उन्हें बनारस छूटने पर हुआ, जब जीविका की खोज में वे चुनार से भागकर कलकत्ता पहुँचे थे—"उन्हीं दिनों सन् 1920 वाली मशहूर महाकांग्रेस हुई थी, ज़िसके अध्यक्ष थे लाला लाजपतराय जी! अभी कांग्रेस सेशन में असहयोग का प्रस्ताव पास हुआ था!...राष्ट्रीय महासभा के उस क्रान्तिकारी अधिवेशन के दर्शनों ने मेरे मन में जैसे राष्ट्रीय नशा भर दिया था, प्राणों में एक सपना-गौरव! मुझे लगा बनारस छोड़ राष्ट्रीय-रण के इस मौके पर कलकत्ता मैं अकारण ही आया! मुझे पुनः बनारस ही लौट जाना चाहिए। बनारस में फिर भी मेरा व्यक्तित्व विकस रहा था।"

'राष्ट्रीय-रण' में पड़कर ही अपने व्यक्तित्व को विकसित किया जा सकता है—उग्र का यह संकल्प और इस सिलसिले में उनके जीवन-संघर्ष बेहद उल्लेखनीय हैं। 'अपनी खबर' की एक और महत्त्वपूर्ण विशेषता यहाँ उद्‌घाटित होती है कि अपने वक्त के आन्दोलनों और पीड़ाओं में सक्रिय हिस्सेदारी से ही अपने मानवीय और सामाजिक अस्तित्व की सार्थकता अर्जित की जा सकती है। इसलिए उग्र अपनी व्यक्तिगत कहानी के जरिए अपने समय और समाज के दुःखों और लड़ाइयों की कथा भी कहते हैं।

उग्र ने अपने जीवन में कई मोर्चों पर संघर्ष किया—स्वाधीनता-आन्दोलन, हिन्दी साहित्य में अश्लीलता का सवाल, साम्राज्यवाद-विरोधी पत्रकारिता, आर्थिक संकट, व्यक्तिगत जीवन में प्रेम का अभाव और विभिन्न सामाजिक रूढ़ियों से उनका टकराव। ये सभी मोर्चे परस्पर सम्बद्ध रहे, इसलिए चैन की साँस लेते हुए व्यवस्थित ढंग से किसी एक जगह पर वे बहुत दिनों तक रह नहीं पाए। कह लें कि उन्हें खानाबदोशों की-सी जिन्दगी ही मिली थी, जो उनके विद्रोही स्वभाव का आश्रय पाकर अव्यवस्था, एकाकीपन, गरीबी और तरह-तरह के कष्टों का एक विचित्र और बेचैन गतिशील समुच्चय बन गई। यह सब देखकर उनके समकालीन मित्र और हिन्दी के महान कवि निराला की ये मशहूर पंक्तियाँ बरबस याद आती हैं—

"धिक् जीवन को जो पाता ही आया विरोध,
धिक् साधन, जिसके लिए सदा ही किया शोध!"

लेकिन निराला के ही समान यह एक बड़ी बात है कि तमाम संघर्षों की मार खाते हुए भी उग्र ने अपने विचारों, अनुभूतियों और अपनी भाषा की धार

को कुंठित नहीं होने दिया। इस बात को स्वयं निराला ने सन् 1932 में 'सुधा' नामक पत्रिका में बनारसीदास चतुर्वेदी की प्रोपेगैंडा-वृत्ति का विरोध करते हुए पहचाना है—"चुभती सरल साहित्यिक भाषा 'उग्र' जी से अच्छी लिखनेवाला हिन्दी में दूसरा नहीं। जिस साहित्यिक में इतने गुण हैं, हम चतुर्वेदी जी से पूछते हैं, आपने उसके खिलाफ ज्यादा लिखा या तारीफ में?"

निराला का अपना वैशिष्ट्य है, उग्र का अपना। दोनों के साहित्यिक मिजाज में इतना अन्तर है कि उनकी परस्पर तुलना करते हुए अपने विवेक के डगमगा जाने का खतरा रहता है। हिन्दी के मूर्धन्य आलोचकों ने कई बार यह खतरा उठाया और उग्र के प्रति अपनी असहिष्णु दृष्टि का परिचय दिया। दृष्टि की यह कैसी विडम्बना है कि निराला के मोह में पड़कर निराला ही दिखायी नहीं देते! यानी उग्र के बारे में उन्हीं का मन्तव्य भूल जाता है। इसीलिए निराला ने लिखा है कि 'मोहमाया की निद्रा न मिटे, तो रूप की पहचान नहीं हो पाती।' बहुत सावधानी बरतने के बावजूद डॉ. रामस्वरूप चतुर्वेदी उग्र की कीमत पर निराला के वैशिष्ट्य को रेखांकित करने के अपने बाँकपन से बच नहीं पाते—"ये दोनों मतवाला-मण्डल के नाम से विख्यात लेखक-वृत्त के सदस्य थे, और कुछ व्यक्तिगत जीवन-क्रम के सन्दर्भ में भी एक-दूसरे के निकट थे। पर इसके बावजूद रचना-क्रम में दोनों की स्थिति अलग थी। निराला निराला तो रहे, पर उग्र कभी नहीं हुए।"

अब रामस्वरूप जी को यह बताना पड़े, तो उचित नहीं होगा कि लेखकीय विशेषताएँ अहस्तान्तरणीय होती हैं। उग्र होना निराला के लिए सम्भव नहीं था और इसी तरह निराला होना उग्र की महत्त्वाकांक्षा नहीं हो सकती थी। जब-जब उग्र की निजता पर चोटें हुईं, उन्होंने साहित्यिक लेखन से ही विराम ले लिया। हिन्दी-जगत् से उन्हें जबर्दस्त मोहभंग हुआ—"इसी दरमियान मेरी पुस्तक 'चाकलेट' के वजन पर 'घासलेट' आन्दोलन मेरे विरुद्ध घनघोर चला था।... हिन्दीवालों के कौआरोर में एक प्रहार स्पष्ट यह था—आक्षेप मुझ पर—कि मैं अश्लील साहित्य टकों के लिए लिखता था। मेरा विश्वास आज भी यही है कि रुपए ही कमाना हो, तो कहानी-उपन्यास लिखने से कहीं सरल धन्धे और हैं। वही अहंकार। मैंने सोचा—परे करो इस हिन्दी को। चरने दो उन्हें जिन्हें चर्रा रही है मेरी चर्चा... ।"

'घासलेट' आन्दोलन का तब चाहे जो असर रहा हो, आज उसका पाखण्ड सर्वविदित है। उसके संचालक बनारसीदास चतुर्वेदी थे और उन्होंने महात्मा गाँधी से अपनी राजनैतिक निकटता का लाभ उठाकर, उनसे उग्र के कहानी-संग्रह

'चाकलेट' की कथित अश्लीलता के विरुद्ध टिप्पणी लिखवानी और छपवानी चाही। राष्ट्रीय जीवन के लगभग सभी क्षेत्रों में गाँधी जी की इतनी प्रतिष्ठा थी कि वे ऐसा कुछ लिखते, तो उग्र का बहुत निरादर हो जाता। पर वे बहुत सजग और ईमानदार थे। पुस्तक पढ़े बिना उसके बारे में उन्होंने अपनी पूर्व-लिखित टिप्पणी और बनारसीदास चतुर्वेदी के पत्र को 'यंग इण्डिया' में छपने नहीं दिया। पुस्तक पढ़कर उनकी राय बदल गई। 'घासलेट' आन्दोलन के संचालक को 10 अक्तूबर, 1928 को अपने पत्र में उन्होंने लिखा, "मैंने पुस्तक आज खतम की। उसका जो असर आप पर हुआ, वह मेरे मन पर नहीं हुआ। मैं पुस्तक का हेतु शुद्ध मानता हूँ। इसका असर अच्छा पड़ता है कि बुरा, मुझे नहीं मालूम। लेखक ने अमानुषी व्यवहार पर घृणा ही पैदा की है।" इसके बाद चाहे यह लज्जावश हुआ हो, पर यह सत्य की चोरी ही कही जाएगी कि बनारसीदास जी इस पत्र को छिपाए रहे। यह जगह है, जहाँ उनके 'गाँधीवाद' की पोल खुल जाती है। मैनेजर पाण्डेय ने उनके आचरण में निहित मूल्यहीनता का यह बहुत सही उद्‌घाटन किया है कि "जहाँ नैतिक मूल्य में 'आत्मपरक ईमानदारी और वस्तुपरक सत्यपरायणता' नहीं होती है, वहाँ नैतिकता के नाम पर पाखण्ड पलता है। बनारसीदास चतुर्वेदी उग्र-विरोधी अभियान में गाँधी की राय का उपयोग नहीं कर सके, लेकिन उन्होंने यह पत्र उस समय प्रकाशित नहीं किया। जहाँ ऐसे गाँधीवादी हों, वहाँ गाँधी के विरोधियों की क्या जरूरत होगी।"

असल में नागार्जुन के शब्दों में कहें, तो आलोचक साहित्य का दारोगा होता है। हिन्दी में इन आलोचक-रूपी दारोगाओं की व्याप्ति रामचन्द्र शुक्ल से रामविलास शर्मा तक है। 'पाखण्ड प्रतिषेध' शीर्षक से आचार्य शुक्ल ने निराला की छायावादी कविताओं के खिलाफ कवित्तों की एक शृंखला ही लिखी थी, जिससे चिढ़कर निराला ने प्रत्याक्रमण किया—"हिन्दी का लिक्खाड़ बड़ा वह/जब देखो तब अड़ा पड़ा वह"। मानव-स्वभाव की विसंगति देखिए कि रामचन्द्र शुक्ल के विरुद्ध निराला से रामविलास शर्मा सहानुभूति रखते हैं, पर एक आलोचक के रूप में खुद उनका व्यवहार कई बार असन्तुलित हो जाता है। 'निराला की साहित्य-साधना' के जीवनी-खंड में उग्र पर उन्होंने ऐसे-ऐसे आक्षेप किए हैं, जो शायद स्वयं निराला कभी नहीं कर सकते थे। पर इससे उन्हें क्या? बकौल रामस्वरूप चतुर्वेदी, "कई बार समकालीन लेखकों के प्रसंग में जीवनीकार के अपने पूर्वग्रह निराला के पूर्वग्रह के रूप में चित्रित हुए हैं, यह ज़रूर है। पर रामविलास के लिए निर्विवाद रूप में कुछ लिख पाना बड़ा मुश्किल काम है, भले वह अपने वरिष्ठ कवि-मित्र की जीवनी हो।"

'निराला की साहित्य-साधना' के जीवनी-खण्ड को पढ़ते हुए कई बार लगता है कि रामविलास शर्मा के लिए शारीरिक शक्ति और सौष्ठव भी साहित्यिक आलोचना के प्रतिमान हैं। प्रमाण हैं कि निराला के पौरुष, बल और 'ऊँचाई' को उभारने के लिए सुमित्रानन्दन पन्त के 'स्त्रैण' होने (पृ. 126), इलाचन्द्र जोशी के दुर्बल होने (पृ. 80) और राधामोहन गोकुल के कद में ठिगने होने (पृ. 106) को काफी रंग देकर उछाला गया, जबकि इसकी कोई ज़रूरत नहीं थी। किन्हीं लोगों के अपमानित होने में ही निराला का सम्मान हो पाता हो, तो यह क्या सम्मान हुआ भला? जो चीज़ें प्रकृति की दी हुई हैं और जिनके चुनाव में मनुष्य का कोई वश नहीं चलता; उन्हें आलोचना का आधार बनाना मानवीय न्याय की दृष्टि से भी वाजिब नहीं है। जो लोग वाह्य रूपाकार अथवा त्वचा को देखकर हँसते हैं, उन्हें अष्टावक्र ने कभी 'चर्मकार' कहा था, विद्वान् नहीं। महाकवि जायसी के एक आँख नहीं थी, सूरदास अन्धे थे और महादेवी वर्मा रूपसी नहीं थीं; तो इससे हमें उनके अपमान का अधिकार नहीं मिल जाता। ''सब आँखों के आँसू उजले, सबके सपनों में सत्य पला''—इस सन्दर्भ में और कुछ न हो, तो यह पंक्ति ही हमें पर्याप्त सीख दे सकती है।

पहले कहा जा चुका है कि लेखकीय विशेषताएँ अहस्तान्तरणीय होती हैं, उनका परस्पर आदान-प्रदान नहीं किया जा सकता। स्वयं निराला ने उग्र की लेखन-शैली की जबर्दस्त सम्प्रेषणीयता की सराहना की थी। यही कारण था कि अपने जमाने में ही उग्र का लिखा बेहद लोकप्रिय हुआ। उन्हें शोहरत और दौलत मिली। 'मतवाला-मंडल' के स्वामी-संचालक महादेवप्रसाद सेठ के वे बहुत घनिष्ठ हो गए, निराला दूर खिंच गए। मगर साहित्य के प्रति महादेवप्रसाद सेठ का कथित व्यावसायिक नजरिया, निराला की कविताओं की गहनता तथा उत्कृष्टता और उग्र के लेखन का प्रभाव तथा प्रसार—ये तीन अलग-अलग चीज़ें हैं, जिन्हें आपस में गड्ड-मड्ड करके मनचाहे निष्कर्ष निकालने और निराला-मोह में पड़कर उनके साथियों को अपमानित करने की कला कोई रामविलास शर्मा से सीखे—''निराला को आश्चर्य होता, यह ढाई पसली का छोकरा, कमर तक भी नहीं आता, अपनी चटक-मटक से सबकी आँखों में धूल झोंक रहा है। महादेव बाबू बड़े साहित्य-पारखी बनते थे, उग्र की ऊपरी चमक-दमक पर लट्टू हो गए। साहित्य वही टिकाऊ होगा, जिसमें भाव और विचार की गम्भीरता हो। पर अभी तो उग्र का साहित्य ही बिकता है। क्या वह उग्र की तरह लिखें? बाज़ार में वैसे ही माल की खपत है।'' रामविलास जी की जो पद्धति है, उसमें बहुत स्वाभाविक है कि महादेवप्रसाद सेठ, उग्र और निराला के त्रिकोण में 'निराला के जीवन की

ट्रैजेडी छिपी हुई' जान पड़े। मगर स्वयं उग्र ने 'मतवाला-मंडल' के दूसरे सभी साथियों को अपने से ऊँचा दर्जा दिया—"'मतवाला' असिल में महादेव बाबू, मुन्शी नवजादिकलाल, निराला जी, शिवपूजन और अन्त में उग्र का है।"

उग्र ने अपने जीवन में जो कुछ सहा, उनका मिजाज और उनकी भाषा उसी के प्रतिकार के तौर पर निर्मित हुई। इसलिए विरोध में खड़ी चीज़ों की धज्जियाँ उड़ा देने के ख़ासे बेपरवाह, अक्खड़ और तीखे अन्दाज़ में उन्होंने लिखा। उनकी प्रखरता को उसकी पृष्ठभूमि से काटकर नहीं देखा जा सकता। देखा जाएगा, तो रामविलास शर्मा की तरह उनके तेवर में प्रत्याख्यान की जगह गाली का भाव नज़र आएगा—"निराला के विपरीत गाली देने की कला में कलकत्ते के समस्त हिन्दी-संसार में उग्र का सानी नहीं था।" यही नहीं, रामविलास शर्मा के मुताबिक निराला के यौन-रोग में उग्र का हाथ था—"बहार के दिन और मुफ़लिसी। 'उग्र' ने तफ़रीह में मदद करने का वचन दिया। निराला को सोनागाछी में एक घटिया जगह ले गए। निराला को बहुत जल्दी मालूम हो गया कि उन्हें भोग के पुरस्कार में रोग मिला है। उग्र ने ह्विस्की की बोतल में ठर्रा पिलाने का बदला ले लिया।...'उग्र' वीभत्स मुद्राएँ प्रदर्शित करके अन्तरंग जनों में निराला की स्थिति का वर्णन करते। हर तरफ कानाफूसी, हर तरफ शक की निगाहें। निराला के लिए कलकत्ते का वातावरण विष की ज्वाला के समान असह्य हो उठा।" हम सभी जानते हैं कि निराला उन दिनों अवयस्क नहीं थे। वे हिन्दी के एक अत्यन्त प्रतिभाशाली छायावादी कवि के रूप में सम्मानित थे। उन्हें कोई कहीं ले नहीं जा सकता था। संगत का असर निस्सन्देह पड़ता है, पर यहाँ मेरा निवेदन सिर्फ़ यह है कि आपकी अपनी प्रेरणा शामिल न हो, तो सोनागाछी-जैसी जगहों पर आपको कोई ले नहीं जा सकता। बुराई जाने में शायद उतनी नहीं है, जितनी उस जाने को बाद में छिपाने और दूसरों को उसका दोषी बताने में है।

हाँ, उग्र ने वेश्याओं से अपने सम्पर्कों को कहीं छिपाया नहीं है। उसे लेकर उनके मन में कोई ग्रन्थि नहीं थी। वे आजीवन अविवाहित रहे, इसलिए इस तरह के संसर्गों के सहारे जिए। पर ध्यान से देखें तो वे अपने भावनात्मक शून्य को भरने के लिए इन चीज़ों का सहारा लेते थे। प्रमाण यह है कि जीवन के कठिन क्षणों में उन्हें प्रेम की स्मृतियाँ घेर लेती थीं, उसकी जरूरत महसूस होती थी और रोजमर्रा की कैद से छूटकर वे मुक्ति और उल्लास का अकुंठ अनुभव प्राप्त करना चाहते थे—यों प्रेम उनके लिए जीवन के दुःखों से पार पाने का ज़रिया ही था, "...मैंने सोचा—परे करो इस हिन्दी को। चरने दो उन्हें जिन्हें चर्रा रही है मेरी

चर्चा—चलो बम्बई चलें; जहाँ अपार समुद्र के तट पर कोई पारसीक नारी हाथ में नारिकेल लिये, चन्द्रमुखी, सूर्योपासन-रत होगी। मैं पुनः फिल्म-कम्पनियों में चला गया। सन् '30 से '38 तक मैं फिल्मों में लिखता रहा और मस्तियाँ लेता रहा।'' या फिर यह प्रसंग—''...लेकिन सामने थी बम्बई, फिल्म-कम्पनी, शराब, कबाब और जनाब क्या बतलाऊँ! मैं भूल ही गया जवानी के जोश में कि प्राणों के पीछे वारण्ट था, जिसमें फँसने पर बड़ी-से-बड़ी सज़ा भी सहज ही मिल सकती थी। पाँचवें महीने पुलिस सी.आई.डी. ने मालाबार हिल पर मुझे गिरफ़्तार किया। तब गृहस्थ बनी हुई एक वेश्या मुझ पर आसक्त थी और एक अर्धवेश्या पारसीक परम सुन्दरी पर मैं स्वयं बुरी तरह मोहित था।''

हिन्दी-क्षेत्र के लेखक को सिर्फ़ रचनाओं के बदले सम्मान और कीर्ति चाहे जितनी मिल जाए, ठीक-ठाक ढंग से जिन्दगी गुजारने तक का पैसा नहीं मिल पाता। उग्र-सरीखे लोकप्रिय लेखक का भी यही हाल रहा। 'आज' नामक बनारस के तत्कालीन प्रतिष्ठित पत्र में वे स्वाधीनता-आन्दोलन के समर्थन में 'नितान्त ग़रीबी में, ग़रीब रेट पर' सन् 1924 के मध्य तक लिखते रहे। अपनी व्यथा को उन्होंने इस तरह व्यक्त किया है—''सन् '24 के मध्य तक मैं हिन्दी में काफ़ी चमकीला बन चुका था, लेकिन जीवन-यापन-भर रुपए काशी में कमाना असम्भव था।'' अपनी आर्थिक समस्याओं के कारण वे हमेशा दर-ब-दर हो जाते रहे। कभी चुनार से भागकर कलकत्ते गए, तो कभी बम्बई के कर्जख्वाहों से भागकर इन्दौर चले आए। इस तरह उन्होंने घाट-घाट का पानी पिया।

साहित्य और समाज, दोनों में सक्रिय रूढ़िवादी तत्वों ने उग्र का विरोध किया था। बनारस में हाल यह था कि ''मेरी समाज-सुधारक कहानियों पर काशी के कुछ गुण्डानुमा पण्डे सख़्त नाराज़ हुए, हाथ-पाँव तोड़ देने की धमकियाँ मिलने लगीं।'' दूसरी ओर अंग्रेज़ी राज के विरुद्ध पत्रकारिता करने के कारण उन्हें जेल की सज़ा काटनी पड़ी। सन् 1924 में उग्र गोरखपुर के मशहूर साप्ताहिक 'स्वदेश' के 'विजयांक' (विजया-दशमी के अवसर पर छपे अंक) के अतिथि-सम्पादक बने थे। इसमें छपी तमाम साम्राज्यवाद-विरोधी रचनाओं में अनूप शर्मा की ये पंक्तियाँ भी थीं—

> **''वैरियों का दमन-शमन होगा शक्ति ही से**
> **युद्ध-घोषणा को कोई धर धमकेहीगा।''**

इसी अंक में उग्र ने 1917 की रूसी क्रान्ति पर केन्द्रित अपना एक नाटक प्रकाशित किया था—'लाल क्रान्ति के पंजे में'। इससे पहले कानपुर के कुछ कवियों

की रचनाओं में रूसी क्रान्ति का जिक्र मिलता है, जिसके कारण डॉ. जनेश्वर वर्मा का कहना है कि प्रगतिवाद की सच्ची शुरुआत इन्हीं कविताओं से मानी जानी चाहिए। कुछ समीक्षकों का यह भी मानना है कि रूसी क्रान्ति को आधार और प्रेरणा बनाकर हिन्दी गद्य की पहली रचनात्मक अभिव्यक्ति उग्र के इस नाटक के रूप में होती है। उग्र हिन्दी के उन गिने-चुने साहित्यकारों में से हैं; जिन्हें अपने लेखन के कारण व्यक्तिगत जीवन में कष्ट उठाने पड़े—राजसत्ता ने अपने भय के प्रतिक्रियास्वरूप उन्हें दण्डित किया। यह कतई अतिशयोक्ति नहीं है कि उन्होंने अपने प्राणों को जोखिम में डाला था; क्योंकि यह सर्वविदित है कि अंग्रेज़ सरकार साहित्य में और चाहे जो न देख पाती हो या सह लेती हो, पर 1857 के सैन्य-विद्रोह और 1917 की रूसी क्रान्ति की किसी अभिव्यक्ति को विशेषतः बर्दाश्त नहीं करती थी—ऐसे लेखकों को प्रताड़ित करने में वह किसी भी सीमा तक जा सकती थी। लेकिन फिर भी कुछ लेखकों में राजसत्ता को चैलेन्ज करने की नागार्जुन की-सी हिम्मत थी—

"इन्दु जी, इन्दु जी, क्या हुआ आपको
सत्ता की मस्ती में भूल गईं बाप को?"

या फिर—

"अब तो बन्द करो हे देवी, यह चुनाव का प्रहसन!"

नागार्जुन को इसी क्रान्तिधर्मिता के चलते एमर्जेन्सी-काल में जेल काटनी पड़ी। जेल में उन्हें यह भयानक एहसास हुआ कि इस प्रताड़ना से उनकी मृत्यु हो जाएगी। नतीजतन तत्कालीन सरकार से क्षमा माँगकर वे मुक्त हुए। आज उनकी इस क्षमा को वे लोग अपराध घोषित करते हैं; जिन्हें इतनी जुझारू और निर्णायक रचना न कर पाने और तमाम जन-संघर्षों से गाफिल बने रहने का कोई अपराध-बोध नहीं है। कोई आश्चर्य नहीं कि आज़ादी के बाद के हिन्दी के साहित्यिक परिदृश्य में नागार्जुन-सरीखे उदाहरण विरल ही हैं—जैसे रचनात्मक प्रतिरोधों के हमारे प्रतिमान उलट गए हों और उनके भीतर की आग ठण्डी पड़ चुकी हो! एक शायर के शब्द उधार लेकर कहें, तो परिस्थिति का व्यंग्य यह है—*"अब कुरेदो न इसे, राख में क्या रखा है!"* यों समकालीन हिन्दी साहित्य में क्रान्तिकारी रचनाएँ और क्रान्तिकारी रचनाकार कम नहीं हैं। और-तो-और उनकी श्रेष्ठता, प्रतिष्ठा, ख्याति और प्रभुता में भी कोई कमी नहीं है। कहने की जरूरत नहीं कि उपर्युक्त बातों की रौशनी में हमें इस पर पुनर्विचार करना

चाहिए कि हमारी रचनात्मकता का आदर्श क्या हो—वह "क्रान्तिकारी रचना", जिसकी उपस्थिति के बावजूद राजसत्ता नीरो की तरह उल्लसित नृत्य करती रहे; या वह क्रान्तिकारी रचना, जिससे राजसत्ता असुरक्षित और आतंकित महसूस करे? व्यापक समाज के निर्माण और बदलाव में किसका योगदान ज्यादा है? किसमें अधिक चिन्ता और प्रश्नाकुलता है—इसका सीधा सम्बन्ध इस बात से है कि किसने अपनी रचना के पक्ष में सर्वातिशायी कष्ट सहे? बहरहाल, मूल प्रसंग की ओर लौटें, तो उग्र ने 'स्वदेश' के क्रान्तिकारी सम्पादन और उसमें अपने नाटक के प्रकाशन के जरिए जो-कुछ किया; सन् '24 के लिहाज से वह एक बड़े अग्रगामी साहस का काम था। फलतः 'स्वदेश' प्रेस रौंद डाला गया, उसके संचालक और मुद्रक गिरिफ़्तार कर लिये गये। उग्र के नाम "दफा 124-ए बादशाह के विरुद्ध राजद्रोह (डिस-अफेक्शन) फैलाने के जुर्म का वारण्ट" जारी हुआ और वे बम्बई में पकड़ लिये गये। तीन महीने बाद अदालत ने उन्हें नौ महीनों की सख़्त सज़ा सुनाई। इस तरह वे कई बार जेल गए थे। पर उनमें बड़े रचनात्मक लक्ष्य के लिए लड़ने का अपार धीरज और बल था। इसीलिए वे लिख पाए कि "सन् 26-27 की जेलों में होने पर भी प्राण मेरे अप्रसन्न नहीं थे।" इसके अलावा जेल-जीवन पर उन्होंने एक कविता भी लिखी थी, जिससे साबित होता है कि उग्र में घोर दुर्भाग्य और यातना के क्षणों को भी सुखद अनुभवों में रूपान्तरित कर लेने की सशक्त सर्जनात्मक चेतना थी। मिसाल के तौर पर उनकी कविता की पंक्तियाँ हैं—

"'बैरक' है, 'बर्थ', 'बेल' बेड़ियाँ हैं, बावले हैं,
ब्यूटीफुल बालटी की दाल बे-मसाला है।
चट्टा है, चटाई, चारु-चीलर हैं चारों ओर
तौक़, तसली है, तसला है और ताला है।...
शाला क़ैदियों की काला कम्बल दुशाला जहाँ...
'उग्र' ने वहीं पे फ़िलहाल डेरा डाला है।"

उग्र ने वैयक्तिक और सामाजिक जीवन की कर्मभूमि के बीचोंबीच डेरा डाला था। संघर्ष उसी का सार्थक है, जो उसे ढोए नहीं, बल्कि उसमें सौन्दर्य का अन्वेषण कर ले। उग्र ने 'अपनी खबर' में इस सौन्दर्य की रचना करके अपने संघर्ष को गरिमामय बना दिया। उनके आस-पास लोग सांसारिक सम्पत्ति का संचय करके शक्तिशाली होते रहे, पर उग्र ऐसे ऐश्वर्य के कभी 'तलबगार' नहीं रहे। उनकी 'कन्था' हमेशा 'खाली' ही रही। फिर कौन-सा बल था, जिसके बूते

उन्होंने अपने चारों ओर पसरी इन दुनियावी ताकतों का प्रभुत्व स्वीकार नहीं किया? कबीर ने कहा था–

> **"चढ़िये हाथी ज्ञान का, सहज दुलीचा डार।**
> **श्वानरूप संसार है, भूकन दे झख मार ॥"**

ज्ञान की इसी साधना की ज़मीन पर खड़े होकर उग्र ने प्रतिगामी शक्तियों को चैलेन्ज करने, उन्हें बेनकाब करने और उनकी आलोचना करने का नैतिक साहस अर्जित किया था। साहित्य और समाज के निर्माण तथा विकास में उनका योगदान अविस्मरणीय है और उससे जुड़ा उनका स्वाभिमान महाप्राण निराला के इस मशहूर कथन को चरितार्थ करता है–

> **"सोचा है नत हो बार-बार–**
> **"यह हिन्दी का स्नेहोपहार,**
> **यह नहीं हार मेरी, भास्वर**
> **वह रत्नहार-लोकोत्तर वर।"**

इस लोक-मंगलकारी प्रतिभा के श्रेष्ठ 'लोकोत्तर रत्नहार' निर्मित कर पाने के लिए रचनाकार को उसकी कीमत अपनी ज़िन्दगी में चुकानी पड़ती है–निराला के ही शब्दों का पुनः आश्रय लेकर कहें तो "जीवन का ठाट ढह जाता है।" मगर भौतिकता के धरातल पर जो हार महसूस होती है, मनुष्यता की पृथ्वी पर अपनी जीत का एहसास उससे कहीं बड़ा होता है। जिसकी छोटी-छोटी कामनाएँ पराजित हो जाती हैं, उसकी बड़ी कामनाएँ अविजित ही रहती हैं। 'अपनी खबर' का समापन करते हुए उग्र ने 'असेम्बल गान' में इसी सच की प्रतिष्ठा की है–

> **"मैंने कहा ज्ञान से तमक तान मस्तक को**
> **भाग्यवानों! दान दूँगा। माँगो हाथ तो पसार?**
> **भीख लेके जीते वे, मैं दान देके हार गया,**
> **हार के गया मैं जीत, जीत के गये वे हार!"**

भाषा का जोखिम और शिल्प का अनूठापन

ताज़ा ज़ख़्म की तरह अंकित अतीत का शिल्प

''सुनता हूँ कि कहानी लिखना एक शिल्प है और कला है। कहानियाँ मैंने लिखी जरूर हैं और अब भी लिख लेता हूँ, लेकिन कला वगैरह का मुझे कुछ पता नहीं है। शायद मान लिया जाता होगा कि लिखी है तो कहानी को मैं जानता जरूर होऊँगा। इसी से जब-तब कहानी को लेकर भेंट-वार्त्ता में मुझे जिरह के नीचे आना पड़ा है। गोष्ठियों, परिसम्वादों में आक्षेपों के बीच खड़ा होना और बोलना-भुगतना पड़ा है।...लिखने के पहले दिन से आज तक मैं कहता आ रहा हूँ कि मैं नहीं जानता हूँ। यहाँ तक भी कि जानना चाहता भी नहीं हूँ। कारण और कुछ नहीं, सिर्फ़ यह कि होने से ही मुझे छुट्टी नहीं है। इस होने और होते जाने में जो करना समाया है, उसी में मुझसे कहानियाँ लिख गई हैं। उससे आगे और विश्वसनीय मैं कुछ नहीं कह सकता हूँ।''

—जैनेन्द्र कुमार

हिन्दी के आत्मकथा-साहित्य में पाण्डेय बेचन शर्मा 'उग्र' की 'अपनी खबर' तीखी आत्मालोचना, समाज में व्याप्त पाखण्ड के प्रति निर्मम यथार्थ-दृष्टि और गहरी चोट पहुँचाने वाली सशक्त तथा मार्मिक भाषा के चलते एक बेजोड़ और मूल्यवान् कृति है। आत्मकथा-सरीखे साहित्य-रूप के एक सुनिश्चित साँचे में ढाली जाने की लेखकीय कोशिश के बगैर भी, खुले हृदय और छुटे हाथ से लिखी जाने के बावजूद, और शायद इन कारणों से ही वह अपने प्रभाव में सघन और अचूक बन पड़ी है। यह साबित करता है कि एक बेहतरीन आत्म-कथा के लिए कलागत कुशलता से ज्यादा लेखक के जीवन-संघर्ष में निहित मानवीय सार्थकता और फिर उसको बयान कर सकने वाली मर्मस्पर्शी ईमानदारी की जरूरत होती है।

उग्र के लेखन में ''भेद खोलने की इच्छा और छिपाने की सावधानी के

बीच'' किसी क़िस्म की दुविधा नहीं है। इसीलिए वह अपने तथा औरों के जीवन का संश्लिष्ट और प्रभावशाली चित्र खींच पाते हैं। अन्तर्वस्तु में सचाई नहीं होगी, तो शिल्प उसके झूठ को ढँक नहीं पाएगा। लिखी गई चीज शक्तिहीन और निष्प्रभ होगी, क्योंकि उसके पीछे जिए हुए जीवन से पोषित आत्मा का बल सक्रिय नहीं होगा। यानी कथ्य और संरचना में अन्योन्याश्रित सम्बन्ध है—**''गिरा अरथ जल बीचि सम कहिअत भिन्न न भिन्न''**। उग्र इस बात को जानते हैं, इसलिए अपनी खबर लेते अथवा दूसरों की खबर देते वक्त यह चिन्ता नहीं करते कि सच कहने की उन्हें क्या कीमत चुकानी पड़ेगी। जो चीज सच्ची नहीं है, वह सुन्दर नहीं हो सकती। मैनेजर पाण्डेय ने इस सिद्धान्त की बड़ी अच्छी व्याख्या प्रस्तुत की है—''जीवनीकार की मुख्य चिन्ता यह होती है कि वह जिसकी जीवनी लिख रहा है, उसके बारे में पूरा सच कहे। यही जीवनी-लेखन की नैतिक और सौन्दर्यबोधी शर्त भी है। अगर इस शर्त को निभाने में साँच की आँच से कुछ चेहरे झुलसते हैं, तो जीवनीकार क्या करे? वह तो अपने कथानायक के बारे में तुलसीदास की तरह मानता है कि **''नाते नेह राम के मनिअत, सुहृद सुसेव्य जहाँ लौं। अंजन कहाँ आँखि जेहि फूटे, बहुतक कहौं कहाँ लौं''**।

उग्र के लेखन में इतना तेज प्रवाह है कि यह भ्रम हो सकता है कि वे जल्दी में हैं। लेकिन ऐसा नहीं है, अन्यथा उनकी भाषा का जो एक विशिष्ट रचाव है, वह खण्डित हो जाता। भाषा की लगाम थामे हुए वे चीजों को एक बेहद गतिशील विन्यास में रख देते हैं। पाठक के लिए चैलेन्ज है कि उसके पाँव उखड़ें नहीं, बल्कि जीवन के मार्मिक प्रसंगों की प्रत्येक चोट को समझने और सहने के लिए जमे रहें—कथ्य के विस्तार में जाने, यानी उसकी व्यंजना के एहसास के लिए चिन्तन के मध्यवर्ती अवकाश उसे स्वयं निर्मित करने होंगे, क्योंकि सम्भवतः उग्र की शैली इसकी अनुमति नहीं देती। वह हमारी संवेदना को लगातार अस्त-व्यस्त करती है; अलबत्ता जब वे किसी अध्याय का समापन करते हैं, तो एक झटके के साथ चल रहे प्रसंग की डोर तोड़ देते हैं। यह उनकी टेकनीक है, जिससे हम कभी किसी भाव, तो कभी किसी सोच में डूब जाने के लिए बाध्य होते हैं। यह दुःख भी होता है कि ऐसे अद्वितीय नाटक का पर्दा उन्होंने गिरा दिया; जो आम तौर पर सिर्फ 'स्ट्राइकिंग' परिस्थितियों, घटनाओं, पात्रों और उनसे जुड़ी विलक्षण 'कमेण्ट्री' का जीता-जागता 'कोलाज'-सा लगता है।

'अपनी खबर' पाठकों से लेखक का खुला, निरभिमान संवाद है। यहाँ अपने को बड़ा दिखाने की इच्छा नहीं है और रचनाकार होने का गुमान नहीं है। इसीलिए भाषा आभिजात्य से मुक्त है। फलतः पाठक से कोई दूरी बनाने का सवाल नहीं

उठता। उसके साथ जीवन के हर निभृत एकान्त का साझा किया गया है। जैसे गाँव की चौपाल पर कोई फक्कड़ कलाकार अपनी 'फ्री-स्टाइल', बेधड़क भाषा में अपने जीवन की कथा कहता हो—अपने दुःख-सुख, हार-जीत, विवेक-अविवेक की कथा; और चाहता हो कि हम उसके स्वप्न और संघर्ष, विडम्बना और साहस, सार्थकता और विफलता के बीच के तनावों तथा अन्तर्विरोधों को पहचान सकें। जाहिर है कि इस प्रक्रिया में लेखक हमारी अधिकतम आत्मीयता हासिल करता है। उसका दुःख हमें विचलित कर देता है, इसलिए उसके सुख भी हमारे आदरणीय हो जाते हैं। बुराइयों की पृष्ठभूमि में उसकी प्रतिभा का विकास हमें प्रभावित करता है, क्योंकि द्वन्द्व-रहित जीवन के शृंगार में घुटन ही हो सकती है। चमत्कार चकित करता है, पर उसका प्रभाव क्षणिक होता है; लेकिन विपत्तियों और दुर्बलताओं के ताने-बाने में फँसे मनुष्य के उत्थान से मिला मार्मिक अचरज हमारी चेतना में कभी क्षीण नहीं होता। उग्र अपनी समूची मनुष्यता के साथ हमारे सम्मुख उपस्थित होते हैं, ज्ञान का अहंकार लेकर नहीं। अपने लेखन-कर्म को उन्होंने यहाँ एक दिलचस्प रूपक प्रदान किया है—"सन् 1945 तक इन्दौर और उज्जैन में तरह-तरह से लेकिन स्वान्तःसुखाय मैं वही काम करता रहा, जो जानता हूँ करना—आग लगाना, कूड़ा जलाना।" जो रचनाकार हमेशा सामाजिक पाखण्ड के विभिन्न रूपों को उजागर करने और उनका प्रतिकार करने के लिए सन्नद्ध रहा हो, वह यही कह सकता था। एक जगह बतकही के अन्दाज में वे अपने लेखन का मजाक उड़ाते हुए लिखते हैं—"आज भी पाण्डेय बेचन शर्मा 'उग्र' को लिखना खाक-पत्थर आता है, आप जानते हैं...।" यह छद्म-विनम्रता नहीं है और विनम्रता भी है, तो उससे कहीं ज्यादा ज्ञान की गुरुता के बरअक्स संवाद की सहजता को प्रतिष्ठित करने की पहल है। मनुष्य को अधिक संवेदनक्षम बनाने के लिए 'ज्ञान' का यह प्रत्याख्यान जरूरी है। निराला की बहुत मशहूर पंक्तियाँ हैं—

"बहु-रस साहित्य विपुल यदि न पढ़ा-
मन्द सबों ने कहा,
मेरा काव्यानुमान यदि न बढ़ा-
ज्ञान, जहाँ का रहा,
रहे, समझ है मुझमें पूरी, तुम
कथा यदि कहो!"

कहा जाता है कि एक समर्थ रचनाकार जब किसी विधा में लिखता है,

तो उसकी परम्परागत सीमाओं से विद्रोह करता है। यानी उसकी बेहतर सम्भावनाओं के अन्वेषण और नए आयामों के सृजन से उसके फलक को विस्तृत करता है। 'अपनी खबर' के पाठ में जाएँ, तो सिर्फ आत्मकथा की शैली नहीं मिलेगी; बल्कि विभिन्न विधाओं की विशेषताओं का एक नैसर्गिक 'क्रॉस-सेक्शन' दिखाई पड़ेगा। उग्र कथाकार थे, इसलिए मोटे तौर पर उनकी पूरी आत्मकथा पर एक जीवन्त किस्सागोई की छाप है। जैसे जीवन में घट चुकी घटनाओं ने अब कथा का रूप ले लिया है। 'चुनार' शीर्षक अध्याय समूची किताब में एक उत्कृष्ट ललित निबन्ध की स्वतन्त्र हैसियत रखता है। नागा भागवतदास, राममनोहर दास, पं. जगन्नाथ पाँडे, लाला भगवान 'दीन' और पं. बाबूराव विष्णु पराड़कर पर लिखे गए आलेख एक-दूसरे से कमोबेश सम्बद्ध होते हुए भी अलग-अलग संस्मरण हैं; तो भानुप्रताप तिवारी, बच्चा महाराज और बाबू शिवप्रसाद गुप्त से सम्बन्धित अध्याय जीवनी-शैली में लिखे गए हैं और उन्हें संस्मरणात्मक रेखाचित्र कहना ज्यादा संगत होगा। पं. कमलापति त्रिपाठी को सम्बोधित करते हुए 'चिट्ठी' शैली में बहुत रोचक और धारदार निबन्ध लिखा गया है। साथ ही समय-समय पर लिखे गए (विशेष रूप से सन् 1920 और सन् 1928 के बीच) उग्र जी के छन्द, कवित्त और गीत ('असंबल गान') भी संलग्न हैं। इनमें व्यक्ति-चित्रण, जीवन-दर्शन, राष्ट्र-प्रेम, क्रान्तिकारिता, हास्य-व्यंग्य और जेल-जीवन के अनुभवों की विविध काव्यात्मक अभिव्यक्तियाँ हुई हैं; कहीं-कहीं तो बहुत ही सुन्दर और सशक्त! उग्र की लेखन-शैली में नाट्य-तत्व भी बहुत है; जिसके पीछे शायद रामलीलाओं में अभिनय करने का उनका लम्बा अनुभव काम करता है। प्रपितामह सुदर्शन पाँडे और कुल-पूर्वज, कथित ब्रह्म-प्रेत हरसू पाँडे के जीवन-प्रसंगों के दौरान यह नाट्य-तत्व अपने चरम पर पहुँचा हुआ है। जीवन के आख्यान में उपर्युक्त सभी विधाओं के बीच सेतु का काम करती है—तुलसीदास, ग़ालिब, वाल्मीकि, कबीर, भारतेन्दु, देव, 'गीता', 'बाइबिल' और 'लोक-काव्य' की तमाम स्मृतियों से समन्वित वैचारिक-सांस्कृतिक निरीक्षण तथा विश्लेषण की उग्र की शैली। इस तरह उग्र इस कथा-मंच के नायक भी हैं, साक्षी भी और सूत्रधार भी!

किस्सागोई, नाट्य-तत्व, ललित निबन्ध, संस्मरण, रेखाचित्र, पत्र और कविता—इन सब विधाओं के बीच आत्मकथा एक अन्तःसलिला विधा की तरह चलती है। वैसे भी उग्र ने विभिन्न विधाओं की जान-बूझकर एक साथ योजना नहीं की है। उनके रचना-स्वभाव के मुताबिक यह सब एकदम निरायास ढंग से हुआ है। 'अपनी खबर' के प्रवाह में तो पता भी नहीं चलता कि विधा बदल रही

है। लेकिन यह स्वाभाविकता भी कैसे सम्भव है—इसका पता लगाना मुश्किल है। कवि केदारनाथ सिंह ठीक ही कहते हैं कि रचना-प्रक्रिया को जानना किसी "अंधे कुएँ में झाँकने"—जैसा है। केवल कुछ प्रकट किस्म की प्रेरणाओं और लक्ष्यों की जानकारी हो पाती है। 'अपनी खबर' के रूप-सम्बन्धी सवाल से टकराते हुए यह ध्यान देना जरूरी है कि इसे लिखने का सबसे पहला सुझाव उग्र को 'मतवाला-मण्डल' में उनके घनिष्ठ साथी रह चुके, 'बिहार के विदित आचार्य' शिवपूजन सहाय से मिला, "उग्र, अब तुम अपने संस्मरण लिख डालो!" फिर उग्र के मन में आया कि संस्मरण दो-टूक सचाई के बयान हों—जैसे 'दरसक-दरसाता दर्पण'! फिर 'आइने' को देखकर कोई उसी की निन्दा करने लगे, या उसका विश्वास न करे या उसको तोड़-फोड़ डाले; तो उग्र को इसकी परवाह नहीं है। वे तो आत्मश्लाघा और परनिन्दा, दोनों का निषेध करते हुए चीजों का वास्तविक चित्रण करना चाहते हैं—"...ऐसों के बारे में अपने संस्मरण यदि कभी मैंने लिखे, तो उसका उद्देश्य भण्डाफोड़ या व्यक्तिगत विद्वेष नहीं होगा। उद्देश्य होगा यह प्रमाणित करना कि कुछ सत्य ऐसे भी होते हैं, जिन्हें कल्पना तक छू नहीं सकती, ...अपनी याददाश्त पब्लिक की जानकारी के लिए लिखने में आत्म-प्रशंसा और अहंकार-प्रदर्शन का बड़ा खतरा रहता है। ऐसे संस्मरणों में किसी एक मन्द घटना के कारण अनेक-गुण-सम्पन्न पुरुष पर अनावश्यक आँच भी आ सकती है।"

इस तरह अपनी तथा दूसरों की वस्तुनिष्ठ आलोचना के लिए प्रतिबद्ध उग्र ने सच्चे और निर्दोष संस्मरण को अपना आदर्श निर्धारित किया। यही आदर्श 'अपनी खबर' में ढलकर अभिव्यक्त हुआ है। सन् 1960 में उग्र ने यह किताब अपनी षष्टिपूर्ति पर लिखी है, लेकिन उसमें जिन्दगी के शुरुआती एक-तिहाई दौर की ही कहानी कही है। बाद के चालीस वर्षों के लम्बे कालखण्ड को 'जीवन-संक्षेप' शीर्षक आखिरी अध्याय में कुल तीन-चार पृष्ठों के ही कलेवर में समेट लिया गया है। जाहिर है कि इस कालखण्ड की अन्तर्वस्तु को उन्होंने 'पब्लिक की जानकारी' के लिए महत्त्वपूर्ण नहीं माना है। सम्भवतः इसीलिए उसके विस्तार में वे नहीं गए। आत्म-श्लाघा से मुक्ति की इससे बड़ी निशानी क्या होगी? किताब की शुरुआत में ही उग्र की यह स्पष्ट प्रतिज्ञा मिलती है—"...आज जिन्दगी के साठ साल सकुशल समाप्त हो जाने के उपलक्ष्य में उन्हें, जो कि मुझे कम या बेश जानते हैं, अपने जीवन के आरम्भिक बीस बरसों की घटनाओं से कसमसाती कहानी सुनाना चाहता हूँ।"

यानी यान्त्रिक ढंग से कथा नहीं सुनायी गई है, बल्कि उसके पीछे जीवनानुभव की कसमसाहट है। इसी से रचना का तनाव अन्त तक शिथिल नहीं

होने पाता। वह समग्रतः एक संश्लिष्ट प्रभाव का रूप ले लेता है। आरम्भिक बीस बरसों को ही उग्र क्यों चुनते हैं, समझना कठिन नहीं है। वे तमाम दुःख, दैन्य और दुर्भाग्य के जाल-जंजाल में फँसे हुए मनुष्य की छटपटाहट को दिखाना चाहते हैं। साथ ही अपनी जिन्दादिली, विचार-प्रवणता और संघर्ष-निष्ठा से कैसे इस ताने-बाने को अन्ततः छितरा दिया जा सकता है—इस प्रक्रिया के विवेक और पुरुषार्थ को भी वे रेखांकित करना चाहते हैं। इसलिए 'अपनी खबर' समर्पण के विरुद्ध संघर्ष की चेतना का आख्यान है। उसका दुःख हमें हताश नहीं करता, बल्कि परिवर्तन का बल प्रदान करता है। एक वाक्य में कहना चाहें, तो साधारण मनुष्य की यह जय-यात्रा साधारण हिन्दी जन-समाज के लिए असाधारण सांस्कृतिक महत्व की साबित होती है।

जीवन के शुरुआती दौर में बड़ी अनिश्चितता है, उतार-चढ़ाव हैं और हलचल है। भविष्य में अँधेरा दीख पड़ता है, उतार-चढ़ाव में सम्भावना और कर्म की हलचल में एक विद्रोही प्रतिभा का क्रमिक विकास। एक तो पूरी जिन्दगी की ही कथा कही नहीं गई है; दूसरे उसका जो आरम्भिक तिहाई हिस्सा रौशन है, उसकी भी एक-एक चीज के ब्यौरे में जाया नहीं गया है। पूर्व-नियोजित ढंग से, बहुत सावधान रहकर, एक-एक करके जीवन के सब-कुछ का विपुल बखान नहीं हुआ है। संघर्ष भी सारा नहीं; उसके कुछ टुकड़ों, दृश्य-विधानों और बलाघातों के जरिए उसके बृहद् मार्मिक रूपाकार की व्यंजना और निर्मिति हुई है। इन जहाँ-तहाँ बिखरे टुकड़ों में जबर्दस्त आपसी संगति है; इसलिए घटनाओं के चरण बदलते हैं, पर उनका प्रवाह नहीं टूटता। उग्र के भीतर एक कवि है, ज़िसके संग्रह और त्याग की अपनी ही शैली है। वह सिर्फ बहुत प्रभावी प्रसंगों की निरन्तरता को स्थापित करता है। जहाँ बात के कमजोर रह जाने का अंदेशा हो, वहाँ पाठक को वह उलझाता नहीं। पाठक की समझ और संवेदना का एक समर्थ रचनाकार ही सम्मान कर पाता है। गोस्वामी तुलसीदास पर लिखते हुए आचार्य रामचन्द्र शुक्ल ने एक श्रेष्ठ आख्यान के लिए जिस कसौटी की बात की थी, 'अपनी खबर' के गद्य में वह चरितार्थ होती है—''प्रबन्धकार कवि की भावुकता का सबसे अधिक पता यह देखने से चल सकता है कि वह किसी आख्यान के अधिक मर्मस्पर्शी स्थलों को पहचान सका है या नहीं।'' प्रसंगवश यह उल्लेखनीय है कि आत्मकथा-लेखन की उपर्युक्त प्रणाली को मराठी भाषा के युवा दलित कथाकार शरणकुमार लिम्बाले की मशहूर क्रान्तिकारी आत्मकथा 'अक्करमाशी' में भी अपनाया गया है। बीत गए जीवन की स्मृतियों को सँजोना, मगर इस तरह कि मर्म-भरी स्मृतियाँ ही बच रहें; फिर उन्हीं का सूक्ष्म निरीक्षण करना, जिससे उनकी

सार्थकता उजागर हो सके। शरणकुमार ने ठीक यही बात लिखी है–"बचपन में मैंने जो सुना, मेरे मन पर वह आज भी ताजे जख्म की तरह अंकित है। इसी कारण वह आज शब्दों के रूप में फूट रहा है। भूतकाल की ओर मैंने बहुत बारीकी से देखा है, स्मृति-क्षितिज की अन्तिम रेखा को निहारा है। जिन यादों को कहने की इच्छा हुई, जो यादें अधिक हरी हो जाती थीं, उन्हें ही मैंने कहा है।"

शिल्प से यह भी मालूम होता है कि लेखक आत्म-मुग्धता से ग्रस्त है या उसकी प्रवृत्ति आत्म के विस्तार की रही है। मुक्तिबोध के शब्दों में, उसके 'अन्तःकरण के आयतन' का पता चलता है। उग्र की आत्मकथा को देखें, तो उसमें केवल अपने जीवन पर केन्द्रित 'अपनी खबर' शीर्षक एक ही अध्याय है। 'दिग्दर्शन' में गोस्वामी तुलसीदास की एक विनय को उग्र ने अपनी भाषा में अपने ढंग से पुनर्सृजित करते हुए, अपनी मजबूरियों, दुःखों और भटकावों को अपने प्रभु के समक्ष रखा है। यह आत्म का बेहद ईमान-भरा स्वीकार है। रचनात्मक साहित्य में जो चीज ईश्वर को निवेदित होती है, वह सबसे पहले अपने पाठक तक पहुँचती है। इस तरह उग्र की 'विनय' में हम भी शरीक होते हैं। 'प्रवेश' में संस्मरण लिखने की प्रेरणाओं, खतरों और सिद्धान्तों की बात की गई है। इसे कुछ उदाहरणों से पुष्ट किया गया है। सच की सकारात्मक सामाजिक भूमिका और साहित्य में एक नई मार्मिकता तथा विश्वसनीयता की प्रतिष्ठा के लिए उसकी अपरिहार्यता; फिर भी उसे बर्दाश्त न कर पाने के हिन्दी-समाज के अविवेक की दिलचस्प चर्चा उग्र ने की है।

उग्र का आत्म बहुत विस्तृत है। वह अपने से कहीं ज्यादा अपने बाहर की और अपने से इतर जनों की दुनिया की ओर उन्मुख है। यह निष्ठा ऐसी है कि 'मेरा' और 'ममेतर' का द्वन्द्व मिट गया है। लावेल ने कहा था कि "हृदय की विशालता ही मनुष्य को महान बनाती है।" उग्र का सर्वोच्च जीवन-मूल्य भी यही समझ में आता है, क्योंकि बाबू शिवप्रसाद गुप्त के बारे में लिखते हुए उन्होंने बहुत अर्थ-भरी टिप्पणी की है–"शिवप्रसाद जी इतने मोटे थे कि लगता था, उनका विशाल हृदय बूझकर ही विधाता ने वह बड़ा-घर उन्हें बख्शा था।" बहरहाल, उग्र के यहाँ 'धरती और धान' शीर्षक आलेख में अपने आद्यन्त-सदाचारी वैष्णव पिता और निहायत गैर-पढ़ी-लिखी, मगर अत्यन्त परिश्रमी तथा पुत्र-वत्सला माँ की बहुत सजल स्मृतियाँ हैं। इसके बाद अपनी जन्मभूमि 'चुनार' की प्राकृतिक सम्पत्ति और सुषमा का मनोहारी चित्रण है। उसकी ऐतिहासिक-सांस्कृतिक महिमा का वर्णन है। आजादी के पहले उस पर अंग्रेजों के आधिपत्य की चर्चा की गई है। लेकिन अंग्रेजों के बल और वैभव

के बरअक्स चुनार की सामान्य जनता की दुर्बलता और विपन्नता का जो 'कन्ट्रास्ट' खींचा गया है, वह महत्त्वपूर्ण है। चुनार उग्र की जन्मभूमि है, तो बनारस वह कर्मभूमि है, जहाँ उनका रचनाकार बना और विकसित हुआ। 'बनारस और कलकत्ता' खण्ड में कलकत्ता पर तो खास कुछ नहीं लिखा गया, मगर बनारस की आधुनिक नगरीय संस्कृति का वास्तविक चित्रण किया गया है। लेकिन बनारस के अतीत के मुकाबले उसके वर्तमान में ज्ञान के सत्ताच्युत हो जाने और उसकी जगह भ्रष्टता तथा भोगवाद के छा जाने से उग्र दुःखी हो जाते हैं।

'अपनी खबर' में विभिन्न महानुभावों के उस आशीर्वाद, सहयोग और सहानुभूति के प्रति एक अविस्मरणीय कृतज्ञता का स्रोत बार-बार फूट पड़ता है, जिसकी बदौलत उग्र अपने को विकसित कर पाए। इन महानुभावों में सर्वोपरि हैं, अपनी गुण-ग्राहकता के लिए विख्यात रहे, 'मतवाला मण्डल' के संचालक महादेवप्रसाद सेठ। ये सेठ-साहूकार होकर भी "फलों से लदे रसिक रसाल-जैसे थे, जिन्हें अपने फल लुटाकर द्विजगण का कलरव-श्रवण करना ही रुचता था।" उल्लेखनीय है कि 'अपनी खबर' 'दिवंगत श्री महादेवप्रसाद सेठ को सादर समर्पित' है। इसी तरह साहित्य-जगत् में उग्र ने अपने पाँच गुरु भी माने हैं। इनमें से तीन सज्जनों पर तो उन्होंने विस्तार से लिखा है—अपने बड़े भाई को 'खराब आदमी' होने पर भी 'आदि गुरु' स्वीकार किया है। लाला भगवान 'दीन' और पं. बाबूराव विष्णु पराड़कर ने उनके लेखन के परिष्कार तथा प्रशंसा के जरिए उन्हें लगातार उत्साहित किया; और निजी काम को क्षति पहुँचाकर भी बहुत मेहनत और स्नेह के साथ उनकी मदद की। 'आज' में उनकी पहली कविता छपवाने और एक वर्ष तक उनकी शिक्षा-दीक्षा का इन्तिजाम करवाने में बाबू शिवप्रसाद गुप्त की भूमिका को भी वे भुला नहीं पाते हैं। चाचा पं. जगन्नाथ पाँडे ने तीसरी से सातवीं कक्षा तक उन्हें पढ़ाया-लिखाया, इसे वे उनकी 'कृपा' मानते हैं। पं. कमलापति त्रिपाठी को उन्होंने बहुत नाराज होकर, तीखी शब्दावली में पत्र लिखा है; लेकिन एक अन्य शीर्षक के तहत उनके बड़े भाई के प्रति अथक सम्मान, उनके घर के साहित्यिक वातावरण और उनके साथ के प्रति आभार व्यक्त किया है। यह उग्र की शैली है—निजी जीवन की कृतज्ञताओं से सैद्धान्तिक, साहित्यिक और राजनैतिक मतभेद खारिज नहीं हो सकते। न मतभेदों से आभार धूमिल होना चाहिए। 'अपनी खबर' की यह विशेषता है कि जिनके प्रति उग्र कृतज्ञ हैं, उनके व्यक्तित्व-चित्रण में कई बार निर्ममता की हद तक वस्तुनिष्ठ हैं। साथ ही लिखते वक्त वे ध्यान रखते हैं कि व्यक्तिगत जीवन में जिसका योगदान है; व्यापक सामाजिक जीवन में उसकी कैसी और कितनी हिस्सेदारी

रही? फिर वे इसी दृष्टि से उसके लिए स्थान और सम्मान निर्धारित करते हैं।

उग्र के हृदय में नागा भागवतदास—जैसे अनुशासनप्रिय, चरित्रवान् और साहसी साधु-महात्मा के लिए जगह है; तो महन्त राममनोहर दास—जैसे व्यभिचारी के भी रामलीला के प्रबन्ध-कौशल को वह अप्रशंसित नहीं जाने देते। भानुप्रताप तिवारी-सरीखे सहिष्णु, प्रतिभाशाली और अध्यवसायी व्यक्ति का वे बहुत सम्मान करते हैं; तो भोग-विलास में आकण्ठ लिप्त बच्चा महाराज की जिन्दादिली, विद्वत्ता और जनहित-साधना में उनकी समदर्शिता की भी सराहना करते हैं। योगेश बाबू और शचीन्द्रनाथ सान्याल—जैसे बहादुर क्रान्तिकारियों की दार्शनिकता, करुणा और तेजस्विता के प्रति उनमें अगाध श्रद्धा है। जयशंकर 'प्रसाद' को वे 'मधुर महाकवि' कहते हैं और आचार्य हजारीप्रसाद द्विवेदी को 'अक्ल का जहाज'! लेकिन जिनकी जिन्दगी के ब्यौरों में वे कुछ दूर तक गए; उनमें एक चीज उन्होंने ऐसी 'कॉमन' या सर्व-सामान्य पायी, जो उन सबको—मनुष्य-मात्र को एक सूत्र में बाँध देती है। यह सूत्र है वेदना का! जीवन की अथाह, अटूट वेदना—'अपनी खबर' के संस्मरणों की यही मानवीय उपलब्धि है। कबीर ने जो बात कभी अपनी कविता में कही थी, उग्र ने यहाँ अपने ढंग से उसका साक्षात्कार किया है—

> **"देह धरे को दण्ड है, सब काहू को होय।**
> **ज्ञानी भुगतै ज्ञान करि, मूरख भुगतै रोय।"**

लेकिन उग्र की चेतना में सबसे ज्यादा इज्जत उस दुःख की है, जो अपने 'दाह' से मनुष्य को 'कसौटी की तरह श्याम' और 'सुवर्ण की तरह दप्-दप् दहकता दार्शनिक' बना दे! शचीन्द्रनाथ सान्याल, शिवप्रसाद गुप्त और भानुप्रताप तिवारी ने कितने ही कष्ट सहे हों; अपने समाज की विकास-यात्रा में क्रान्ति, जनहित और ज्ञान की साधना से उन्होंने कभी पैर पीछे नहीं घसीटे! उनका त्याग और योगदान कोई भले भूल जाए; मगर कवि नागार्जुन की तरह उग्र उनको प्रणाम करते हैं; उनके सत्कर्मों की याद दिलाते हैं; उनकी वेदना से विचलित हो जाते हैं—

> **"जिनकी सेवाएँ अतुलनीय**
> **पर विज्ञापन से रहे दूर**
> **प्रतिकूल परिस्थिति ने जिनके**
> **कर दिये मनोरथ चूर-चूर!**
> **—उनको प्रणाम!"**

'अपनी खबर' की शिल्प-सम्बन्धी बहस में एक बात पाठक की ओर से जोड़ी जानी चाहिए—यह कि पूरी आत्मकथा में किसी धैर्य का अभाव अखरता है। ऐसा लगता है कि उग्र चीजों के सांगोपांग वर्णन में नहीं जाना चाहते। शायद वे बातों के उबाऊ हो जाने के खतरे की वजह से ऐसा करते हों, क्योंकि एक जगह वे अपनी कुछ कविताओं को इसी सन्देह के दबाव में प्रस्तुत करते हैं—''मौलिकता न हो न सही, पाठकों की नीरसता भंग करने के लिए तब के 'आज' में प्रकाशित दो-चार कविताएँ महज स्मरण से यहाँ उपस्थित करता हूँ।'' इस विधा के चलते—जो कृति की तुलना में पाठक के व्यक्तित्व को ज्यादा अहमियत देने लग जाती है—'अपनी ख़बर' पाठ के दौरान किसी गम्भीर पठार पर नहीं ले चलती। आम तौर पर कविता से यह अपेक्षा की जाती है; लेकिन गद्य-रचना भी कहीं-कहीं बौद्धिक रूप से जटिल हो तो उसका स्वरूप ज्यादा ठोस और मजबूत हो जाता है। आचार्य रामचन्द्र शुक्ल के शब्दों में पाठक के लिए वह 'मानसिक श्रमसाध्य' तो हो, पर 'नूतन उपलब्धि' भी हो! उग्र ने आत्मकथा की वह विशद कल्पसृष्टि नहीं की; जिसमें तथ्य और सन्दर्भ धीरे-धीरे एक रासायनिक घोल में एकमेक हो जाते हैं और फिर कला की दृष्टि से उनका परिपक्व रूपाकार सामने आता है। आपत्ति की बात यह नहीं है कि आत्मकथा ज़रा संक्षेप में कही गई है; बल्कि यह है कि एक बृहद् सामाजिक-सांस्कृतिक फलक पर निजी जीवन की अन्तरंग सचाइयों और तमाम मानव-सम्बन्धों की संश्लिष्ट बुनावट संभव नहीं हो पायी। एक वृहत्तर सच हमारे हाथ से छूट गया, पर उसके कुछ प्रभावशाली टुकड़ों की मूल्यवान् शृंखला के रूप में 'अपनी ख़बर' हासिल हुई। यह उसके शिल्प की ही विशेषता है कि वह अपने आधे-अधूरेपन में भी उस वृहत्तर सच से रौशन है। ज़ाहिर है कि 'अपनी ख़बर' एक सशक्त आत्मकथा तो है, पर एक महान आत्मकथा का भी वह शायद अविकसित रह गया बीज-रूप है।

भाषा : एक महीन धागे पर चलने का जोखिम

अब सवाल उठता है 'अपनी ख़बर' की भाषा का। पहले कह आए हैं कि यह भाषा किसी तरह के आभिजात्य से एकदम मुक्त है। इसका कारण यह है कि उग्र अपनी चेतना में जन-साधारण के कथाकार हैं। वे हिन्दी-समाज में रोज़-ब-रोज़ बरती जाने वाली भाषा में-से अपने विशिष्ट भाव-बोध की भाषा को चुनते, माँजते और गढ़ते हैं। सामाजिक इतिहास में जिन शब्दों का जितना

ज़्यादा और लगातार इस्तेमाल होता है, उनमें उतनी ही धार और अर्थ-गर्भत्व होता है। उग्र इस बात को पहचानते हैं और यह भी जानते हैं कि लिखे गए शब्द की चरम सार्थकता इसमें है कि जहाँ से वह आया है, वहीं फिर अपना लिया जाए। यानी जिस अन्तरंगता के साथ वह अपने सामाजिक स्रोतों में-से फूटा है, उसी गहरे लगाव के साथ उनमें जाकर जुड़ जाए! भाषा समाज की सम्पत्ति है। इसलिए उससे पृथक् कोई सृष्टि खड़ी करने में रचनाकार की बड़ाई नहीं है, बल्कि उसे द्विगुणित करने में उसकी कला का कालजयीपन विराजता है—रचना में भाषा का ग़ैर-सामाजिक बोध काल की कसौटी पर खारिज हो सकता है, लेकिन सामाजिक भाषा का रचना-सौन्दर्य कभी नहीं मरता। इसलिए जन-साधारण से एकात्म हो जाने में साहित्य की सामाजिक संसक्ति फलीभूत होती है। शमशेर की सुप्रसिद्ध पंक्तियाँ हैं—

''लौट आ, ओ फूल की पंखड़ी
फिर
फूल में लग जा''

रचनाकार के अपने विशिष्ट आत्म के चलते समाज की भाषा और साहित्य की भाषा में एक अनिवार्य अन्तर लाज़िमी है, मगर इस अन्तर से जनता के साहित्य का एक तनाव-भरा रिश्ता रहता है। जन-भाषा की धड़कती चेतना से न्यूनतम दूरी पर रहकर, वह जनता से एक जीवन्त संवाद कायम करना चाहता है। उग्र की भाषा इन कोशिशों में कामयाब भाषा है। उसमें सामाजिक भाषा-प्रवाह के निकटतम मौजूद भाषा की जीती-जागती साहित्यिकता और ज़बर्दस्त सम्प्रेषणीयता है। संभवतः इन्हीं विशेषताओं का अनुभव करके महाकवि निराला ने सन् 1932 में ही अपने एक लेख में यह टिप्पणी की थी—''चुभती सरल साहित्यिक भाषा 'उग्र' जी से अच्छी लिखने वाला हिन्दी में दूसरा नहीं। जिस साहित्यिक में इतने गुण हैं, हम (बनारसीदास) चतुर्वेदी जी से पूछते हैं, आपने उसके ख़िलाफ़ ज़्यादा लिखा या तारीफ़ में?'' इसी तरह आचार्य रामचन्द्र शुक्ल ने इस भाषा के विशिष्ट गतिशील तेवर को 'हिन्दी साहित्य का इतिहास' लिखते समय पहचाना था। हालाँकि उन्होंने उसका कोई मूल्यांकन नहीं किया; मगर उनसे सम्बन्धित केदारनाथ सिंह की एक कविता के मुहावरे में कहें, तो अपनी **''मूँछों में दबी बारीक-सी हँसी''** के साथ उन्होंने इस भाषा के मिज़ाज की तारीफ़ ही की—'' 'उग्र' की भाषा बड़ी अनूठी चपलता और आकर्षक वैचित्र्य के साथ चलती है। उस ढंग की भाषा उन्हीं के उपन्यासों और 'चाँदनी' ऐसी कहानियों

में ही मिल सकती है।''

संस्कृत इस बात की जीती-जागती मिसाल है कि जिस भाषा पर कठोर व्याकरणिक अनुशासन का पहरा रहता है और जो भाषा दूसरी भाषाओं को अछूत की तरह बरतती है; उसका विकास ही बाधित नहीं होता, एक सीमा के बाद समाज भी उसे ढोने से इन्कार कर देता है। लेकिन 'अपनी ख़बर' की भाषा बहुत लचीली, मुहावरेदार और तीखी है। उसमें शोख़ी है, सरसता है और मर्मस्पर्शी सरलता है। इसकी सबसे महत्त्वपूर्ण वजह यह है कि उग्र अन्य भाषाओं से एक जीवन्त लोकतान्त्रिक रिश्ता बनाते हैं और उनके बेहद जनप्रचलित शब्दों को अपनाकर अपनी भाषा में शक्ति और ताज़गी ले आते हैं। यह कोई यान्त्रिक प्रक्रिया नहीं है, जिसे शब्दों के उपभोक्तावाद की संज्ञा दी जाए। शब्द-मात्र को समझने-सराहने और उसे प्यार करने वाली आत्मा से ही इस भाषा का लगातार संस्कार और व्यवहार संभव है। उग्र की भाषा संस्कृत, अंग्रेज़ी, फ़ारसी, उर्दू, हिन्दी की खड़ी बोली और उसके ठेठ देशज शब्दों तथा कहावतों का बनावटी और अन्तःविभाजित 'मिक्स्चर' नहीं; बल्कि अपनी प्रकृति से ही उनका एक अद्भुत प्रभावशाली 'ब्लेण्ड' है। यह मिलावट नहीं, संहति है। अगर इस बात को ध्यान में रखा जाए, तो रामविलास शर्मा द्वारा बतायी गई उग्र की भाषा-निर्माण की इस प्रक्रिया को स्वीकार किया जा सकता है—''उग्र उर्दू न पढ़ पाते थे, पर सुनकर ही उन्होंने बहुत-कुछ सीख ली थी। निराला के विपरीत उनकी भाषा बहुत सरल होती थी। वह भरसक बाज़ार में बोली जाने वाली भाषा को अपने गद्य में सँवारते थे। उर्दू शब्दों का बेधड़क प्रयोग करते हुए अनुप्रासों के सहारे वह अपनी शैली में शोख़ी और चुलबुलापन पैदा करते थे। रामलीला के मंच पर थिरकते हुए किशोर अभिनेता की तरह 'मतवाला' के पृष्ठों में ठुमकती-थिरकती हुई उग्र की शैली भी पाठकों का मन मोह लेती थी।''

उग्र जिस भाषा का प्रयोग करते हैं, वह दरअसल भारत के साधारण जन-समाज की सर्वथा बोधगम्य, किन्तु अर्थ-गर्भित हिन्दुस्तानी है। हिन्दी के अपने स्वरूप को क्षत-विक्षत किए बिना, उसके सर्व-स्वीकृत आदर्श रूप की यह रचना मुमकिन हुई है। समय-समय पर विभिन्न संस्कृतियों के आपसी टकराव और आदान-प्रदान से जो शब्द-सम्पदा हमने अर्जित की है, उग्र उसका भरपूर इस्तेमाल करते हैं। वे उर्दू शब्दों का ही नहीं, अंग्रेज़ी शब्दों का भी वैसा ही बेधड़क प्रयोग करते हैं। जिस ज़माने में वे थे, उसमें भाषा का इतना खुलापन एक विरल साहस की माँग करता था। कोई आश्चर्य नहीं कि बनी-बनायी लीकों से छिटककर चलने का जोखिम उठाने वाली यह भाषा हिन्दी के आचार्यों को एक चैलेन्ज

की तरह महसूस हुई और उन्होंने इसकी प्रशंसा तो की, पर किंचित् 'नेगेटिव' रुझान दिखाते हुए—चाहे आचार्य रामचन्द्र शुक्ल की टिप्पणी देखी जाए या डॉ. रामविलास शर्मा की! इस मनमुटाव में लोक और शास्त्र के द्वन्द्व की एक झलक देखी जा सकती है।

बहरहाल, उग्र अपनी भाषा की लय-ताल, उसकी यति और गति को दैनिक लोक-व्यवहार में आनेवाली भाषा के पार्श्व-संगीत में खोजते और पाते हैं। उसे नए प्राणों के साथ अपनी रचना में प्रतिष्ठित करते हैं। ज़ाहिर है कि इस संगीत में किसी आत्म-तुष्ट चेतना की मुलायमियत और मिठास नहीं है, बल्कि चोट खायी हुई वाणी की विषमता और विदग्धता है। इसलिए इस भाषा का आरोह-अवरोह विचलित कर देने वाला है। अभी हम विभिन्न भाषाओं के लोक-प्रचलित शब्दों के जिस अनूठे 'ब्लेण्ड' की बात कर आए हैं और रामविलास शर्मा ने उसमें अनुप्रासों का जो विधान लक्ष्य किया है; उसके संयुक्त साक्ष्य के तौर पर 'अपनी ख़बर' से यह गद्यांश प्रस्तुत है—"ब्राह्मण के घर में पैदा होने पर भी मुझे यह जो मन्द नाम (बेचन) बख़्शा गया, उसकी बुनियाद में मेरी बहबूदी, ज़िन्दगी-दराज़ की कामना ही थी। किसी भी नाम से बेटा जिये तो! आज जीवन के 60वें साल में मैं साधिकार कह सकता हूँ कि मुझे ही नहीं, मौत को भी यह नाम नापसन्द है। लेकिन, अब, इस उम्र में तो ऐसा लगता है, यह नाम नहीं, तिलिस्मी गण्डा है, जिसके आगे काल का हथकण्डा भी नहीं चल पा रहा है।" उग्र के समय में अंग्रेज़ी शब्दों का इतना प्रचुर प्रयोग, अपनी भाषा में उनका ऐसा स्वागत शायद ही किसी ने किया हो! अनुप्रासों से उग्र एक दुहरा काम यह लेते हैं कि उनके इस्तेमाल से भाषा की रफ़्तार बढ़ जाती है और वर्णों की बहुधा आवृत्ति से उसका सौन्दर्य भी। साथ ही, कभी वे अंग्रेजी के पूरे-के-पूरे वाक्य-खण्ड बहुत स्वाभाविक ढंग से अपने भाषिक प्रवाह में शामिल कर लेते हैं—"आशा के जाल में फँस, 'योर मोस्ट ओबीडिएण्ट सर्वेंट' बन, नीचों को मैंने परम प्रसन्न प्रेमपूर्वक 'प्रभु! प्रभु!' पुकारा। मैंने द्वार-द्वार, बार-बार मुँह फैलाया दीनता सुनाने, लेकिन किसी ने उसमें एक मुट्ठी धूल तक नहीं डाली!", तो कभी किसी ख़ास अंग्रेजी शब्द को बहुत अर्थपूर्ण संदर्भ में रखकर चमका देते हैं—"अब से पचास-साठ वर्ष पहले अखिल-भारतीय स्तर पर सहस्र-सहस्र ऐसे ब्रह्मराक्षस पैदा हुए थे, जिन्होंने कुकर्मों के स्लो-पॉयजन द्वारा मारते-मारते सनातन धर्म को मार ही डाला। इस पूर्णता से कि वह सनातन धर्म तो अब पुनः जागने-जीने वाला नहीं, जिसके सरगना ब्राह्मण लोग थे।"

'अपनी खबर' की भाषा की जड़ें हमारे सांस्कृतिक इतिहास में गहराई

तक गई हैं। उसमें संस्कृत के पीछे छूट गए शब्दों को अर्थों की नई दुनिया मिलती है और नागर अंचलों से कटी हुई लोक-भाषा की तलछट से लाए हुए ज़िन्दा शब्द होते हैं। इससे भाषा का प्रभाव और प्रियता बढ़ जाती है। एक उदाहरण देना पर्याप्त होगा—"कूम साहब अक्सर हाथ में गेंद लेकर निकलते। गेंद वह दूर सुदूर भरपूर जोर से फेंकते कि कुत्ता ले आए और कुत्ता गेंद ले आता साहब। और हम अधगामड़िये छोकरे हैरत से हैरान रह जाते : 'साहब, सलाम!" कई बार उग्र अपने लोक-सुलभ रचनात्मक हस्तक्षेप से वह महत्त्वपूर्ण काम करते हैं, जिसकी समकालीन हिन्दी गद्य में कोई खास कोशिश नहीं दिखती—वे कुछ नए प्रकार के शब्द गढ़ते हैं और अपनी भाषा के विकास के लिए संज्ञाओं के क्रियापद तथा क्रियाओं के विशेषण बना देते हैं। इस प्रक्रिया में वे कभी-कभी कविता की तरह व्याकरण के नियमों से ज़रा विचलित करके अपनी भाषा का सौन्दर्य बढ़ाते हैं। जैसे एक विशेषता रामलीला के इस दृश्य में है—"लीला-भूमि में महिलाओं के बैठने का प्रबन्ध लीला-मंच के बहुत ही निकट था। उन्हीं में वह सत्रह-साली, निराली ब्यूटीवाली, कमल-लोचना भी, गैस-लाइट में प्रफुल्लित नज़र आती थी।"; और दूसरी विशेषताएँ इस दृश्य में—"ये (उग्र के दोनों बड़े भाई) किशोरावस्था ही में ऐसे बेकहे हो गए थे कि कुल और पिता को धता बताकर चुनार से मिर्ज़ापुर भागकर रामलीला में राम-लक्ष्मण का अभिनय करने लगे। क्रोध और भविष्य के भय से काँपते हुए पिता, जब मिर्जापुर पहुँचे तो क्या देखते हैं कि दोनों सपूत राम-लक्ष्मण बने रंगमंच पर शोभायमान हैं। कहते हैं वह दृश्य पिता से देखा न गया। जनता को भूल, स्टेज पर झपट लौंडों के माथे से मुकुट-किरीटादि नोच-फेंक वहीं से उन्हें झपड़ियाते भूले बछड़ों की तरह बाँधकर चुनार ले आए थे।" या फिर यह उदाहरण देखिये—"विलोकिये आधुनिकतम विज्ञान की तरफ। कल तक पृथ्वी ध्रुवों की ओर नारंगी-जैसी चपटी मानी जाती थी, लेकिन अब पता चल रहा है कि विश्वगोलक का नक़्शा कुछ और ही तौर का है। पृथ्वी संतरे-सी नहीं, सेब-जैसी है। ज्ञान के गिरगिटपन के ऐसे-ऐसे शत-शत उदाहरण सहज ही पेश किये जा सकते हैं।" उग्र की भाषा में अनुप्रासों की छटा और क्षिप्रता तो है ही, समास-बहुलता भी उतनी ही है। वे अपने ज़्यादातर नए शब्द सामासिक विधान से बनाते हैं। अक्सर उनका समास द्विपदी होता है, पर कई बार तीन-तीन पदों से मिलकर भी बनता है—"गर्वीले सम्पूर्णानन्द जी के ज्ञान-विज्ञान-चर्बीले चश्मों में भी मेरी लेखनी के लिए स्नेह पर्याप्त था।"

सारतः 'अपनी खबर' पाठकों से सहज बात-चीत के लहज़े में लिखी गई आत्मकथा है। इसलिए उसमें बात-चीत की-सी जरूरी स्पष्टता, रवानी और

ताकत है। उग्र की शब्दों के चुनाव की 'रेंज' बहुत विस्तृत है। सो, उनकी वाक्य-रचना में किस भाषा का कौन-सा शब्द, कब, कहाँ और कैसी भंगिमा में मिल जाएगा; इसका पहले से अनुमान करना असंभव होता है। यों अप्रत्याशित अर्थों की एक श्रृंखला हमारे सामने रहती है। इसलिए इस भाषा को पढ़ना एक सुखद अचरज में-से गुज़रने-जैसा अनुभव है। काफी महत्त्वपूर्ण हद तक उग्र वैसे ही लिखते हैं, जैसे उनके एक गुरु पं. महादेव मिश्र उर्फ बच्चा महाराज बात करते थे—"वह बात-बात में कोई तेज़ फिकरा, कोई श्लोक-खण्ड, कोई दोहा-चौपाई, शेर या कहावत जोड़ने में निहायत निपुण थे।" इस निपुणता के उदाहरणों से 'अपनी खबर' की भाषा भरी पड़ी है। उद्धरण देने की कोई जरूरत नहीं है।

उग्र की यह बड़ी उपलब्धि है कि उन्होंने अपने रचना-कर्म का निजी मुहावरा गढ़ा था। इसके लिए साहित्य के इतिहास में वे हमेशा जाने जाएँगे। उनकी भाषा पढ़ते ही पहचान में आती है। आचार्य शुक्ल ने बिल्कुल सही कहा था कि इस ढंग की भाषा उग्र की ही कृतियों में मिल सकती है। लेकिन ऐसा लगता है कि यह भाषा जिस तरह से उग्र की शक्ति है, उसी तरह से यह उनकी सीमा भी है। इस भाषा में विविध और व्यापक अर्थ-सन्दर्भों में जाने का आत्म-संघर्ष क्षीण मालूम होता है, जैसे अपने ही सिरजे भाषा-शिल्प का मोह अपने ही गले पड़ गया हो। अन्यथा ऐसा क्यों है कि यह भाषा सरलता, प्रखरता, समास-बहुलता और अनुप्रास-रचना आदि की प्रियता के बावजूद कुछ समय बाद एकरस होने लगती है। इसका डर स्वयं लेखक को था और क्या 'अपनी खबर' को अधिक विस्तार में न ले जाने का यही कारण था? जो हो, अपनी भाषा के लिए उग्र ने जो रास्ता चुना, वह कठिन और खतरनाक था। इसके कई जोखिम थे, जो उन्होंने उठाये। वर्णन के विरुद्ध चित्रण का ज्यादा सहारा लेकर उन्होंने अपनी भाषा-शैली में जान डाल दी—यह बात चीज़ों से उनके गहरे कवि-सुलभ लगाव और सूक्ष्म कला-दृष्टि को सूचित करती है। लेकिन कभी-कभी उनकी भाषा में अतिरिक्त 'लाउडनेस', इकहरापन और स्थूलता महसूस होती है। दरअसल लिखते वक़्त उग्र श्लीलता और अश्लीलता, गम्भीरता और अगम्भीरता, संवेदनशीलता और असंवेदनशीलता तथा व्यवस्था और अराजकता के बीच के एक बहुत महीन धागे पर चलते रहे; पर कमाल है कि भय-भरी सावधानी से नहीं, बल्कि एक कुशल नट की तरह बहुत अक्खड़ और बेपरवाह अन्दाज़ से। ज़ाहिर है कि यह धागा उनके चलने से जहाँ-जहाँ बिछल गया, वहाँ-वहाँ भाषा में व्यक्त होने वाले उनके मानवीय भाव-बोध की

चादर में सलवटें पड़ गई हैं। मगर ये उनके अपनाये बीहड़ रास्ते की अपरिहार्य ठोकरें हैं, जो उन्हें लगनी ही थीं। जो बात ज़्यादा महत्त्वपूर्ण और सकारात्मक है और अधिकांश आत्मकथा के सन्दर्भ में जिस पर हमारा ध्यान जाना चाहिए; वह यही है कि 'अपनी खबर' का भाषा-शिल्प मजबूत, आकर्षक और मर्मस्पर्शी है। आज हिन्दी में जब अधिकतर ऐसा गद्य लिखा जा रहा है, जिसे पढ़कर पाठकों को नींद आने लगती है; तब ताज़गी-भरी झकझोर देने वाली इस भाषा-शैली की प्रासंगिकता बहुत बढ़ जाती है।

अनुक्रमणिका

●●●